上海：**党的诞生地**系列研究丛书

城市·空间与中共建党

苏智良 / 主　编

姚　霏　张玉菡 / 副主编

教育部人文社科基地上海师范大学都市文化研究中心规划项目

上海市哲社重大项目"中国共产党诞生地历史信息数据库及数字化地图"中期成果

上海师范大学中国史高峰高原学科规划项目成果

目 录

序言 …………………………………………………………… 苏智良/001

简析近代上海红色资源的独特性 ……………………………… 熊月之/001
党的诞生地、革命圣地、建党精神：上海历史内涵 …………… 齐卫平/012
上海是中国共产党的诞生地 …………………………………… 张玉菡/022
环境、街区与政治：中共诞生地的城市空间研究 ……………… 蒋　杰/033
法租界巡捕突闯中共"一大"上海会议会场研究 ………………
　　　　　　　　　　　　中共"一大"嘉兴南湖会议研究课题组/048
陈独秀与中国共产党的创立 …………………………………… 郭绪印/079
陈独秀与中国共产党在上海的创建 …………………………… 徐光寿/091
中共建党时期的美国因素初探 ………………………………… 邵　雍/107
乡缘与建党：中共创立期的另一种图景 ……………………… 高红霞/122
博文女校与近代上海 …………………………………………… 韩　晶/138
上海渔阳里街区与中共建党活动 ……………………………… 陈安杰/154
政治社会化语境中的宣讲与运动
　　——以20世纪20年代的上海大学为中心 ………… 丰　箫　丰　雪/167
李达与人民出版社 ……………………………………………… 白华山/175
《共产党宣言》的汉译传播与中共建党 ……………………… 张姚俊/182
中共建党经费来源简析 ………………………………………… 江文君/195
90年前的上海：远东共产主义运动的中心 ………… 姚　霏　苏智良/209
马克思主义早期传播与近代上海文化 ………………………… 陈　晔/221
创榛辟莽，筚路蓝缕：中国共产党"开史"的地方
　　——首届"上海：党的诞生地"学术研讨会综述 ………… 张　魁/231

序言:从上海城市空间探寻中共成立的肌理

苏智良

1921年7月,中国共产党在上海望志路106号(今兴业路76号)成立,从此她历经磨难,不断壮大。今天的中国共产党,不仅是中国的执政党,也是世界上规模最大、成员最多的政党。就世界范围的影响而论,因共产党创建所引发的中国革命,是18世纪启蒙思想以来所发生的最持久的一场革命。可以说,上海是中国红色革命之源,也是中国革命的圣地。

那么,上海何以成为中国共产党的诞生地?

简言之,20世纪20年代初的上海城市,为中国共产党的创建提供了其他城市、其他地区所不具备的诸多社会历史条件:作为工业化、现代化和国际化都市的近代城市,上海为共产党的成立提供最适宜的地理环境;以上海工人为主体的中国工人阶级的壮大和阶级觉悟的提高,则为共产党的创建奠定阶级基础;上海发达的媒介网络为马克思主义的早期传播提供便利条件;伴随新文化运动的勃兴,上海成为先进知识分子的集聚与活动中心。而以陈独秀为核心的《新青年》编辑部和马克思主义研究会则为中共上海发起组提供了基本成员,上海发起组实际担当组建中共的"临时中央"。总之,中国共产党在上海的成立是上海近代化的结果,而共产党的成立及其初期的有声有色的活动,也构成了上海近代史的华彩乐章。

为了迎接中国共产党建党百年,深入研讨中共创建史上一系列重大问题,教育部人文社科重点研究基地上海师范大学都市文化研究中心、上海市历史学会于2017年6月25日联合举办首届"上海:党的诞生地"学术研讨会,主要从上海城市历史,尤其是从城市空间的视角来探究中共建党与上海的关联。

城市空间是促成中共在上海建党的必不可少的"地利"条件。上海近代城市为中国共产党的诞生提供了最适宜的"土壤"。在本次会议上,熊月之教授指出,上海这座城市为中国共产党的成立提供了六大支持系统,这就是先进的思想文化为重要内涵的信息传播系统、工人阶级与知识分子为重要成分的社会基础、联系国际与国内重要城市的水陆交通系统、发达的邮政通信系统、具有现代政党社团活动传统的社会组织系统、维持政党社团正常活动的安全系数。

上海租界地带是中共早期成员活动的舞台,也是中共"一大"的会议场地所在。近代租界的存在,充当了中国现代化的"历史的不自觉的工具":租界既是中国受制于帝国主义的耻辱象征,又是中国人民获取现代经验、走向独立的开端。生活在租界里的华人既须忍受二等公民的待遇,又得以在外国势力庇荫下免受军阀或专制政府的骚扰,并躲避连绵不断的天灾人祸、外侵内乱,是中西文明共存、竞争、融合、多元的世界性大都会。相对独立的环境,使得中国革命者可以利用这一"缝隙",进行反抗统治者、争取国家独立并最终收回外国列强利权的革命活动。

相对于公共租界而言,法租界警力有限,管理相对松懈;法租界繁琐的批捕程序,也容易为革命党人的逃脱和营救提供机会。法租界的制度设计和价值理念,在客观上为中国的革命者提供了一个相对安全的环境。当然,这并不是说,法租界当局对中国革命更加同情。共产党的主要创建者陈独秀一生钟情于法国大革命,钟情于法兰西文化,这也是他选择在上海法租界居住与活动的理由之一。他主编的《青年杂志》自创刊号起就特别地加上了法文:LA JEUNESSE。

再深入分析,早期国民党人、共产党人主要栖居在法租界中区。1914年法租界进行了最后一次扩张,将西界推进到了徐家汇地区,然后开启新城区的建设规划。在新兴的"西门区"(Quartier de Siemen)里,辣斐德路(Route Lafayette,今复兴中路)、望志路(Rue Wantz,今兴业路)、西门路(Route Siemen,今自忠路西段)、天文台路(Rue d'Observatoire,今合肥路)、贝勒路(Rue Amiral Bayle,今黄陂南路)、白莱尼蒙马浪路(Rue Brenier de Montmorand,今马当路)、菜市路(Rue du Marché,今顺昌路)等相继建成,这里交通便利,房价相对便宜。贝勒路树德里房屋落成不久,沿街的106号、108号(今兴业路的76号、78号)两所房屋就被李汉俊兄弟租下。这个新街区即"西门区",而中国共产党后来就诞生在这个区域内。

在西门区这个法租界中区,几乎聚集着所有早期共产党人在上海的活动,除了耳熟能详的树德里中共"一大"会址,还有各位代表居住的博文女校,当然,渔阳里是最典型的一个代表性街区。

渔阳里街区作为近代上海的建党活动中心,被赋予了重要的时代使命;这里成为共产党党团组织的创建中心、马克思主义的宣传中心、革命青年的培育中心、工人运动的策划中心,中国共产党的许多创建活动主要集中于此。陈独秀为躲避北洋军阀的追捕,于1920年初由北京返回上海。他入住老渔阳里2号后不久,就开始着手组建共产党的组织。陈独秀居住的老渔阳里,是由8幢小楼组成的街坊,曾先后住过同盟会元老陈其美、民权人士杨杏佛、国民党元老叶楚伧等,这也只有在租界才会有如此奇特的"气场"。1920年5月,陈独秀、李达等人在渔阳里成立了马克思主义研究社。8月,当时称为"中国共产党"的上海共产党早期组织在此诞生。为了不断发展壮大党的组织,陈独秀等人于8月22日,在渔阳里6号创立社会主义青年团,选派时年21岁的俞秀松担任书记。《新青年》编辑部就设在老渔阳里2号,这里便成为马克思主义新的宣传中心。此后,上海共产党早期组织成立了新青年社,成为中国共产党最早的公开出版发行机构。由陈望道翻译的、中国第一个中文译本《共产党宣言》,即交由社会主义研究社出版;其后,上海党的早期组织以社会主义研究社的名义,先后出版李汉俊翻译的《马格斯〈资本论〉入门》和李达翻译的《唯物史观解说》等经典篇目,向热心读者尤其是进步青年较为系统地宣传马克思主义。1920年7月,以维经斯基为负责人的五人共产国际代表团在新渔阳里6号成立了中俄通讯社,由杨明斋任社长。11月7日,上海共产党早期组织的机关刊物《共产党》月刊创刊,公开举起了共产党的旗帜。上海共产党早期党团组织为了培养革命青年到苏俄学习,储备党的后备干部,1920年9月,在共产国际的帮助下创办了外国语学社,社址选在霞飞路新渔阳里6号。同时,渔阳里街区是工人运动的策划中心,1920年8月15日,《劳动界》周刊创办,由陈独秀任主编,李汉俊、沈玄庐等为编辑,该刊的主要撰稿人有李达、陈望道、邵力子、袁振英、柯庆施等,该刊成为向工人大众进行宣传和组织工作的通俗读物。10月3日,渔阳里6号召开了上海机器工会发起会,陈独秀、杨明斋、李汉俊等人以嘉宾的身份出席了会议,陈独秀被邀请为暂设经募处的主任,并促成了上海最早的两个工会——上海机器工会和印刷工会——的诞生。

毫无疑问,红色革命的历史是上海城市的重要文脉。中共"一大"会址及其周边的众多历史建筑和历史街区,是展示红色历史的重要载体,建筑能将历史进行最为理性、直观和广博的呈现。它们见证着我们国家和民族的复兴之路,体现着为争取民族独立、国家富强、社会进步而前仆后继、自强不息的精神,凝聚着各个时期革命前辈、爱国志士的崇高理想、信念、品德和情操,形象而直观,丰富且独特,具有强烈的感召力。

今天的上海,城市更新突飞猛进,城市景观日新月异。我们急须宏观把握城市发展的肌理,整体、全面地梳理红色历史的痕迹,确定哪些历史遗迹、自然景观、城市风貌需要妥善保存或是留心表达。我们须从记录足迹的城市历史出发,以城市变迁线索为参照进行寻访和筛选,整体性保护,而不仅仅是单幢建筑、某个片区的保存。在迎接中共建党百年的重要时刻,我们应该以红色历史发展为脉络,遴选在中国革命进程中曾发挥关键作用的地物和建筑作为保护对象,并且有意识地基于红色历史去寻访、发展、保护具有鲜明时代特色的建筑、街区,从而系统地保留城市红色历史发展的足迹,并形成保护体系。如合理建立博物馆、纪念馆、名人故居等,设计纪念雕塑和纪念名牌,设置二维码影像资料展示与放映等。有些重要街区,如中共"一大"周边街区,需要进行原样保护,保持并延续原有生活样态,因为那是活着的城市人文脉络。

基于此,我们首先制作了《中共上海建党革命遗址分布图》,该图由吴俊范、姚霏等指导,王小雅、尤亚男、王梦佳等研究生绘制。该图分为党的机构、名人故居旧居、社团组织、事件发生地,体现了党史研究与城市空间相结合,较完整展示中共在上海建党的空间分布。今后还拟进一步深入精细研究,使之更加完善。

期待各方面、各部门精心合作,进一步发掘与继承上海红色文化资源,打造更亮丽的城市红色名片。

(苏智良 上海师范大学学术委员会主任、教授,教育部人文社科基地上海师范大学都市文化研究中心主任,上海师范大学中国史高峰高原学科负责人,上海市历史学会副会长)

简析近代上海红色资源的独特性

熊月之

中国传统文化中,红色代表着吉祥、喜气、热烈、奔放、激情等,有驱逐邪恶的功能。五行中的火所对应的颜色是红色,八卦中的离卦也象征红色的火,古代许多宫殿和庙宇的墙壁都是红色。由此,红色在中国政治上常被用来象征革命,党领导下的革命资源也就被称为红色资源。

近代中国红色资源的形成路径,可以分为如下三类:

第一类是根据地式的,如井冈山、延安,都是有土地、人民、政权、武装,是自成联系、自成系统的,就像树木长在那片土地上一样。

第二类是纪念地式的,是某一次战争或某一项活动在那里发生,但是其事与其地不具有必然联系。比如说"一大"闭幕会议之于嘉兴南湖、古田会议之于福建古田、遵义会议之于贵州遵义等,都是飘叶之于土地的关系,有一定联系,但不是理由充足的必然关系,不是树木之于土地的关系。

两相比较,就会发现,如果是根据地式的,那里的红色资源呈整体性、密集性、系统性,而纪念地则不一样,呈单一性、孤立性、片段性。

第三类是半根据地、多纪念地式的,近代上海的红色资源即属此类。这是介于前两类之间,同时又两类兼而有之。上海并不是革命根据地——所谓革命根据地,至少具备四要素,即土地、政权、人民与武装,此四者缺一不可——但是,上海又是多纪念地。中国共产党利用上海城市的特点,在这里进行长时间的、繁多的活动,包括中共"一大""二大""四大"在这里举行,另有八次中央会议在上海召开,中央局、团中央机关设在这里。上海这个城市对党领导的革命活动,已经具有一定的基础性、依托性功能。尽管没有政权,没有独立的武装,但是,这里是可以安身活动的一个基地。因此,可以说上海是有半根据地性质的,又是多纪念地式的。从红色资源角度来看,上海既不属于革命根据地,也不属于一般单一的红色纪念地,而是属于介于两者之间、兼具两种部分功能的第三种类型。

如果把这三种类型放在全国看,跟上海有类似情况的城市不是很多,广州有一点,武汉有一点,但是那两个城市跟上海性质、规模也有所不同。

作为在共产国际直接帮助与支持下创立的、以马克思主义为指导、以工人阶级为基础、以推翻旧的社会制度为宗旨的、具有广泛国际联系的全国性革命政党,其创立与活动,至少需要以下六个相关系统的支撑,即以先进的思想文化为重要内涵的信息传播系统,以工人阶级与知识分子为重要成分的社会基础,联系国际与国内重要城市的水陆交通系统,发达的邮政通信系统,具有现代政党社团活动传统的、可供依托的社会组织系统,维持政党社团正常活动的安全系数。近代上海正是在一定程度上满足了这些需求。

一、以先进的思想文化为重要内涵的信息传播系统

中国共产党是在马克思主义指导下建立起来的。此前共产主义思想传播的广度、武装知识分子的程度,是建党的重要思想文化基础。马克思主义在中国的传播,不是全无基础、毫无凭借的横空而来,而是在此前一波又一波西方新学说、新思想传播基础上累积与递进而来的。就全中国范围而言,清末民初的上海,正是这样的新学说、新思想的传播高地。

清末民初上海,是西方文化输入中国最大的窗口,无论是器物文化、制度文化还是精神文化,都是先传到上海,在上海有了相当厚实的基础,再传到其他通商口岸和中国内地。西方新学说、新思想,无论是数学、物理学、化学、天文学、地理学、地质学、生物学,还是哲学、经济学、法学、社会学,无论是进化论、民约论,还是社会主义学说、无政府主义学说,几乎都是先传入上海,然后扩散开去。以马克思主义传播而论,1898年上海广学会出版的《泰西民法志》就述及马克思、恩格斯的学说,1899年《万国公报》发表的《大同学》述及欧洲社会主义流派与马克思学说,这些都是马克思主义学说在中国最早传播的记录。到20世纪初,这类传播数量更多,内容更丰富。

西方新学说、新思想传播到上海,其数量之大、比例之高,今人已很难想象。

从晚清到民国,全国新的出版物,上海要占到75%以上,其中以新学说、新思想为主要内容的书籍,比例更高。从洋务思想、维新思想到革命思想,上海都是全国传播基地与思想高地。以与中国共产党创立关联度最高的新文化运动而言,上海既是发动地,也是制高点:《新青年》在上海创办;在北京大学高举新文化大旗的蔡元培、陈独秀、胡适、马叙伦等,都是清末上海有名的新派人物;新文化运动鼓吹的个性解放、妇女解放以及批判孔教、提倡白话文,在清末上海都已发轫,或已颇有声势;民国初年的上海,继续保持在新学说、新思想、新文化方面领导潮流的地位;1919年五四运动以后,陈独秀南下上海,上海更成为中国传播新思想、新文化的高地。

为什么在晚清时候,这些影响不像"五四"时期对社会的冲击那么大呢?这是因为,"五四"时期,北京宣传新文化的那些人,相当部分原来都在上海活动。他们在上海宣传这些新学说、新思想、新文化,上海社会能接受,就没有也不会起很大的冲突。以男女平等而论,19世纪70年代以后,上海这方面的学说就已经很多。上海有很多妇女在工厂里工作,妇女地位在提高,便要求放脚,发动天足运动,便要求男女平等,进而倡导婚姻自由。以白话文而论,上海晚清时候就有,出了那么多白话报刊和白话书籍,胡适出国以前在上海就编过白话杂志。以批评孔孟之道而论,晚清上海相当普遍,《童子世界》等杂志对于孔孟之道的批判,已经达到相当的深度。但是,当蔡元培、陈独秀一批人到北京宣传新学说、新思想、新文化时,北京没有上海那样的社会基础与思想文化基础,没有那么多的现代企业,没有那么多妇女在工厂里工作,没有那么多外国人在那里生活,没有那么多西洋的东西存在日常生活之中,于是,就引起了尖锐的冲突。那个时候,京沪两个城市一个传统、一个现代,文化差异很大,在上海被视为正常的学说、思想、文化,移到北京,便被视为反常。

中国共产党成立以前,不同地方的知识分子多已认可上海在新学说、新思想、新文化方面的领先情况。因此,1920年酝酿中国共产党成立的时候,共产国际以及苏联一些代表在报告里面明确地讲,上海是中国共产主义出版事业的主要中心。1920年,联共(布)外交人民委员部远东事务全权代表、第三国际东亚书记处临时执行局主席维连斯基在给共产国际执委会的报告中就说:"上海是中国共产主义出版事业的主要中心。在这里,东亚书记处拥有许多报刊,我们有《上海俄文生活日报》,中文报纸《周报》《社会日报》,杂志《新青年》(是月刊,由北京大学教授陈独秀博士出版)、《新中国》等。"受俄共(布)华人党员中央组织局派遣来华的刘江也称:"上海是中国社会主义者的活动中心,那里可以公开从事宣传活动。那里有许多社会主义性质的组织,出版300多种出版物(报纸、杂志和书籍),都带有社会主义色彩。那里时而举行群众大会。出版的书籍、报纸和杂志,刊登有苏俄人士,特别是列宁和托洛茨基的照片,购买踊跃。"①

正是由于这么开放的文化氛围,上海才能聚集那么多进步文化人才,出版那么多宣传共产主义、宣传民主革命的书刊与文艺作品。从建党初期的《新青年》《共产党》,中共早期创办的日报《热血日报》《红旗日报》,顶着白色恐怖面世的《前哨》,宣传抗日救亡的《大众生活》,到中华人民共和国成立前夕出版的《新少年报》《文萃》;从马克思、恩格斯原著译本到进步读物《大众哲学》《西行漫记》《鲁迅全集》与《钢铁是怎样炼成的》;从《国际歌》翻译到《大刀进行曲》与《义勇军进行曲》创作——无一不在这里。

民主革命时期,几乎所有重要的马、恩、列的名著都是在上海出版的,包括:马克思、恩格斯《共产党宣言》(陈望道);马克思《资本论》、《哲学的贫乏》(许德珩)、《政治经济学批判》导言(刘曼)、《马克思工资劳动与资本》与《工资价格及利润》(朱应会)、《革命与反革命》(刘镜团);恩格斯《家庭私有财产及国家之起源》(李膺杨)、《农民问题》(陆一远)、《费尔巴哈论》(彭嘉生)、《自然辩证法》(杜畏之)、《从猿到人》(成嵩)、《反杜林论》(吴黎平);列宁《帝国主义论》(刘埜平)、《共产主义运动中的"左派"幼稚病》(吴凉)、《国家论》(江一之)、《唯物论与经验批判论》(傅子东)、《俄国资本主义的发展》(杜畏之)等。

特别要强调的是,马、恩、列著作在上海出版,不是一个孤立的现象,上海不是只出版马克思、恩格斯、列宁的著作。民国时期,上海掀起了一个很大的、对于西方人文社会科学名著的翻译、出版热潮,举凡西方的哲学、经济、社会、历史方面的名著,著名的文艺作品,在上海都有翻译,而且都有很好的销路。这方面,邹振环已有很好的研究。②

从晚清到民国,上海的出版物,介绍了马克思的著作,介绍了历史唯物主义,介绍了无政府主义……伴随着这些思潮而来的其他西方思想文化,凡是当时人

---

① 中共中央党史研究室第一研究部:《联共(布)、共产国际与中国国民革命运动(1920—1925)》,北京图书馆出版社1997年版,第41页。卢毅:《中共中央早期驻地的变迁》,《百年潮》2012年第12期。
② 邹振环:《西书中译的名著时代在上海形成的原因及其文化意义》,《复旦学报》1992年第2期。

们认为进步的、有价值的东西,都如潮水般涌来。也正是在这个大潮当中,中国知识分子拓宽了眼界,饱读了众多的西方书籍,汲取了丰富的营养,不断地比较、选择,最后觉得马克思主义比较适合中国。

二、以工人阶级与知识分子为重要成分的社会基础

中国共产党是仿照苏俄共产党建立起来的。以工人阶级为社会基础,是新生的中国共产党必然的道路选择。上海是近代中国工人阶级人数最多、最为集中的地方,这是任何一部中共党史著作都会述及的,兹不赘述。就红色资源的社会基础而言,这里须作三点补充,即城市规模、移民人口与知识分子。

以城市革命为中心,是俄国十月革命成功的经验之一。以俄为师的中国共产党,一开始必然极其重视城市,尤其是大城市。上海在 1900 年,已是超过百万人口的中国第一大城市。1919 年,上海已是中国超大城市。那年中国 10 万人口以上的城市有 69 个,前 10 名依次是:上海、广州、天津、北京、杭州、福州、苏州、重庆、香港与成都。这时,上海人口为 240 万,比第 2 名广州(160 万)多 80 万,比第 3 名天津(90 万)多 150 万,差不多是北京(85 万)的 3 倍,超过后 4 名即苏州(60 万)、重庆(52.5 万)、香港(52.5 万)、成都(50 万)四个城市的总和。这样超大规模的城市,自然会受到新生的中国共产党的首先青睐。

移民人口对于中国共产党的早期活动至关重要。中国共产党是全国性政党,党的发起人员来自全国各地,党的中央领导成员来自全国各地,这对于中央所在地人口特点会有一定要求,人口来源越广泛越能适应。近代上海移民通常占总人口 80% 左右,这些移民来自全国各地,包括江苏、浙江、广东、安徽、山东、湖北、福建、河南、江西和湖南等。这样高比例、多来源的移民人口,为全国各地人口在上海立足、活动提供了难得的土壤。建党初期在上海活动的中共领导人,从江苏、浙江、安徽,到湖南、湖北、广东,各处都有,他们在上海都有同乡甚至亲属,这是移民社会为他们提供的特有便利。

近代上海没有严格的户口管理。保甲制度在别的城市可以推行,但是在上海就推行不下去,或推行不彻底。北洋政府时期,上海先后于 1920、1924、1925 年进行过户籍调查,但不全面,也不精确。1928 年,南京国民政府时期,上海进行过比较全面、细致的调查,但仅是调查而已。五方杂处,不查户口,使得近代上

海社会更具有异质性、匿名性与流动性特点,为中共领导的秘密斗争提供了比较理想的场所。创党时期,安徽人陈独秀、湖北人李汉俊、湖南人李达,在上海活动,各操乡音,但毫无妨碍。1923年,毛泽东在上海闸北香山路公兴路口的三曾里(今象山路公兴路口)的中央办公处,住了近三个月,对外以"报关行"职业为掩护。这所房子住了三户人家,即毛泽东、杨开慧夫妇和孩子,蔡和森、向警予夫妇和孩子,还有罗章龙一家。三户人家都是湖南人。这是当时上海通行的散中有聚的居住方式,即来自同一地方的人习惯于集中居住同一个地段或同一幢房子里。

近代中华民族最先觉悟的都是知识分子。中国共产党的创始人,绝大部分是知识分子,其早期活跃分子,也主要是知识分子,不少是留学归国的知识分子。留学生在中外文化沟通中,起了桥梁作用,他们了解中国情况,了解外国的情况,所以,他们会成为一个民族最先觉醒的部分。知识分子集聚的程度、数量的多少,直接影响党的活动。建党以前,中国集聚知识分子最多的地方,一是上海,二是北京。北京的知识分子主要集中在几所大学里,数量远不及上海多。上海知识分子比较集中的地方,除了大学,还有诸多文化机构,包括商务印书馆和一些报刊社、律师事务所等。

上海之所以集聚了那么多的归国留学生,原因有三:一是近代上海城市发展跟西方大城市基本同步,留学生在西方学的东西到上海能够派得上用处;二是生活上面也能够适应,有的人从国外回来以后,到其他地方不能适应,或者工作上不能适应,或者生活上不能适应;三是上海有与外国联系的发达的网络和平台,上海卖外国书、卖外国报刊,与外国学者交往也多。留学生如果到内地去,原来学的东西就派不上用处,或者原来联系的渠道就不通畅,留学的"武功"也就因此废除。曾翻译都德《娜拉女郎》、司汤达《红与黑》的,从法国留学归来的四川人罗玉君说过一段话:"当年离开巴黎时我就想,只要这个世界上有地方放下我的书桌,有地方出版我的译著,有年长的年轻的读者喜欢我的书,珍藏我的书,那地方就是我眷恋的……正因为如此,巴黎留不住我,欧洲留不住我,四川太凋蔽也留不住我,留住我的恰恰是上海。"[①]她说这段话的时间比较晚,但是,这段话很能反映民国时期留在上海的归国留学生的一般心态。

---

① 金平:《上海眷恋》,《文学报》1990年2月15日。

归国留学生在上海分布特点也很有意思,留学欧美的人和留学日本的人不一样。其时归国留学生,从欧美回来的人待遇好一些,从日本回来的情况差一点,所以,从日本回来的海归住在四川路、虹口的相对多一点,从欧美回来的住在法租界的比较多一点。当然也有个别情况,但是总体上如此。

上海吸引了那么多从国外回来的留学生,吸引了那么多全国各地有志向、有才华的人,有那么一批人信仰马克思主义,那是很正常的。

三、联系国际与国内重要城市的水陆交通系统

交通系统与空间移动联系在一起。建党以前全国各地没有哪一个城市有上海那么发达的交通系统。上海襟江带海,内地人(如四川人、湖南人、湖北人)要到国外去,必须经过上海。上海航运系统在19世纪后期已经形成,有内河、长江、沿海和外洋四大航运系统,出入上海的轮船和吨位都占全国总数的五分之一以上。铁路火车是人造的交通工具,铁路线如何布局,火车通到什么地方,是由人类主观因素决定的。上海在晚清时候,铁路已经通到南京、杭州,再由南京通往天津,由杭州通到宁波,进而与全国铁路网相连。上海市内交通也远比内地其他城市发达。

中国共产党人在上海要组织工人活动,特别是地下活动,市内交通是非常重要的支撑条件。晚清上海已有人力车、马车、有轨电车、出租汽车等交通工具,到了民国时期,又增加无轨电车、机动渡轮、公共汽车,公交车辆线路更多。组织地下活动,有时候需要汽车,有时候需要马车,有时候需要人力车。其时,上海道路系统多元而复杂,尤其是南市、闸北、沪西等地方,有些地段汽车很难开进去,尤其是无法开到弄堂里面去,但黄包车能够进去,对于隐蔽战线的斗争,有时候反而更加有利。交通不便有不便的好处,便于隐藏。因此,有不同类型的交通工具,对于党组织在上海的活动有特别的价值。这也是日后党中央机关长期设在这个地方的重要原因。

四、发达的邮政通信系统

民国时期,上海邮路可与全国各地相连接,为国内邮差线的一大中心。上海

口岸停泊着众多国家的邮船，国内的邮差线经上海可联邮世界各国。英国、法国、德国、美国、日本、俄国等在上海均设有邮局。通信方面，上海国际国内通信联系均极便捷。到19世纪末，上海国际电报北可以经日本与俄罗斯通报，南可以经香港与欧美各国通报，国内通报四通八达，北到北京，东北到山海关，西北到西安，西到汉口，西南到泸州，南到广州。这一通信系统并不是专为政党活动建立的，首先是为了满足商业、军事等方面的需要，但这些通信系统的存在，为政党活动提供了重要的便利条件。一个现代性的政党要组织各种活动，必须依托现代性的通信系统。

便捷的交通与通信网络对于城市来说，犹如一个人身手矫健、脉动强劲、经络顺畅，这对于中共领导的政治斗争至关重要。就与外部联系而言，中共中央与各地党组织之间，与共产国际之间，都必须保持密切而通畅的联系。在上海活动的许多领导人，如周恩来、李立三、刘少奇、陈赓、陈毅、彭湃、杨殷、恽代英等，其活动地点，都是在各地流动的，时而北京，时而武汉，时而广东，时而江西。在上海城市内，中共组织在大部分时间里处于秘密状态，党员的住处时常变换，联络地点时常变换，时而租界，时而华界，时而沪西，时而闸北，联系方式也时常变换。在这种状态下，如果没有便捷的交通与通信网络，很难想象。

且以处理顾顺章叛变案件为例。1931年4月24日，顾在武汉被捕叛变。25日晚，时在南京的钱壮飞获悉此信息。26日清晨，情报就传递到时在上海的周恩来那里。周立即安排中共领导机关转移，安排时在天津的中共地下情报员胡底转移。等顾顺章到达南京面见蒋介石时，周恩来这里已经转移妥当。假如这个城市里面没有一个发达的通信系统，没有火车可通，那后果就不堪设想了。

再以第四次反"围剿"信息传递为例。1932年夏，蒋介石筹划第四次对苏区的"围剿"，拟定了对鄂豫皖根据地的具体进攻计划，以及他独创的所谓"掩体战略"。共产国际派到上海来的红色间谍左尔格获此情报后，立即交给其中国同伴陈翰笙，陈翰笙通过宋庆龄，将情报及时送到了苏区。鄂豫皖根据地的红军以徐向前任总指挥的红四方面军为主力，得到情报后，立即作战术转移，主动退出根据地，使国民党军扑了个空，又一次粉碎了国民党消灭红军的图谋。这个事件典型地说明，没有便捷的通信系统，就没有革命的胜利。这类例子，在中共党史、军史里不胜枚举。

五、具有现代政党社团活动传统的、可供依托的社会组织系统

中国共产党是一个高度严密的组织。中国传统时代从来没有这样一个组织。近代上海，人们不断把西方集会的方式引进到上海，也将西方社团、政党一类组织引进上海。戊戌维新时期，强学会在上海有组织。辛亥革命以前，上海有军国民教育会、同盟会分支机构与光复会，还有政闻社等团体。民国初年，政党林立，1912年以后，全国有56个政党，有相当一部分总部设在上海。民国初年组建社会团体与政党，在上海已司空见惯。

此外，上海还有很多其他组织，从晚清到民国，上海会馆公所的数量，少的时候有五六十个，多的时候有两百多个，为各地移民提供安排住宿、介绍工作、排解纠纷、防病治病、联络乡谊等服务，有的还提供从小学到中学的教育。各地在上海的人数少的话就以省为单位，多的话就以府或县为单位，组织同乡机构。江苏、浙江、安徽、福建等省人，在上海有的是一个府有一两个同乡组织，有的是一个县还有两个同乡组织。同乡组织、同业组织，都是中国共产党成立以前、以后很重要的社会组织。

中国共产党在早期发动工人与民众起来斗争的时候，不是一个一个发动，而是一群一群发动，通常是通过同乡组织、同业组织，有的时候甚至通过帮会。这样的发动方式，就要利用先前业已存在的社会组织与团体。

六、维持政党社团正常活动的安全系数

1949年以前的28年当中，有三分之一以上的时间，中共中央机关所地在设在上海。其中原因之一是要利用上海的缝隙效应。1903年公共租界巡捕章程写道：

> 或奉法租界官员之命，或奉会审衙门之命，或奉其他华官之命，而无合例之牌票，或不协同巡捕拘人者，皆为违章拘人。一经查出，巡捕立即将违章之员役，拘获请惩。按：华官欲在租界拘人，必先有正式公文，经由领事签字。按：租界匿有要犯，须由华官移文西官，始饬捕房派探协拿。候初审

明确，方可移解。若遇该犯于途，可即唤捕拘拿，同至捕房报告，候其解送法院。若竟私自扭送，虽唤捕同拘，亦与乱捉人者无异，自身反被管押审讯。①

租界存在期间，无论是晚清还是民国，如果没有租界当局的同意，华界巡捕不能够到租界里面抓人。租界里面，租界与华界接合部，更是政治控制最薄弱地带。中共"一大"开会的地方，房子刚刚造起来没有多久，其管理处于法租界的边缘地带；"二大"完全是法租界跟公共租界交界的地方；"四大"在越界筑路区域。

安全系数方面，有两个特别的例子：其一，1929年11月，任弼时在上海被捕后，虽受电刑等折磨，但在法庭上坚称自己叫彭德生，江西人（实际是湖南人），无业，最后被以所谓"危害国家安全罪"判处40天，后减刑释放；其二，1931年，关向应在上海被捕后，自称李世珍，职业教员，是从东北来上海探亲访友的，现在被抓实属无辜和冤枉，后经组织营救，被无罪释放。

利用上海租界进行活动的例子还有很多。陈独秀在1921年10月、1922年8月，两次被上海法租界当局拘捕，理由都是宣传"过激主义"，经有关方面斡旋，分别罚洋100元、400元了事，出狱后还是照样在法租界活动。杨度秘密加入共产党，也是杜月笙门客，好几次党组织有事发生，让杨度去找杜月笙，杨度请杜月笙到法租界塞钱，有时候成功，也有一次没成功。法租界管理的形式跟公共租界不一样，法租界经济不发达，治安管理要靠华人，于是，黄金荣、杜月笙这样的人就有活动余地。

五方杂处和华洋混处，都对安全因素起作用。五方杂处，使得近代上海社会更具有异质性、匿名性与流动性特点，为中共领导的秘密斗争提供了比较理想的场所。邓颖超回忆说：在上海，"我们的住处只有两三个同志知道。还经常搬家，有的地方住半个月，有的地方住一个月，有的长一点，但住一年就了不起了。每住一处，改用一个名字。名字随我们起，二房东只要给钱就行"。② 最后一句话"名字随我们起，二房东只要给钱就行"，生动地说明上海社会的广阔性、异质性、陌生性给秘密工作带来的便利性，也说明共产党人对上海这座城市特点的利用得心应手。郑超麟回忆更生动："（陈独秀等人）常开会的地方是宝山路南边某

---

① 《公共租界巡捕房职务章程》，《稀见上海史志资料丛书》第5册，上海书店出版社2012年版，第53页。
② 《邓颖超追忆周恩来》，《党史博览》2012年第6期。

同志家里,大多夜里开会。有一夜,向警予说,很晚才开完会出来,弄堂里,独秀一面走,一面说:'他那个三番没有和成,真可惜,已经听张了,七束一定有,但总不出来……'直到看弄堂的开了铁门放我们出去之后,他才不谈牌经了。"①

华洋混处,使得外国人在上海活动成为正常现象。1920年上海差不多有五千俄侨,俄侨活动比较集中的地方,正好是共产党活动比较多的地方,这为维经斯基等人的活动提供了很大的方便。

毛岸英三兄弟被地下党安排在上海,而不是离湖南更近的武汉、广州,就是看中了上海的安全系数。

一段时间里,共产国际支援中国共产党的经费,就是通过上海转运到延安的。共产国际汇来的是美元,美元在中国内地不能流通。中共中央派毛泽民等人到上海,在泥城桥附近办了一家申庄货栈,将援款通过买公债、股票等方式,分批换成通用货币,或辗转带到陕北,或购买红军急需的物资。红军用的通信设备、印刷器材,也主要是通过上海采办的。特别是医药方面,宋庆龄从国际上运了很多支持根据地的物资,都是通过上海这个渠道运送过去的。上海在红色资源这方面起到了其他城市或者根据地没办法起到的作用。

以上六个系统,即思想传播系统、社会基础、交通系统、通信系统、组织系统、安全系数,归结到底,都与上海城市集聚性与特殊性有关。这两个特性又相互联系、相互作用,特殊性(租界存在)刺激了集聚性,集聚性增强了特殊性。特殊性与集聚性叠加在一起,就使得上海在红色资源方面,一方面既有井冈山、延安等根据地的一些元素,又与它们很不相同,同时还能给它们一些必要的补充;另一方面既有古田、遵义等纪念地的一些特点,又与它们迥然有异。集聚性加特殊性,构成上海的唯一性;这种唯一性,使得上海在中国共产党红色资源的版图上,色泽特别,无可比拟,而又极其重要。

(作者单位 上海社会科学院)

---

① 郑超麟:《郑超麟回忆录》(上),东方出版社2004年版,第221页。

党的诞生地、革命圣地、建党精神：上海历史内涵

齐卫平

2021年，中国共产党将迎来百年诞辰。回望历史，今非昔比的中国社会以它所经历的磨难，检验了一个马克思主义政党如何以其先进思想和实践砥砺前行，如何在中华大地上不断创造出民族复兴的新业绩。中国共产党也在中国社会翻天覆地的变化中成长壮大为一个无比坚强的伟大政党。探究中国共产党成功的密钥，解析她的组织基因是一个重要路径。1921年中国共产党诞生于上海，赋予马克思主义政党鲜明的红色基因。胜于国内其他地方的独特条件不仅展示了上海诞生中国共产党的哺育作用，而且打造了上海作为中国共产党历史上第一个革命圣地的历史价值，建党精神是上海作为革命圣地的集中体现。

一、中国共产党诞生上海的历史逻辑

政党是近代社会演进的产物，尽管纷繁变化的政治舞台上不免有政党乱象的出现，但组建一个政党绝不是随意的历史结果。任何政党在什么情况下诞生和为什么在这个地方诞生，都有其必然的道理。

从规律看，一个集团行为的政党组织不可能突然冒出来，它有个孕育的过程。中国共产党的孕育肇始于1919年的五四运动，在中国共产党宣告诞生前的两年多时间里，中国社会历史镜头的一个突出映像是新生中华民国窘境的暴露。中国共产党成立之前，辛亥革命迅猛席卷的风浪催生了共和国的降临，以中国同盟会为代表的资产阶级革命政党实现了革故鼎新的社会变革，为延续两千多年的封建帝制画上了历史终结的句号。然而，中华民国"共和其名，专制其实"的政

治没有给人以送旧迎新的社会观感,一场历史巨变没有赢得中国脱胎换骨的契机,半殖民地半封建社会的命运依然与中华民族相伴随,国家和人民依然在黑暗中徘徊。

1911年中华民国的建立确实给中国人民带来激动和亢奋,鸦片战争后60多年煎熬于水深火热之中的中华民族有了盼头,尤其是那些致力于向西方寻求救国救民真理的先进人士,更是想当然地认为中国由此可以迈上康庄大道。但人们一厢情愿的热情很快被浇灭了,中华民国初年混乱而糟糕的现实很快就使失望代替了希望。孙中山为此受到很大的打击,他明确认为革命没有成功,下决心要组织"二次革命"。不满社会现实的一批先进知识分子对中华民国的共和政制产生了极大的怀疑,于1915年发起新文化运动,试图把脉中国症结,为中国寻觅一条新的道路。显然,中国社会在等待新的革命,历史在呼唤新的变革。

中国革命演进的历史逻辑以基本要素的创造为铺垫。五四运动爆发前后的几年里,国内外形势变动滋生了中国革命新生机的预兆。一是世界上1917年俄国十月革命的成功,使马克思主义政党的组织形态受到中国先进知识分子的关注;二是第一次世界大战期间国内产业发展,使工人阶级作为一支革命替代性力量得到成长壮大。五四运动在这样的背景下爆发具有特殊的历史含义,与以前战争失败而激起的抗争不同,这场因外交失败而激起的爱国主义运动表现了中华民族新的伟大觉醒。中国共产党的诞生就是这个伟大觉醒的历史产物,五四运动为中国共产党的诞生作了思想上、组织上的准备。

上海成为中国革命演进历史逻辑的起点,是因为它具备了先进政党孕育诞生的基本要素。马克思主义与工人运动相结合基础上诞生的中国共产党,选择上海为创建之地,是因为它集中了创建先进政党的诸多优势。半殖民地半封建中国,上海是社会落后衰败的整体状况中最繁荣先进的城市,这为中国共产党的诞生提供了有利条件。近代意义上的政党在世界上出现,与两个因素有关,一是先进生产力,二是先进文化。西方机器化生产催生的产业革命和文艺复兴带来的思想革命,创造了政党最先孕育发展的欧洲地缘。近代中国植入政党政治发生在辛亥革命前后,中华民国初年各种政党林立,但停留于权力争夺的政治乱象,使政党与先进生产力和先进文化相脱离,因此,新生的民主共和国家只能成为徒有虚名的空壳。1920年5月,陈独秀、俞秀松、李汉俊、施存统等人在环龙路老渔阳里2号商议组织共产党早期组织,表现了另起炉灶的建党志向。这个历史举动发生在上海,与生产力和文化的地域先进地位有内在的关系。

中国共产党诞生于上海是诸多要素合力的结果,如交通便利和知识精英汇集的优势、印刷条件良好和思想传播便利的优势、租界制度空隙和有利秘密建党的优势,等等。在所有要素合力中,先进生产力和先进文化最为重要,中国共产党孕育诞生过程中,上海在体现先进生产力和先进文化方面领先当时国内任何其他地方。上海是中国工人阶级生长、发育和成熟的标志性城市,无论是在洋务运动期间,还是在甲午战后和辛亥革命前后,具有规模的大型企业几乎都选择了上海,上海成为产业工人集中之地,数量上始终领先全国。中国共产党诞生前夕,上海各业工人占全国总数的四分之一,全国产业工人中上海占将近五分之一的比重。从质量上看,上海工人阶级政治上的成熟也相对领先于全国。研究中国工人运动的美国专家裴宜理说:"有组织的工人运动的影响,在所有中国城市中,以作为产业中心的上海最为显著。"[1]五四运动中,上海工人罢工斗争显示的强大威力突出表现了成熟的政治觉悟。上海是近代中国西方文化输入最为集中的窗口,海纳百川赋予它特有的城市品性,先进文化在上海汇集,辐射全国。新文化运动发源于上海,马克思主义传播热潮萌发于上海,具有初步共产主义觉悟的知识分子频繁活动于上海。先进生产力和先进文化促成了中国共产党诞生于上海的历史缘分,也造成了中国革命演进以上海为新起点的历史逻辑。

从道理上说,一个政党在什么地方诞生没有定律,尤其像中国共产党这样一个在帝国主义和封建主义统治下组织起来的秘密政党,选择一个郊野荒僻的地方成立也合乎情理。但中国革命演进中没有发生这样的事实,中国共产党在上海这座近代城市定下了她的起点。虽然后来中国共产党将革命的中心转向了农村,形成从农村包围城市,武装夺取政权的中国革命道路,但无产阶级先进政党既不可能在农村环境下孕育成型,也不可能在工业化条件薄弱的中小城市诞生。历史逻辑内含着必然的机理,中国共产党与上海结缘绝不是偶然的机遇,而是必然的选择。

1921年7月,中国共产党第一次全国代表大会在上海召开,是正式成立的标志。从7月23日到8月初中共"一大"会议期间,共召开了7次会议,其中6

---

[1] [美]裴宜理:《上海罢工——中国工人政治研究》,江苏人民出版社2001年版,第2页。

次会议在上海,最后作为闭幕结束的会议转移到嘉兴。党的建立之所以结缘嘉兴,是因为 30 日晚举行第六次会议时发生法租界巡捕房暗探闯入的意外情况,出于安全考虑,代表们决定转移会场。会议代表李达的夫人王会悟建议到她的家乡嘉兴继续会议最后议程,于是代表们在嘉兴南湖一条小船上完成了中共"一大"会议。这个过程表明,在上海建党是事先确定的计划,中共"一大"会议到嘉兴闭幕不是原计划的安排,意外的插曲为嘉兴铸上历史的光荣。南湖的红船熠熠生辉,嘉兴为中国共产党诞生作出的贡献不应抹杀,历史必须记上这分量厚重的一笔。但如果以党的诞生地来定位嘉兴,则会模糊历史界说,甚至还会妨碍对中国共产党本质属性的认知和揭示。

一个人不可能出生两次,也不可能在两个地方诞生,同样道理,中国共产党诞生于上海,就不应有第二个诞生地。其实,一个政党诞生在哪里并不重要,从形式看,诞生地仅具有纪念意义,一般政党并不看重。但历史必须明明白白,尤其是像中国共产党这样一个历经近百年并改变和创造了中国历史的马克思主义政党,她是怎样成立的、在哪里诞生、从什么地方起步,历史记载必须精准,历史界说必须明确。历史地看,中国共产党的诞生是个过程性的事件,中共"一大"前各地共产党早期组织的活动都构成这个过程性事件的链条,上海是最后结果之地。中国共产党在上海诞生,重要的不是地点选择,而是属性依赖。先进文化和先进阶级相结合的要求,使中国共产党历史地选择上海作为最好的诞生地。中国共产党在上海诞生,重要的不是象征符号,而是性质标记。一个在近现代中国掀动广泛革命和深刻变革的伟大政党在历史上诞生,绝对不是哪个地方的事情。中国共产党建立过程表明,无论是最早发起者的组成,还是促成其成立的思想和活动,并不局限于上海,但上海这座城市拥有的特殊要素对无产阶级先进政党的品性铸造有着决定性的意义。

二、红色风暴与第一个革命圣地

研究中国共产党历史,不仅要确认她在哪里诞生,而且要考察她从什么地方起航。犹如人从脱胎降生到牙牙学语、蹒跚学步,再到辨分东西、明了事理的经历一样,政党成立后的起航构成其成长的最初阶段。从中国共产党的历史看,其诞生地与起航地是连在一起的,她在上海诞生,也从上海起航。中国共产党成立后立即投入革命实践,她在上海最初奋斗的足迹留下了历史起点的珍贵记录,把上海称为"党领导中国革命的第一个圣地"合乎情理逻辑。

何谓"圣地"?它是指一个神圣而受敬仰的地方。圣地赋予革命的意义,就是指在那个地方曾经发生过对以后革命进程具有重大影响的活动和事件。从历史发生学的原理看近代中国的社会演进,集中进行建党活动的表现提供了上海诞生中国共产党的事实,形成党开展工作的中心区域赋予了上海作为第一个革命圣地的地位。

中国共产党的建立和领导中国革命的风雨历程呈现各种艰难险阻,每个时期形势和任务不同,党的奋斗足迹形成一个个阶段性的历史标记,从而造就了不同形式的革命圣地,如井冈山革命圣地、遵义革命圣地、延安革命圣地、西柏坡革命圣地等,而上海则是党的第一个革命圣地。这些革命圣地形成于不同的历史环境,具有各自的特点。井冈山革命圣地的特点是在革命中心向农村转移的情况下,成为中国新民主主义革命道路的探索之地;遵义革命圣地的特点是以一次党的历史上具有重大转折意义的会议,成为决定革命事业成败的关键之地;延安革命圣地的特点是在攸关国家命运和民族前途的抗日战争时期,成为党领导革命走向胜利的光明之地;西柏坡革命圣地的特点是在从农村转向城市的历史关口,成为党走上执掌全国政权的出发之地;上海革命圣地的特点是以马克思主义先进政党的孕育和诞生,成为先进力量和先进思想的代表之地。

众所周知,"农村包围城市,武装夺取政权"是党领导中国革命取得成功的正确道路。然而,找到这条道路是经过一段时间的摸索,付出了一定的代价的。中国共产党建立以后,首先学的是十月革命模式,侧重做产业工人运动的工作,目标是通过组织武装暴动,夺取中心城市。这是中国共产党将马克思主义普遍真理运用于中国实践的开始,也是必经的一个阶段。马克思主义中国化只有经历了这样一个阶段才可能逐渐深入。因此,虽然建立农村革命根据地是中国革命的正确道路,但第一个革命圣地却不可能产生在农村。从革命进展顺序上说,上海首先成为党的革命圣地,是因为这座近代中国工业最发达、产业工人最集中的城市,具备了国内成立马克思主义先进政党的最好条件,也具备了组织和发起崭新革命运动的最好基础。上海成为党的事业发源地和红色风暴起点,在相当长一段时间里成为一块思想活跃、力量集中、活动频繁、资源充足、影响广泛的革命圣地。从上海革命圣地到井冈山革命圣地,是中国共产党奋斗历程的记录。作为第一个革命圣地,上海留下的红色印记标志着党领导中国革命的历史开端。

上海作为党领导中国革命第一个圣地的表现,首先是它所掀起的红色风暴激荡全国,中国革命面貌焕然一新。中国共产党成立后做的一项重要工作就是将工人运动纳入其领导之下。1921年8月,中国劳动组合书记部在上海成立,以提高工人的阶级觉悟为宗旨,确定对工人开展各种形式的宣传教育,创办工人学校,出版刊物和书籍,到工人中去演讲,发动党团员散发传单等,并形成对各地党组织和劳动组合书记部及各分部的工作指导。从1922年1月到1923年2月,中国共产党领导的工人运动形成第一次高潮,前后持续时间达13个月之久。在此期间,爆发的罢工斗争达100多次,参加罢工的工人达30万以上。其中大部分是党组织或党领导的工会组织直接发动的。当时党掀起的红色风暴就是工人运动,上海产业规模和工人数量决定了其促进和影响第一次工人运动高潮形成的作用。党的早期领导人和理论家邓中夏研究中国工人运动史时指出:"劳动组合书记部成立之后,对于上海,确有相当影响,因为上海工人经过这个机关,也逐渐有了组织了,并且还领导了不少的工人斗争。"[①]从某种意义上说,红色风暴的革命狂飙萌发自上海。

图 2-1　中国劳动组合书记部旧址

其次,党的领导机构长期设立在上海,增添了上海作为中国革命第一个圣地的历史厚重感。由于党诞生于上海,党的领导机构集中在上海办公。从1921年

---

① 邓中夏:《中国职工运动简史(1919—1926)》,新华书店出版社1949年版,第13页。

7月中国共产党正式成立,到1933年1月中共临时中央政治局迁往江西,这12年间中共中央领导机关除三次短暂迁离的特殊情况外,一直设在上海。例如,除中国劳动组合书记部外,中共"一大"选举产生的中央政治局的各具体工作机关,如有"中央办公厅"之称的政治局联络点、中共中央与中央军委联络点、中共中央与共产国际的联络点等,都分布在上海的一些楼房里。1927年11月中央特科在上海成立;1929年秋,中共中央在上海建立第一座秘密电台。中共中央成立党报委员会领导党报工作,在上海先后创办了《布尔塞维克》《红旗》《斗争》《党的建设》等党报党刊。在党创建后相当一段时间里,几乎所有的有关中国革命的重大理论都在上海进行讨论和研究,许多指导革命实践的重大决策在上海制订出台。由于中共中央领导机构长期驻扎上海,许许多多后来在党的历史中涌现出的著名中共领导人便经常来往活动于上海,如毛泽东、刘少奇、周恩来、瞿秋白、陈云、张太雷、恽代英、任弼时、邓小平等,都曾在上海留下了战斗的足迹。这些事实表明,上海是党诞生后领导中国革命的指挥中心,是一块中国共产党人挥洒热血最早的红色土地。

第三,中国共产党初期的全国代表大会多次在上海举行是它作为中国革命第一个圣地的见证。上海不仅以召开中国共产党第一次代表大会而记载于史册,而且还在以后的几年里召开了第二次、第四次代表大会。在新民主主义革命胜利之前,中国共产党共召开过7次全国代表大会,在上海召开的占3次,而且都集中在党的创建时期。从一些历史资料中可以发现,中共"三大"从情理上说也应该在上海召开,之所以决定到广州召开,是共产国际代表马林的主张。马林当时极力主张并推行国共合作,他认为共产党的活动必须影响国民党。1923年2月孙中山在广州建立陆海军大元帅大本营,就任大元帅,这成为马林主张中共中央领导机关迁往广州的理由。1923年5月至7月中共中央机关从上海迁到广州,期间召开了第三次全国代表大会。共产国际另一个代表维经斯基是反对马林主张的,他认为党中央不宜搬离上海,上海的革命环境比广州更有利,但马林的意见占了上风。假如按照维经斯基的意见,中共"三大"就是在上海而不是在广州召开了。中共中央领导机关只在广州待了三个月就又搬回上海,此事实本身可以说明维经斯基的意见实际上是正确的。当然,这不影响上海在中国共产党创建整个过程中的地位,三次全国代表大会在上海召开,已经足以说明问题。20世纪20年代和30年代初的上海,发生过很多影响重大的事情,有从上海引发而扩大到全国的,也有国内其他地方发端而在上海产生强烈回应并形成高潮的;这些事情的发生,都与中国共产党将上海作为立足的根据地有关,以党领导中国革命第一个圣地定位上海,是名副其实的。

三、上海革命圣地凝结的建党精神

近代中国给上海提供的机会赋予它许多特殊的历史镜像,比如在闯荡中国的外国人眼中上海是"冒险家的乐园",在追求享乐的人眼中上海是灯红酒绿的"花花世界",在摩登浪漫的人眼中上海是最领先的时髦之地,在知识文人眼中上海是海派文化汇集之地。这些镜像折射着上海这座城市独有的特征,其中某些现代气息是外国殖民侵略的印记,它们确实表现了上海的特殊之处,但从近代中国变革进程看却不能代表最本质的特征。

在近代中国历史上,中国共产党的成立是一件开天辟地的大事情。与这件大事情所产生的巨大和深刻影响相比,其他任何表现上海城市特征的历史镜像都不具有重要性。社会大变革时代呼唤激流勇进的弄潮儿,伟大事业需要伟大政党,这样的需要历史地降落为上海这座城市的担当。虽然中国共产党诞生的那个瞬间并不耀眼夺目,她秘密地在一个大城市的小住宅里悄然成立,而且只有50多个党员,规模显得微不足道,但一番惊天动地的伟大事业却由此而奠基,一个引领中国历史进程的伟大政党却由此而发轫,一桩实现民族复兴的伟大使命却由此而刷新。"作始也简,将毕也巨",董必武为中共"一大"的这一题词精到而深刻,"始简"的建党通向了"毕巨"的伟业,稚嫩小苗长成参天大树,中国共产党的风雨历程谱写下无比壮丽的诗卷,上海是开篇之作。

以上海作为中国共产党诞生地,以上海作为中国共产党第一个革命圣地,重要的不是地点和名分,它是关系党的基因构造和血脉系统认定这样的重大问题。从历史发展上看中国革命演进,政党替代是重要的实现逻辑。所谓政党替代,就是指政治舞台上占据中心和发挥主导作用的政党更换。在中国共产党成立之前,近代意义上的政党组织已经有很多个,如果不具有新的品性,中国共产党的诞生就只是在历史长河中多添了一点水滴,不管她的规模是小还是大,都不可能应验中国革命演进历史逻辑的政党替代。上海建党和成为党领导中国革命的第一个圣地,重要价值体现就是一个与此前政党性质、宗旨、目标和面貌迥然不同的政党横空出世，在近代中国第一次真正实现了政党属性与先进生产力和先进文化相对接，从而以鲜明的马克思主义政党特质取代旧的政党，在中国政治舞台上脱颖而出，担当起主导和引领社会发展进步的责任。

中国共产党诞生于上海的必然性是地缘政治的体现，上海的地理条件创造了对接先进生产力和先进文化的政治发展空间，城市的近代化与政党的现代性相统一。这样的地缘政治机理，使先进生产力和先进文化成为中国共产党胚胎形成的红色基因。2000年江泽民以"始终代表先进生产力的发展要求，始终代表先进文化的前进方向，始终代表最广大人民群众的根本利益"揭示中国共产党的先进本质，这"三个代表"重要思想不仅是对21世纪党的建设提出的要求，也是对中国共产党品性作出的历史提炼。显然，这样的品性不是到了21世纪才突显出来，它贯穿于党的历史始终，铸造于党的创建肇始，具有基因价值和血脉意义。

随着历史发展和社会变化，政党也在不断地改变着自身。从建立至今90多年里，中国共产党始终根据奋斗环境、历史方位、工作方式的变化，更新着建设任务和前进目标。然而，万变不离其宗，马克思主义政党的品质是不能变的，品质就是"宗"。习近平总书记在庆祝中国共产党成立95周年大会讲话中指出："一切向前走，都不能忘记走过的路；走得再远、走到再光辉的未来，也不能忘记走过的过去，不能忘记为什么出发。"这一告诫成为"不忘初心"最基本的思想，它的深刻含义就是不管时代如何发展、形势怎样变化，马克思主义政党品性特质不能改变，中国共产党人政治本色不能改变。初心就是本真，不忘初心就是必须牢记我们党从哪里来，要到哪里去；必须牢记我们党当初为什么出发，怎样再出发；必须牢记我们党一路怎么走过来的，如何继续走下去。忘记初心甚至违背初心，中国共产党就会失真，就会丢本，就会变色。习近平总书记反复提出永葆共产党政治本色、坚守共产党人精神家园、传承和发扬光荣革命传统等要求，其旨意就是告诫全党在前进中始终不忘初心，在创新中坚持维系本真。

对中国共产党来说，初心和本真与她的创建是连在一起的。上海建党以代表先进生产力、先进文化和代表广大人民群众根本利益为价值取向，填写了党从哪里来、为什么而出发的历史答卷。从体现初心和本真的角度看上海成为中国共产党诞生地和中国革命第一个圣地的重要性，这个答卷的意义是奠定了中国共产党的红色基因构造，造就了中国共产党的革命血脉系统。上海诞生了中国共产党，也打造了第一个革命圣地，它所体现的建党精神渗入党的红色基因和革命血脉之中。上海建党精神的内涵可以概括为：激流勇进、担当责任、创新创业、敢有作为、引领潮流。这20个字能够体现中国共产党出发状态的品性，具有中国共产党人精神家园的苗圃意义。上海建党精神不同于井冈山精神、延安精神、西柏坡精神，但从内涵的本质上说则是相辅相成的统一。

建立上海建党精神的概念很有必要。历史是具有连续性的整体，有头有尾，始和终对应，才能完整地体现历史的全貌。因此，有了上海建党精神，才有后来的井冈山精神、延安精神、西柏坡精神。这些精神构成中国共产党革命历史的连贯性和革命传统的扩展性。党领导新民主主义革命的历史实践中创造了各种各样的精神，具有不同的内容和含义，如苏区精神、长征精神、南泥湾精神，如不怕牺牲的精神、艰苦创业的精神、吃苦耐劳的精神、顽强拼搏的精神，还有如张思德精神、白求恩精神、焦裕禄精神、雷锋精神，等等。这些精神提炼的角度和概括的方式不同，有的采用地域名称，有的侧重具体内容，有的突出光辉事件，有的用典型人物命名，丰富多样的精神样态体现着中国共产党人红色基因和革命血脉的共通性，构成中国共产党精神谱系。上海建党精神—井冈山精神—延安精神—西柏坡精神，展示了新民主主义时期党的革命精神循序而进的完整历史链。上海作为第一个革命圣地凝结着的建党精神，烙下了中国共产党初心和本真的印记，井冈山精神、延安精神、西柏坡精神是中国共产党人不忘初心、继续前进的一次又一次再出发。党的建设起步于党的建立，建党是开始，党建是后续，中国共产党历史实践中丰富发展起来的各种革命精神，以上海建党精神为源头。弘扬上海建党精神，对于维系党的红色基因和保持党的革命血脉具有极其重要的意义。

（作者单位　华东师范大学）

上海是中国共产党的诞生地*

张玉菡

上海是中国共产党的诞生地——自中华人民共和国成立以来，在上海乃至全国大多数党史研究机构和学者的认识中，以其历史形成，成为一种勿须论证的自然结论。但是，近年来，随着有关人士以"十月怀胎一朝分娩"来类比上海和嘉兴在中共"一大"会议中的地位[①]，以及以中共建党时期人物中浙江籍知识分子的作用和中共"一大"代表的回忆为历史根据，嘉兴方面提出了"嘉兴才是中国共产党的诞生地"的观点[②]。并且随着有关宣传活动的大力开展，不少对这段历史了解并不深入的群众形成了"中国共产党的诞生地在嘉兴"的认识。近年来网上的一项调查显示，70%的网民认为中共建党是在嘉兴南湖上。[③] 笔者以为这样的认识和宣传是不符合历史事实的，有必要以上海深厚的历史基础和在中国革命中形成的历史地位等为基础，加强学术论证，使"上海是中国共产党的诞生地"这一历史形成的地位具有雄辩的说服力，并加大宣传力度，纠正网民的错误印象，回归历史的本相。

---

* 本文为2017上海哲社规划一般课题"中共'一大'学术史研究（1920—2016）"（项目编号：2017BDS004）阶段性成果。

① 陈宪平：《党的诞生地述略》，南湖革命纪念馆编：《党史党建与文博研究》，西泠印社2012年版，第66页。

② 如中国共产党新闻网有一篇转载《浙江日报》2012年6月18日的报道《把党的诞生地建设得更美好——访嘉兴市委书记李卫宁》，报道开篇写道："嘉兴作为党的诞生地，要在加快推进物质富裕精神富有的现代化浙江建设中作出更大的贡献。" http://cpc.people.com.cn/GB/64093/82429/83084/18213460.html，2017年3月11日。中国嘉兴网《中共嘉兴市委办公室关于印发〈嘉兴市2016—2020年党史工作规划〉的通知》中也写道："嘉兴是中国共产党的诞生地。" http://www.jiaxing.gov.cn/sdajdagswdysszb/ghjh_7710/ghxx_7712/201612/t20161230_658286.html，2017年3月11日。

③ http://news.sina.com.cn/c/2011-07-16/143822825463.shtml，2017年3月11日。

一、中国共产党在上海诞生,具有深厚的历史基础

中国共产党在上海诞生,具有深厚的历史基础。这一论题,早在20世纪90年代就已经有学者对此进行了考察。1991年唐培吉《建党时期值得研讨的几个问题》①、于龙生等《上海成为中国共产党摇篮的必然性和偶然性》②都对中共在上海建立的各种条件进行了探讨。近年来,又有苏智良、江文君的《中共建党与近代上海社会》③,熊月之的《中共"一大"为什么选在上海法租界举行:一个城市社会史的考察》④,齐卫平编著的《中国共产党创建与上海》⑤以及笔者的《中共建党与上海复兴公园街区》⑥等论作从社会史、城市史研究等视角,进一步探索了中共在上海诞生的深厚历史底蕴。总结下来,这些论作基本从以下方面进行了分析:

作为工业化、现代化和国际化都市的上海,为中共成立提供了最适宜的地理环境。近代上海存在公共租界、法租界、华界三个行政区域,华界又分南市与闸北两部分,"一市三治"的政治格局为上海革命力量提供了政治活动空间。以上海工人为主体的中国工人阶级的壮大和阶级觉悟的提高,为共产党的创建奠定阶级基础。1920年初,上海已形成近代化的交通信息网络。轮船、铁路四通八达,电报、邮政联通国际国内,为海内外人士进出上海、互相联络提供了便利。1920年的上海华洋混处、五方杂居,俄国侨民有5 000多名,为俄共(布)在上海开展工作提供了掩护。上海发达的媒介网络为马克思主义的早期传播提供便利条件。伴随新文化运动的勃兴,上海成为先进知识分子的集聚与活动中心。以陈独秀为核心的《新青年》编辑部和马克思主义研究会则为中共上海发起组提供了基本成员,上海发起组实际担当了组建中共的"临时中央"。因此,中共在上海的成立是上海近代化的结果。

除此之外,近年来公布的共产国际等档案也体现出上海在苏俄、共产国际对

---

① 上海革命历史博物馆(筹)编:《上海革命史研究资料——纪念建党70周年》,上海三联书店1991年版。
② 《上海党史研究》1999年第4期。
③ 《历史研究》2011年第3期。
④ 《学术月刊》2011年第3期。
⑤ 上海人民出版社2011年版。
⑥ 《上海党史与党建》2016年第7期。

华共产主义工作中的特殊地位。1919年3月,在西伯利亚还处在高尔察克统治和外国武装干涉的时候,俄共(布)西伯利亚组织就在鄂木斯克会议上决定成立情报宣传局,力图打破消息封锁,把苏俄政权的声音传布出去。因此,上海这座远东大都市就被选中作为宣传布尔什维主义革命的重要据点,有关人员被选派到上海来开展情报和宣传工作。同年4月,谢麦施科等一行四人来到上海,其中谢氏被委任在上海创办一份报纸。6月,《上海新闻》报创刊,但仅出一期即被封杀,因而谢氏于9月又创办了《上海俄文生活日报》。这两份报纸以"进步报纸"的面目出现,在中国、朝鲜、日本以及西伯利亚等远东地区巧妙隐蔽地宣传布尔什维克的声音。与此同时,在苏俄尚未在华设立正式使领馆和其他中国政府承认的机构之前,《上海俄文生活日报》社作为公开活动的机关成为苏俄人员在华工作的重要据点和联络中心,并成功地掩护了俄共(布)和共产国际的秘密组织及其活动。除了《上海俄文生活日报》社,苏俄、共产国际在上海还设有全俄贸易企业合作社中央联社驻上海办事处、北京罗斯塔—达尔塔通讯社上海分社等机关,承担着转递活动经费、发布苏俄有关信息、收集情报等任务,这些机关的人员与《上海俄文生活日报》社工作人员时有交流互动,共同完成苏俄、共产国际有关

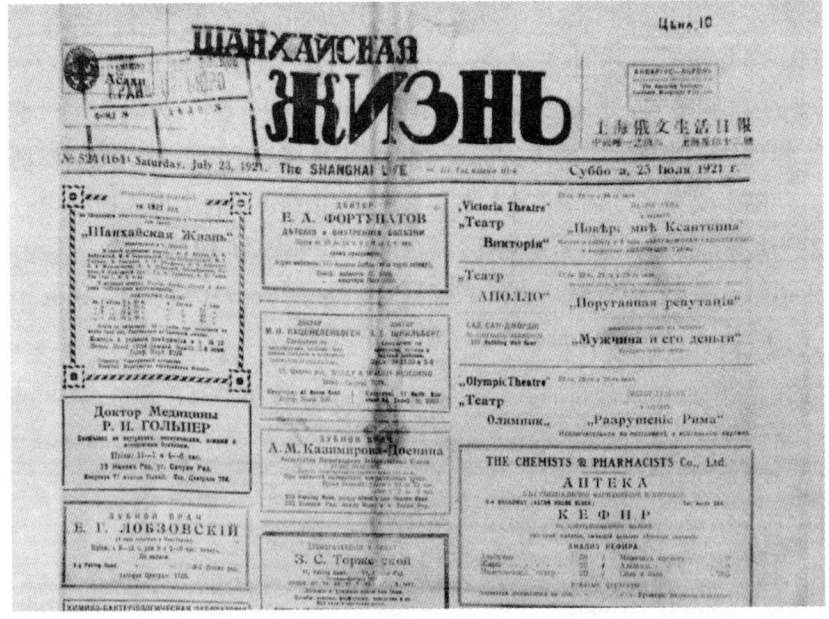

图3-1 《上海俄文生活日报》

部门的工作指示。①

以《上海俄文生活日报》为联络中心的苏俄在华工作人员应该把上海以及中国的有关情况传回了符拉迪沃斯托克,1919年9月后负责在远东地区开展情报和共产主义宣传工作的苏俄外交人民委员部远东事务全权代表维连斯基-西比利亚科夫决定派遣吴廷康等人来华推动中共建党。② 1920年4月5日,吴廷康一行到达上海,其公开身份即《上海俄文生活日报》记者和编辑,"他的到来为上海出版的一种俄文报的主要撰稿人伯尔诺夫基(Bernofky)③和杰克·李泽洛维奇(Jack Lizerovitch)④所知"。⑤ 因此,吴廷康此行的目的地上海以及来华推动中共建党工作的任务应该是在来华之前就计划好的。

1920年5月,吴廷康在《上海俄文生活日报》社内部设立共产国际东亚书记处,作为领导东亚(中国、朝鲜、日本)共产主义工作的临时组织中心,因而上海成为俄共、共产国际主管整个东亚共产主义运动、推动建党工作的指挥中心驻地。东亚书记处还十分注意通过印刷品进行宣传,它设有四个出版中心:海参崴、哈尔滨、北京、上海。其中,上海是中国共产主义书刊出版的最大中心,东亚书记处在这里拥有几种报纸和杂志,包括《上海俄文生活日报》和中国报纸《周报》、杂志《新青年》月刊等。⑥

吴廷康以《上海俄文生活日报》为工作据点,是该报最重要的人物,与许多倾向于布尔什维主义的年轻中国人建立了联系。⑦ 而1920年2月由北京南下上海的陈独秀,立刻投身上海劳工运动,6月与《星期评论》社李汉俊等人一起筹备建党,这些活动在如此短的时间内似乎一气呵成,也不像是毫无基础、毫无计划的。

---

① 李丹阳:《〈上海俄文生活报〉与布尔什维克早期在华活动》,《近代史研究》2003年第2期。
② 《威廉斯基-西比利亚科夫关于1919年9月至1920年8月在国外东亚民族中的工作向共产国际执行委员会的报告(1920年9月1日,莫斯科)》,中共一大会址纪念馆编:《中共首次亮相国际政治舞台》,上海人民出版社2016年版,第40—42页。
③ 此人应为时任《上海俄文生活日报》编辑的巴兰诺夫斯基(М. И. Барановский)。巴兰诺夫斯基(1898—?),1919年末参与《上海俄文生活日报》的改版,并任编辑和主要撰稿人。曾任罗斯塔-达尔塔通讯社上海分社经理。1922—1923年任苏联外交人民委员部出版司秘书,1923—1928年任该部远东司翻译。
④ 李泽洛维奇1917年从侨居地英国来沪,1919年同布尔什维克取得联系并开始为苏俄工作。详见李丹阳:《红色俄侨李泽洛维奇与中国初期共产主义运动》,《中山大学学报》2002年第6期。
⑤ 英国国家档案馆FO 405/228,第157号文件附件(1920年4月7日)。李丹阳女士帮助提供。
⑥ 《威廉斯基-西比利亚科夫关于1919年9月至1920年8月在国外东亚民族中的工作向共产国际执行委员会的报告(1920年9月1日,莫斯科)》,中共一大会址纪念馆编:《中共首次亮相国际政治舞台》第40—42页。
⑦ 英国国家档案馆FO 228/3216,第27号周报(截止于1920年8月21日的情报)。李丹阳女士帮助提供。

李立三在《党史报告》中曾提到共产国际在天津的通讯社员也负责到中国来建党，并与陈独秀到上海来讨论建党。① 李立三所提到的这位通讯社员应该就是罗斯塔社在华分社第一任社长霍多洛夫。在陈独秀从天津转赴上海时，霍多洛夫也恰好由津赴沪，并于4月底返回天津，与吴廷康、斯托扬诺维奇、阿嘎芮夫、柏烈伟一起讨论在华建党工作并作了分工。② 在吴廷康的推动下，中国建党的工作进展比较顺利。各支部依靠工人和学生组织，为北京、上海、天津、广州、汉口和其他地区共产主义组织的建立奠定了基础。

1920年下半年，共产国际东亚书记处的工作转交同年7月成立的俄共（布）西伯利亚州局东方民族处负责。③ 同年7月27日，东方民族处刚刚组建时，就设立"上海处"，并将其定位为"俄共（布）西伯利亚州局东方民族处远东工作的临时中心"。④ 此后，吴廷康转由东方民族处领导，并向东方民族处汇报工作。⑤ 9月30日，吴廷康被委任为东方民族处驻中国的全权代表，东方民族部要求他"依据我们的指示领导中国工作，给我们派往那里的党的工作人员发出指示，让他们服从您。请将所述内容通知那里的工作人员。责成您逐日报告活动情况"⑥。11月之前，上海被东方民族处定位为苏俄、共产国际东亚地区两个领导中心之一，符拉迪沃斯托克负责领导俄国远东地区，而"所有在中国的机关均由上海领导"⑦。同年底，吴廷康离开上海返回苏俄远东复命并汇报工作。1921年初，共产国际远东书记处成立，以东方民族处为基础，"远东工作已经全部转归（共产国际）远东书记处管辖"⑧。1921年春，吴廷康受命携带文件和今后工作的经费返

---

① 中央档案馆：《中共党史报告选编》，中央党校出版社1982年版，第211页。
② 李丹阳：《霍多洛夫与苏俄在华最早设立的电讯社》，《民国档案》2001年第3期。
③ 俄共（布）西伯利亚州局东方民族处驻地设在伊尔库茨克，这个组织的建立标志着苏俄、共产国际在远东工作组织上的集中。在此之前，远东工作是由俄国远东和东亚个别城市的各个机关通过各种渠道独立进行的。《中共首次亮相国际政治舞台》，第80页。根据1920年9月1日维连斯基-西比利亚科夫致共产国际执行委员会的信，东亚书记处临时委员会主席维连斯基在向共产国际努力争取确认、延续东亚书记处在东亚工作中的领导地位，但估计此举没有成功，因为档案显示1920年8月以后吴廷康等人工作转由东方民族处领导。《中共首次亮相国际政治舞台》，第37—43页。
④ 《中共首次亮相国际政治舞台》，第17页。
⑤ 《吴廷康致俄共（布）中央委员会西伯利亚州局东方民族部的信（1920年8月17日，上海）》，《中共首次亮相国际政治舞台》，第29—33页。
⑥ 《俄共（布）中央委员会西伯利亚州局东方民族部致吴廷康的电报（1920年9月30日，伊尔库茨克）》，《中共首次亮相国际政治舞台》，第49页。
⑦ 《俄共（布）西伯利亚州局东方民族部给其派赴中国代表的指令（不晚于1920年11月）》，《中共首次亮相国际政治舞台》，第75页。
⑧ 《舒米亚茨基致科别茨基的信摘录（1921年1月21日，鄂姆斯克）》，《中共首次亮相国际政治舞台》，第92页。

回上海,但途中"遇到了麻烦",导致"在中国的工作稍微有些停顿"①。估计就是在这种情况下,共产国际远东书记处临时派遣在远东地区从事情报工作但并不熟悉中共建党工作的尼克尔斯基成功赶到上海,与同期由共产国际派赴上海并受命担负远东书记处某一领导职务的马林②一起,帮助了中共"一大"会议的召开。

由此可见,苏俄、共产国际自1919年开始便有意识地选择了政治环境相对宽松、地理位置适中、经济发达、人才汇聚、交通便利、文化发达、信息畅通、具有工人阶级基础等综合条件最适合的上海,作为整个东亚共产主义运动的指挥中心,以及在华开展共产主义运动、推动中共建党工作的桥头堡和核心阵地。

二、中共"一大"会议取得的主要成果并不都是在南湖会议上完成的

"嘉兴是中国共产党诞生地"的提法,其核心依据即中共"一大"会议的主要成果——通过了党的纲领和决议、选举产生了中央领导机关——都是在嘉兴南湖会议上完成的。那么,回归历史现场,揆诸历史细节,中共"一大"会议的主要成果是否仅为通过党的纲领和决议、选举产生中央局,又是否都是在南湖会议上完成的?笔者认为,南湖会议这一日的日程仅为讨论并决定了决议、选举产生了中央局,至于讨论、决定党的纲领以及宣言等其他成果,则是在之前的上海会议中完成的。

关于这一问题,中共"一大"会议亲历者回忆中大多谈到,但是说法不一。相比回忆材料,笔者以为,距离中共"一大"会议时间最近的档案文件《中国的共产党代表大会》③,可以说是考察这一问题最为原始的文献。

《中国的共产党代表大会》指出:"代表大会的第三、四、五次会议专门研究了

---

① 《远东书记处主席团与中国支部及杨好德同志联席会会议记录第1号(1921年7月20日)》,《中共首次亮相国际政治舞台》,第155页。
② 《马林致共产国际远东书记处的信(1921年7月7—9日)》中提到:"我承担了伊尔库茨克书记处的领导",《中共首次亮相国际政治舞台》,第147页。根据信的内容及7月9日给科别茨基的信判断,此信应是给共产国际小局的。
③ 中央档案馆编《中国共产党第一次代表大会档案资料(增订本)》(人民出版社1984年版,第11—14页)译文为《中国共产党第一次代表大会》;中共一大会址纪念馆编《中共首次亮相国际政治舞台》(上海人民出版社2016年版,第168—171页)参考中央档案馆的这一译文,根据俄罗斯国家社会政治历史档案馆收藏文件《中国的共产党代表大会》进行了校译。本文引用后者。

纲领,经过一番长时间的辩论,就某些问题做出了最后决定,但是有一点除外,因它引起热烈争论。"引起争论的问题有两个,即"党员经执行委员会许可能否做官和进议会当议员"。第三次会议上,代表们没有得出任何结论。第四次会议,辩论更加激烈。最终,代表们达成了一个妥协性的意见:"党员不得担任政府官员或议员,但士兵、警察和文职雇员不受此种限制,为现行法律所迫或已获得党的同意者除外",并注明"这一条引起了激烈的争论,最后决定留待 1922 年第二次代表大会决定"。根据代表大会的会议日程,第三、四、五次会议日期为 27 日、28 日、29 日,在这三次在上海召开的会议日程中,纲领被详细讨论并"做出了最后决定"。至于最后一日的会议日程,《中国的共产党代表大会》指出:"为了继续开会,只好到附近一个小城市去。我们在那里研究了委员会起草的实际工作计划。""委托党中央局起草党章。选举三位同志组成书记处,并选出组织部和宣传委员会。"据此,南湖游船上最后一日的会议日程是研究并决定了"实际工作计划",即党的第一个决议,选举产生了中央局,并委托党中央局起草党章。

陈公博的硕士论文《共产主义运动在中国》[①]是 1924 年提交,也是距离中共"一大"会议最近的亲历者回忆,而且论文所附英文版《中国共产党第一个纲领》和《中国共产党第一个决议》已经成为中共"一大"最重要的原始资料,因此论文所述中共"一大"会议的内容可信度较高。文中没有提及纲领的讨论及通过时间,但他提到,在上海会议中,还曾经一度讨论通过了党的第一个宣言,但是因为"第二天另一项议案又决定把宣言的发布问题留待中央执行委员会决定",所以中共"一大"后,第一个宣言就没有公布。[②]

至于中共"一大"会议何时宣告了党的成立,有学者认为会议一召开即宣告了中国共产党的成立,嘉兴学者则认为会议最后一天宣告了党的诞生。笔者以为,仔细考察关于中共"一大"会议的权威表述和亲历者回忆,不难发现,在谈到中共"一大"会议标志着中国共产党的正式成立时,都是把中共"一大"会议作为一个整体来评述的。

如《中国共产党历史·第一卷(1921—1949)》(上卷)关于中共"一大"会议的

---

① 《中共首次亮相国际政治舞台》,第 164—167 页。
② 《中共首次亮相国际政治舞台》,第 166—167 页。

权威表述"中国共产党第一次全国代表大会宣告中国共产党正式成立"①是在会议日程全部写好之后。在谈到纲领、工作决议和成立中央局时,其表述也是"党的一大通过的中国共产党纲领,确定党的名称为'中国共产党'","党的一大通过的《关于当前实际工作的决议》","党的一大考虑到党员数量少和地方组织尚不健全的情况,决定暂不成立中央执行委员会,只设立中央局作为中央的临时领导机构"。这样的表述是严谨的,都是把"党的一大"会议作为一个整体而言。而九位代表的回忆,既有主张第一天会议召开后即宣布了中国共产党的正式成立,也有记叙完整个会议过程、在最后作总结时写"中国共产党诞生了"。因此笔者认为,代表们当年在写回忆材料时,并未有意提示到底是会首还是会尾标志着中国共产党的成立,在他们的概念中,应该是把"一大"作为一个整体来对待的,并未将之分解为上海会议和南湖会议。

若依据中共"一大"会议标志着中国共产党的诞生,那么也要以会议的主场地和主体内容在哪里完成为主。会议计划在上海召开,在上海筹备,各地代表都是接到通知赶赴上海开会,而不是到嘉兴开会。自7月23日至30日,在上海的会议日程中,23日大会开幕,23日、24日听取了马林和尼克尔斯基的致词,商讨并决定了大会的任务和议程,汇报了各地党团组织的工作;25日、26日起草了供会议讨论用的党的第一个纲领、宣言和决议;27日、28日、29日在上海召开的第三至五次会议中,讨论决定了党的纲领和宣言。最后一日在嘉兴南湖召开的会议日程是,讨论通过了党的第一个决议,选举产生了中央局,委托党中央局起草党章。若不是30日突然发生的巡捕闯入事件,会议最后一日也不可能转移到南湖召开。南湖会议开得非常匆忙,"纲领"和"宣言"是在上海讨论了三天才最后形成决定,而南湖会议尽一日之长,却要讨论决定"决议"并选举产生中央局。最后,给共产国际的汇报也是在上海完成并发出的。因此,可以毫无疑义地说,中共"一大"会议的主体会场是在上海,主体内容也是在上海完成的。南湖会场是在30日突发事件后偶然产生的辅会场,会议的内容也是上海主体会议未来得及完成才临时挪过去的,而会议讨论的文本在上海已经草拟完成。

---

① 中共中央研究室:《中国共产党历史·第一卷(1921—1949)》(上卷),中共党史出版社2011年版,第69页。

三、上海是中国共产党的诞生地,是在中国革命运动中历史地形成的

"嘉兴是中国共产党诞生地"的提法,其核心依据是中共"一大"会议最后一天在南湖的日程通过了党的纲领和决议,选举产生了中央领导机关,因此,据此,嘉兴学者认为会议的成果都是在嘉兴完成的,南湖会议宣告了中国共产党的诞生,嘉兴是中国共产党的诞生地。笔者以为这样的逻辑论证有一个隐含的逻辑大前提,即中共"一大"会议宣告了中国共产党的诞生。笔者以为,正如《中国共产党历史·第一卷(1921—1949)》(上卷)所写,"中共一大的召开,标志着中国共产党的正式成立",但在其正式成立之前,中国共产党还有一个长达一年多的组织酝酿、发起组成立、发起各地建党、开展建党活动的过程。具体而言,从1920年初陈独秀到上海与李汉俊、沈玄庐、戴季陶、俞秀松、施存统等人的数次商讨酝酿,到吴廷康的到来,到中共上海发起组成立,上海发起组创办党的机关刊物《共产党》月刊,拟定《中国共产党宣言》,履行临时中央机关的职能,发起各地共产党早期组织成立并开展活动,到马林、尼克尔斯基到达上海,到中共"一大"在上海的联络召集和召开,以及最后一天转移到南湖的游船上,从历史史实来说,这都是中国共产党创建过程中的环节,是一步步走过来的。这一年多的中国共产党创建的历史过程,都是以上海作为核心活动基地的。考察至今出版的多部"中国共产党创建史"著作,无不完整详实地记述了上述中国共产党创建的这一历史过程。没有哪一部著作用中共"一大"会议史来代替中国共产党的创建史,因此,更不能用中共"一大"会议最后一天的南湖会议作为中国共产党诞生的标志。

中共"一大"会议后,会议选举产生的中央局势所必然在上海运作,老渔阳里2号《新青年》编辑部暨陈独秀寓所成为第一个中央局机关。8月,中国劳动组合书记部在沪成立,成为领导中国职工运动之总机关,领导湖南、湖北、广东、山东、北方各分部。同年11月,陈独秀作为第一届中共中央总书记,从上海发出了第一份《中央局通告》,对各地党组织如何开展活动提出了指导意见。翌年7月,中共"二大"在上海召开。之后,中央机关曾先后短期迁往北京和广州。但中共"三大"召开于广州不久,中共中央局委员长陈独秀、秘书毛泽东就致信共产国际:"我们决定把中央执行委员会的机关搬到上海工作,这不仅因为上海是工业最发

展的中心区,而且也便于对全国工作进行指导和传达。"①此信说明,上海所具有的种种综合条件,相较于其他城市,更适宜作为中央机关驻地,更适宜作为指挥中心来全盘指导全国革命工作。此后,中央机关在1927年曾短期迁到武汉,但"七一五"政变后很快又回迁上海,直到1933年1月中共临时中央政治局被迫迁往中央革命根据地瑞金。中共中央领导机关自中共在上海创建,到1933年迁往瑞金,在上海长达12年。在12年的中国革命运动实践中,上海已经自然成为中国革命运动的指导中枢。

四、上海作为中国共产党诞生地的地位得到了毛泽东等国家领导人的权威认定

1949年5月29日,上海解放的当天,新华社发表社论《祝上海解放》,宣称"上海是中国工人阶级的大本营和中国共产党的诞生地"②,这篇文章是经过毛泽东审阅修改的,这意味着上海作为中国共产党的诞生地这一判定,得到了当时毛泽东的认可,具有最高的权威性。

这篇经过毛泽东修改和认可的1949年5月29日《祝上海解放》新华社论,对于上海作为诞生地的认定,笔者以为,正是以上海在中国近代化过程中的先驱地位、建党深厚的社会基础和党领导的早期革命历程为根基的。它首先提出"上海又是近代中国的光明的摇篮",这是对上海在中国近代化过程中"光明的摇篮"这一先驱性历史地位的认定。第二句"上海是中国工人阶级的大本营和中国共产党的诞生地,在长时期间它是中国革命运动的指导中心"分为两个层次:第一层次认可了上海作为中国共产党工人阶级大本营的阶级基础地位,然后和"上海是中国共产党的诞生地"并放在一起来说,体现了二者之间的逻辑关联,大前提是中国共产党是无产阶级的先锋队,是工人阶级政党,小前提是上海是中国工人阶级的大本营,所以上海是中国共产党的诞生地;第二层次则指出了在"中国革命主力由城市转入乡村"之前,上海是中国共产党领导的中国革命运动的指导中心。第三句"虽然在反革命势力以野蛮的白色恐怖迫使中国革命主力由城市转入乡村以后,上海仍然是中国工人运动、革命文化运动和各民主阶层爱国民主运

---

① 《毛泽东年谱(1893—1949)》(上),中央文献出版社1993年版,第126页。
② 中共"一大"会址纪念馆藏社论手稿复制件。

动的主要堡垒之一,上海的革命力量和全国的革命相配合,这就造成了上海的解放",指出了上海在"中国革命主力由城市转入乡村以后"在中国革命运动中的历史地位。因此,这篇社论从四个层次总结了上海在中国近代化和中国革命中的历史地位。

综上而言,笔者以为,有必要明确区分中国共产党的诞生地和中共"一大"会址这两个概念。不能以中共"一大"会议在哪里召开就确定哪里是中国共产党的诞生地。上海是中共"一大"会议旧址所在地,嘉兴也是中共"一大"会议会址所在地,二者同为中共"一大"会议会址所在地。但中国共产党的诞生地,其历史内涵更为丰富、更为严谨,应根据中国共产党自身诞生的历史情况,综合考虑她的历史形成和各种因素,方能更具有说服力。显然,上海成为中国共产党的诞生地,是多种历史因素合力的结果。

(作者单位　中共"一大"会址纪念馆)

环境、街区与政治：
中共诞生地的城市空间研究

蒋 杰

中国共产党的成立，无疑构成了中国近代历史的一个转折性事件。因为她的出现，不仅彻底改变了20世纪的中国历史发展轨迹，同时也对当下的中国政治和国际格局产生着持续的影响。有关这一事件的研究，过往学者多从考订史实、分析影响以及提炼意义等方面着手，而对共产党为什么会诞生在上海，又为什么会诞生在法租界的反思不多。① 事实上，对中共诞生地展开环境和空间考察，并非毫无意义。了解这一街区如何产生，又具有哪些特性，在某些程度上，将有助于对中国近代史、上海城市史和中国共产党的历史形成某些新的认知与理解。

一、新街区

20世纪的最初20年，对上海的城市发展而言，是个充满矛盾的大时代。一方面，西方殖民者"趁火打劫"，不断利用中国国内政治危机，一次次扩张租界，破坏中国主权，侵夺华人利权；而另一方面，这又大大推动了城市开发，激起上海现代化和城市化建设的一波波高潮。② 在政治与资本的共同作用下，上海的城市

---

① 从空间与街区视角切入对中共建党展开考察的研究数量有限，主要研究可见熊月之：《中共"一大"为什么选在上海法租界举行——一个城市社会史的考察》，《学术月刊》2011年第3期；张玉菡：《中共建党与上海复兴公园街区》，《上海党史与党建》2016年7月。

② 有关上海城市化与现代化的研究可参看：Christian Henriot, *Shanghai, 1927—1937: Elites locales et modernisation dans la Chine nationaliste* (Paris: Ecole des hautes études en sciences sociales, 1991)；朱剑城：《旧上海房地产的兴起》，见《上海文史资料选辑》第64辑，上海社会科学院出版社1993年版；郑祖安：《百年上海城》，学林出版社1999年版；张鹏：《都市形态的历史根基：上海公共租界（转下页）

面貌在这一时期发生了翻天覆地的变化,一个个新街区不断涌现,现代上海的城市骨架也在这一时期逐渐定型。

法国人无疑是租界扩张的最后一个受益者。1914年,他们故伎重施,利用袁世凯镇压革命党之机,以法租界不得用作反抗袁世凯政权的根据地和不得成为革命党人的隐藏地等两条空洞许诺,轻易换得北洋政府对上海法租界第三次扩界的许可。① 而这桩"一本万利"的交易,不仅使法租界获得了六倍于前的土地,同时也使上海县城以西的大片土地,脱离中国当局的管辖,进入了法租界公董局的管理范围。②

扩界完成以后,为强化对新区的控制,同时也为了开发这一地区的商业价值,公董局大兴土木,启动了规模庞大的筑路计划。从1915年至1920年,东西向的辣斐德路(Route Lafayette,今复兴中路)、望志路(Rue Wantz,今兴业路)、西门路(Route Siemen,今自忠路西段)和天文台路(Rue d'Observatoire,今合肥路);南北向的贝勒路(Rue Amiral Bayle,今黄陂南路)、白莱尼蒙马浪路(Rue Brenier de Montmorand,今马当路)、菜市路(Rue du Marché,今顺昌路)和平济利路(Rue Bluntschli,今济南路),或新筑,或延伸,与之前已经建成的吕班路(Avenue Dubail,今重庆南路)一同构成了一个新街区的框架。这个新街区即"西门区"(Quartier de Siemen),而中国共产党后来就诞生在这个区域内。

现在西门区早已成为一个历史的概念,很少为人所知。它的范围大致西起吕班路,北以蒲柏路(Rue Auguste Boppe,今太仓路)为界,经白尔路(Rue Eugene Bard,今自忠路东段、济南路和太仓路)与蓝维霭路(Rue du Capitaine Rabier,今西藏南路南段、肇周路)相接,在南面通过徐家汇路(Route de Zikawei,今肇嘉浜路)与吕班路回合,总面积约为1.3平方千米。现在上海"新天地"所在的太平桥社区就坐落其间。③

(接上页)市政发展与都市变迁研究》,同济大学出版社2008年版;苏智良主编:《上海城区史》,学林出版社2011年版;牟振宇:《从苇荻渔歌到东方巴黎:近代上海法租界城市化空间过程研究》,上海书店出版社2012年版。

① 董枢:《上海法租界的多事时期》(上),《上海市通志馆期刊》第4期,文海出版社1977年版,第998—990页。

② 王铁涯:《中外旧约章汇编》第2册,生活·读书·新知三联书店1959年版,第1030—1031页。

③ 有关太平桥地区的空间范围,见罗小未主编:《上海新天地——旧区改造的建筑历史、人文历史与开发模式研究》,东南大学出版社2002年版,第19页。

图4-1　西门区空间范围示意图(1918年)

(图片来源：*Map of Shanghai*, North-China Daily News & Herald Limited, 1918.)

吕班路是区内最早修筑的一条马路，也是后来法租界中部的交通要道，它的修建甚至早于法租界第三次扩界。1900年，刚刚完成第二次扩张的公董局并不满足，继续从事着非法购地、越界筑路活动，这条马路就是这个时期的产物。吕班路最初的长度仅有1.35千米，宽15英尺(约4.57米)。路面用碎石铺成，道路两旁植有树木。[①] 另一条重要的南北向道路是贝勒路，它始建于1901年，最初命名为"峨眉路"，1906年改称"贝勒路"。第三次扩界完成后，公董局决定将其向南延伸与白尔路和西门路相交，总长度也延伸至1.853千米。[②] 中共诞生地所在的树德里就坐落在这条马路的西侧。与中共诞生紧密相关的另一条道路是望志路。该路始建于1916年，东西分别连接吕班路和白尔路，长500米左右。1915年，公董局工程师望志(M. Wantz)因伤寒在上海去世，为表彰他为法租界城市建设作出的贡献，公董局决定以他的名字来命名一条马路，这条新建的马路就被命名为"望志路"。[③] 树德里就坐落在望志路的北侧。总而言之，在公董局的大力推动下，到1920年前后，西门区的交通建设取得了重要进步，道路网路已

---

① 《法租界公董局年报》，1902年，第128页。
② 《法租界公董局年报》，1916年，第106—107页。
③ 《法租界公董局年报》，1916年，第51页。

初步形成。

与道路修筑一同推进的是拆除老旧建筑、整理土地、铺设下水管道以及安装照明设备等基础设施建设。随着这些工程的相继完成,资本开始涌入这一地区。尤其是江浙移民在1910年代后期的大量涌入,使得这一地区的房地产业开始兴起,一幢幢中式里弄建筑开始出现。

树德里所在的区块,坐落在西门区中部偏北地带,即今天太平桥地区的"109区块",由贝勒路、望志路、马浪路和蒲柏路围成,面积约0.02平方千米。在公董局和地产商的推动下,以1917年为起点,这个区块迎来了一个除旧布新的大开发、大建设时代。一方面,区内原有的破旧建筑得到拆除;另一方面,一幢幢新建的房屋和店铺开始拔地而起。这些新建筑多为砖木结构、瓦顶粉墙的石库门,计有福寿里、勤余坊、明德里、树德里、居仁里、昌星里、聿德里、福芝坊、敦仁里、大华里、永庆坊等。至20世纪30年代中后期,这一区块已没有空余土地。

中共"一大"会址所在的树德里建成于1920年夏秋之间,业主为一户陈姓人家。由于法租界历史上一共出现过四处"树德里",中共诞生地所在的树德里常常被称作"贝勒路树德里"或"望志路树德里"。这幢建筑共由两排九幢楼房组成,坐北朝南,砖木结构,风格属于典型的上海石库门式样,外墙青红砖交错,镶嵌白色粉线,门楣有矾红色雕花,黑漆大门上配铜环,门框围以米黄色石条。第一排五幢楼房沿着望志路而建,房屋落成不久,沿街的106号、108号(今兴业路的76号、78号)两所房屋就被李书城、李汉俊兄弟租下,1921年中共"一大"就在106号内召开。

尽管在法租界第三次扩界后的五年内,西门区的建设开发已取得了很高的成就,但必须认识到,尚不能将此时的西门区与后来人们心目中繁华、发达的法租界相提并论,更无法与今天的"新天地"同日而语。很多研究者在检讨中共"一大"为何在法租界召开时,常常将法租界的摩登、繁华和宜居作为一个重要论点,但20世纪20年代和40年代的法租界毕竟存在很大差异,因为20世纪20年代的西门区尚处于草创阶段,不仅道路规划并未得到完全实施,区内的房地产开发也正处于起步阶段,商业机构的数量有限,人口也十分稀少(从图4-2、图4-3、图4-4、图4-5,便可见一斑)。以"109区块"为例,1920年时,望志路北侧已有一些建筑建成,但南侧还没有盖上房子,仍是一片菜地,而在菜地的一旁仅有一座庵堂,沿马路西边的房屋也没有建造,仅有一些平房和几家小手工业工场。当时的城市景观与任何城市的城乡接合部大致相同,人烟稀少,地方很冷偏。① 多年后,随着"109区块"南侧的开发与建设,整个望志路的面貌发生了翻天覆地的变化,以至于前来辨认"一大"会址的杨淑慧不知所措,久久不能确定树德里的所在。②

图 4-2　整理前的平济利路

(图片来源:《法租界公董局年报》,1917年,第180页。)

图 4-3　延长后的平济利路

(图片来源:《法租界公董局年报》,1917年,第182页。)

---

① 陆米强:《李汉俊巧设中共"一大"会场》,《世纪》2005年第5期。
② 吴志明:《烟海觅圣地——寻找中共"一大"会址经过》,《南京史志》1996年第4期。

图 4-4 兴建后的西门菜场

(图片来源:《法租界公董局年报》,1917 年,第 188 页。)

图 4-5 1916 年的辣斐德路

(图片来源:《法租界公董局年报》,1916 年,第 104 页。)

二、权力的缝隙

1853 年爆发的"小刀会"运动,不仅为上海外国租界的崛起提供了第一次机遇,同时也为租界当局设置独立于中国政府的警务和司法机构找到了借口。此后,伴随中国国力的一步步衰颓,到20世纪一二十年代,上海的中国当局对租界的警务和司法管辖权早已名存实亡,不仅华界的巡捕、警察无法进入租界办案,就连设在租界内的会审公廨,也被租界当局控制,租界由此变成了名副其实的"国中之国"。然而,也必须辩证地看待这种畸形体制:一方面,它是对中国主权的侵蚀和破坏;但另一方面,它又构成了对抗专制王权和军阀势力的一道"防火墙"。上海租界的存在,无异于在专制体制上打开了一道缝隙。

对革命党人和政治组织而言,上海的外国租界就如同一座"安全岛"。无论在晚清还是北洋时期,他们都会把这里作为首选的革命基地,开展思想启蒙、政治宣传,甚至策划武装暴动等活动。如果革命失败,他们也会将租界变为首选的避难所。例如,因涉嫌上书李秀成而遭到清廷通缉的王韬就是避居在租界之内,成功逃脱了清政府的追缉;又如"戊戌变法"失败之后,康有为遭到清廷通缉,他也是躲入租界后才得以设法出逃海外;1903年,因"苏报案"遭到清廷起诉的章太炎、邹容,也正是得益于租界的保护,才逃脱了杀头大罪,仅被分别判处三年和二年监禁。

民国建立后,中国国内的政治环境并未得到改善,反而由于军阀当道,政治氛围变得更加压抑。"五四"前后,处于直系、奉系和皖系军事威胁之下的北京,已呈现出政治高压的态势。政治环境的恶化,导致北京大学校长蔡元培秘密离京,此后陈独秀也因散发《北京市民宣言》而被捕。相对而言,殖民者控制下的上海租界要宽松许多。这里不仅在思想上更加开放,文化机构也更为发达。1921年军警殴打北京大学教授事件的爆发,最终引发了北方知识分子南下的大潮,而使得上海成为宣传共产主义的中心。

相较而言,在上海两租界中,法租界对革命者的吸引力更大。这一方面受到政治模式的影响,公共租界巡捕房可以直接命令巡捕抓人,而法租界却要经过巡捕房上报领事,并在获得许可的前提下才能由巡捕房执行;另一方面则在于价值理念,公共租界崇尚经济实用的价值理念,巡捕房更趋于为了金钱利益答应捕人或放人的要求,而法国领事却经常要坚持他们的价值理念,不肯轻易为中国政府所利用。此外,法租界繁琐的批捕程序,也容易为革命党人的逃脱和营救提供机会。[①]

---

① 张玉菡:《中共建党与上海复兴公园街区》,《中共党史与党建》2016年第7期。

一方面,效忠于北洋政府的特务、包探无法进入租界捕人;另一方面,对于北洋政府的引渡要求,租界当局又常常采取不合作的态度。因此这一时期军阀势力常常通过绑架的形式,来抓捕避居在租界内的革命分子。①

事实上,造成这种权力缝隙进一步扩大的原因,在很大程度上是法租界的警力不足,尤其是对新区的控制力不足。

法租界的警察力量始建于19世纪60年代。作为法租界公董局最早建立,也是历史最悠久的一个行政机构,警务处(Services de Police)在法租界当局的行政体系内扮演着十分重要的角色,也承担着广泛的职责。在和平时期,警察需要担负的责任非常广泛,既包括打击犯罪、政治监控、情报搜集,也涵盖文化监察、风化管理以及城市交通管控等。因此,该机构自建立之日起,就成为法租界当局最为倚重的行政力量。②

在法租界完成第三次扩界后,公董局所面临的一个重要挑战是如何管控这一面积远大于旧区的扩展区。1915年,法租界总共被划分为四大区块,分别由四个捕房负责日常的治安维护,分别为:中央捕房(Poste Central)、小东门捕房(Poste de la Porte d'Est)、西捕房(Poste Ouest)、越界筑路捕房(Poste Extérieur)。在这一年,法租界警察的全部人数仅有603人,包括了警官、警员、翻译、园丁、警探、司机等。而此时法租界的全部人口已有15万人左右。负责西门区治安的越界筑路捕房,仅有警察101人,其中包探人数只有4人,而能够用于出警的巡捕不到100人。

为了适应租界扩张后的新形势,强化对新区的控制,1920年法租界警务处调整了警区分布与捕房的设置,原有的四大捕房变成五个,分别为小东门捕房、北捕房、霞飞路捕房、中央捕房和宝建路捕房。原有的中央捕房变成了北捕房,而在薛华立路建立的新捕房成为新的中央捕房。警察人数也增加为732人,其中负责西门区治安的霞飞捕房的人数为145人。在这145人中,仅有华人包探3人,能够出警的巡捕人数不超过120人。长期供职于法租界警务处并担任高级职务的薛耕莘坦诚,法租界警务处的警力是不足的,因此无法对法租界,尤其是租界内的各种思潮和政治活动实施严密监控。但我们并不能因此认为法租界

---

① 《法租界公董局年报》,1914年,第137—138页。
② 有关法租界警察的历史,详见 Zhu Xiaoming, "La Police dans la Concession Française de Shanghai (1910-1937)" (Thèse de doctorat, École normale supérieure de Lyon, 2012).

当局对共产主义抱有宽容和同情的态度。事实上,自从"十月革命"爆发以后,尤其是白俄难民涌入上海之后,法租界当局就密切注视着布尔什维克主义在上海的传播,但因为一方面自身控制力量不足,另一方面对于共产主义在法租界的传播没有引起足够的重视,所以法租界对于界内共产主义运动没有采取严厉的打击措施。

法租界公董局在西门区的警力不足,还可以从这一地区频发的治安案件中得到反映。如1922年11月29日的《申报》报道:

> 法新租界望志路荒地上,昨晨发现被人勒毙女尸一具。年约二十六七岁,着蓝条子布棉袄,花格子布衬衫,灰色假毕叽套裙,本厂线布夹裤,黑漆高底皮鞋黑丝袜,宽紧脚带。惟蓝条子布棉袄,被凶手剥下,置在尸旁。为捕查见,报告捕房,饬探目徐阿东、任水扬,包探李连生、曹又卿前往查勘。察得该尸形似高丽人,当在尸旁检得麻绳一根,上有血迹,当即带回捕房,一面将尸车至同仁辅元堂验尸所,候禀请中西官检验,再行核夺。①

又如1921年1月10日的《申报》报道:

> 法捕房包探曹福昌、张宪泉等,查得界内贝勒路永庆坊第十八号门牌内之万德荣,因私煮烟膏,秘密售烟,有违定章。前晚,禀明西探李常义协同前往万家,抄出烟膏两大罐及烟土数包并秤子等物,一并解入捕房,谕着交人银并保,听候公堂讯核。②

再如1925年3月3日的《申报》报道:

> 法新租界望志路永吉里三十七号门牌某姓家内,有余屋一间。于前晨九点钟时,突来盗匪三人,以租屋为由,一拥入内,袖出手枪,吓禁声张。当被翻箱倒箧,被劫去衣服现洋等共值五百余元而逸。追探目任水扬、陈三林,包探陶得胜等闻悉赶往,匪已远扬。当即询明面貌服色,回禀捕头,谕令

---

① 《望志路发现被害女尸》,《申报》1922年11月29日,第16版。
② 《法捕房查获违犯烟禁案》,《申报》1921年1月10日,第11版。

务获解究。①

上述杀人、贩毒和抢劫案件的报道,对今天的上海人而言,可能犹如天方夜谭一般。因为现在的望志路已是上海最繁华、最昂贵也是最安全的地区,很难想象会有如此恶性的案件发生在这里。但在一百年前,这里还是一个环境荒僻、人烟稀少的地段,由于警力不足,租界的社会控制力量有限,发生治安案件再正常不过。对普通的居民而言,这个街区也许意味着混乱、不稳定和危险,但对于一些特殊的人群而言,这又是一块难得的空间,因为最危险的地方也许就是最安全的地方。

三、特殊的社区与空间结构

作为一个新兴社区,西门区对当时上海的一些特定群体和社会阶层具有很强的吸引力,这些群体既包括学术团体和文化机构,也包括国民党和共产党在内的各种政治组织。许多政治人物在这里留下过足迹,如蒋介石、于右任、邵力子、柳亚子、陈望道和屈文六等。②

探究这一街区广受青睐的原因,不外乎以下几点:区位合理、交通便利、价格低廉。从区位上看,一方面,20世纪20年代的西门区还部分保持着江南农家的景观,人口密度较小,环境宁谧,这在很大程度上满足了知识分子和文化人对创作环境的要求;另一方面,在交通通勤上这一街区距离当时的市中心并不遥远,无论前往公共租界的南京路、外滩,还是南市老城厢,步行的话一小时内定可到达。此外,西门区早已开通电车,即使前往较远的虹口、杨树浦和徐家汇等地区也不会感到不便。因此,对那些既无经商需求又无上班需要的知识分子而言,这一街区尤其具有吸引力。

这一地区还有一个优势是房租低廉。20年代的西门区尚处于城乡接合部,区内的房屋又多以中式石库门为主,因此较之东部旧区和西部西式住宅区,这一带的房租相对便宜。据李书城夫人回忆,李汉俊当时租下树德里石库门的价格

---

① 《法新租界之劫案》,《申报》1925年3月3日,第15版。
② 罗小未主编:《上海新天地——旧区改造的建筑历史、人文历史与开发模式研究》,东南大学出版社2002年版,第24页。

仅为16元每月,而在相距不远的萨坡赛路以西,租住花园洋房则需要支付约80元每月的租金。① 租金的相对低廉,使得西门区一带的石库门里弄,常常成为外来者初到上海的首选落脚点。而这些人口的稳定性不强,就又造成了这一街区人口流动频繁,无法形成一个稳定的社区状态。居住在这里的人,既有职业革命家,也有烟馆妓院的经营者和顾客。西门区既是韩国流亡者的聚居地,又是知识分子和艺术家进行创作的场所。此时法租界没有建立起保甲制度,因此难以对这一地区形成有效的社会控制。

相较于其他群体,职业革命家可能更看重这一地区特殊的空间结构和居民构成。从法租界的空间拓展历史来看,西门区以东地区是以公馆马路(Rue du Consulat)为代表的法租界旧区,这里商业繁盛、人口稠密,同时也是上海帮会势力的盘踞之地;西面是正在兴起的西式高级住宅区,人口密度较小,建筑密度较低,环境优雅;而北面则紧邻霞飞路;南面靠近上海著名的棚户区和法租界工业区。因此,西门区就成了法租界贯通新旧、联系中西的要冲地带,"过渡性"特征也十分明显。②

在西门区内,石库门建筑占据着主导地位。而在近代历史上,这种建筑构成了上海城市数量最大、容纳人口最多的一种建筑形态。石库门里弄是上海开埠之后逐渐形成的一种新的建筑形式。它的结构与形态,既不同于传统的江南民居,也没有照搬西式建筑,而是将两者进行了有机整合。根据建筑方式与结构、功能的差异,石库门建筑被分为旧式石库门和新式石库门。前者兴起于19世纪70年代,在19世纪末20世纪初期到达鼎盛。③ 随着建筑技术的演进,尤其是上海家庭结构的转变,新式石库门在20世纪初期开始兴起并逐渐普及。法租界第三次扩界之后,西门区一带的新建房屋,主要以新式石库门为主。

无论旧式还是新式石库门建筑,均采取联排式的建筑模式,因此一座石库门里弄往往就能构成一个独立社区单元。新式石库门的出现所带来的一个显著转变,是单个石库门建筑的占地面积显著变小,而石库门的总体数量和占地面积与规模普遍增大,因此一座石库门里弄往往就能构成一个独立的街区。由于占地

---

① 许洪新:《上海美专周边地区研究》,上海市档案馆编:《上海档案史料研究》第14辑,上海三联书店2012年版,第104页。
② 罗小未主编:《上海新天地——旧区改造的建筑历史、人文历史与开发模式研究》,东南大学出版社2002年版,第19页。
③ 伍江著:《上海百年建筑史1840—1949》,同济大学出版社2008年版,第33、79页。

面积大、建筑密度高、容纳人口多,石库门里弄内部形成复杂的道路网络,这些道路与外部街区的干道相连,从而形成了"干道—主弄—支弄—石库门"的道路系统。因为采取联排模式修建,且每户的形态十分相近,所以陌生人一旦进入里弄内部,往往容易迷失方向,不辨东西。此外,有些里弄为了隔绝噪音,防止过境交通,还常常构筑了"U"型、"M"型的道路网络以及建筑物错列排布的模式,①这更增加了外来者辨别方向的难度。

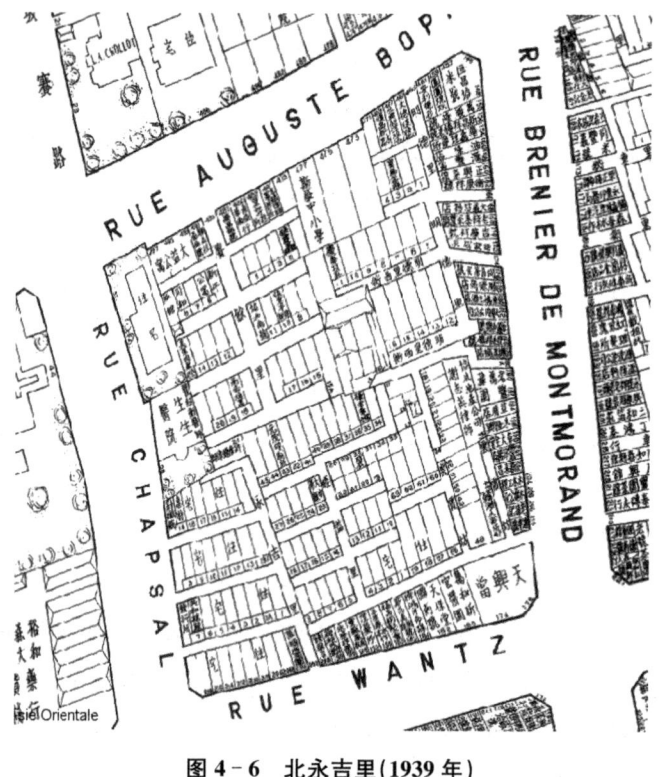

图 4-6　北永吉里(1939 年)

(图片来源:《上海市行号录图录》,1939 年。)

此外,规模较大的里弄常常采取"周边式"与"排列式"相结合的总体布局,四周沿街房屋底层辟为商铺,楼层为住宅,弄内建筑为行列式布置,在弄口处用过街楼封闭起来,有效地隔离了内外的生活空间与环境。② 这也有效地强化了里

---

① 王绍周、陈志敏编:《里弄建筑》,上海科学技术文献出版社 1987 年版,第 127—129 页。
② 王绍周、陈志敏编:《里弄建筑》,第 134 页。

弄的预警性与安全性。就单个石库门建筑而言,均为独门独户修建。每个建筑单元均修建了很高的围墙,这不仅有助于它形成一个封闭的空间,同时进一步加强了建筑的安全性。① 此外,无论旧式还是新式石库门均设有前后两个大门,这便利了住户在紧急情况下逃离。

正是石库门里弄具有上述种种优势,因此常常受到革命者的青睐,同时也给警察、密探的侦查工作带来种种困难。有研究显示,"一大"期间闯入会场的陌生人,可能就是法租界密探程子卿。而他突然闯入的原因,很可能就是对树德里的内部结构不了解而错入。② 在程子卿闯入之后,"一大"代表纷纷撤离,但他们并没有按照惯例从后门离开,而是从前门走出,这也证明了石库门建筑的"两门"结构在突发事件中的重要作用。③

里弄建筑内部的四通八达,有助于预警和逃脱,而区内居民成分复杂,又便于革命者长期隐蔽,所以职业革命家常常将秘密据点设在西门区的石库门建筑内。如果说由于建筑规模有限,树德里还无法完全展现它在开展革命活动方面的种种优越性,那仅仅一街之隔的永吉里则完全可以体现出这种优势。

永吉里坐落于树德里西侧,东西分别以马浪路和萨坡赛路为界。与树德里类似,望志路将其一分为二,形成了北永吉里和南永吉里的格局。永吉里始建于1922年(现已拆除改建为高层公寓),南北两部分共有石库门建筑80余幢。该里占地面积庞大,区内建有相互连接的支弄9条,这些支弄又分别与外部的望志路、马浪路和萨坡赛路相连。得益于有利的空间结构,国民党、共产党和韩国独立运动革命者都曾在这里活动。

1924年5月中旬,国民党江苏临时省党部在松江成立。但松江地势偏僻,与全省联络不便,而南京又在军阀的控制之中,于是江苏临时省党部迁入法租界永吉里34号。④ 次年8月23日省党部在永吉里正式成立,并将永吉里41号租下,作为各部办公室及宿舍。⑤ 包括共产党员和国民党左派人士在内的柳亚子、朱季恂、侯绍裘和黄竞西等都曾在此处工作生活过。"五卅运动"爆发后,中共中

---

① 王绍周、陈志敏编:《里弄建筑》,第134页。
② 朱华:《巡捕闯入中共"一大"会场新说》,《世纪》2001年第3期。
③ 李忠杰、段东升主编:《中国共产党第一次全国代表大会档案文献选编》,中共党史出版社2015年版,第176页。
④ 任武雄:《第一次国共合作时期的国民党江苏省党部》,中国人民政治协商会议上海市委员会文史资料工作委员会编:《文史资料选辑》1982年第3辑,上海人民出版社1982年版,第3页。
⑤ 任武雄:《第一次国共合作时期的国民党江苏省党部》,第10页。

央召开紧急会议,决定在5月30日动员工人和学生走上街头进行示威游行,总指挥部就设在永吉里34号国民党省党部内。① 1919年"三一运动"遭到日本血腥镇压之后,大批韩侨流亡上海,其中大多数人就居住在西门区及附近地区。韩国临时政府国务总理卢伯麟与安重根的弟弟安恭根就曾住在永吉里。②

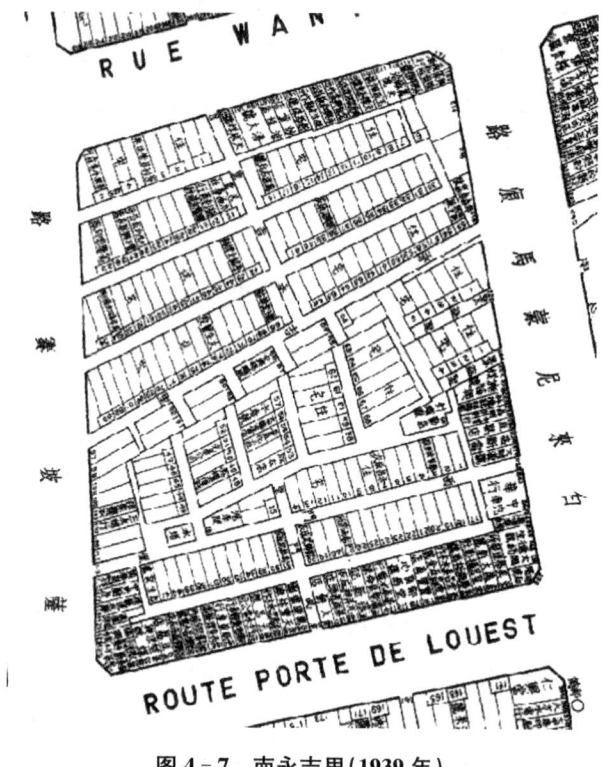

图4-7　南永吉里(1939年)

(图片来源:《上海市行号录图录》,1939年。)

由于常有革命分子匿居在此,永吉里也成为法租界巡捕的监控对象。1926年10月,大批法租界巡捕突袭永吉里34号,搜查共产党机关。由于撤离及时,巡捕并未捕获共产党员,仅仅搜到一些批评军阀孙传芳和反对现政府的印刷品及信札数封而已。③ 然而,革命者有时也未能逃脱。如,1927年2月上海爆发第

---

① 黄美真等编:《上海大学史料》,复旦大学出版社1984年版,第139页。
② 许洪新:《卢湾北块国际社区的历史考察》,林克主编:《上海研究论丛》,上海社会科学院出版社2009年版,第269页;朱晓明:《20世纪二三十年代上海的朝鲜革命党与法租界的关系——以法国档案为中心》,《南都学坛》2012年第1期。
③ 《捕获党人与查抄机关》,《申报》1926年10月27日,第13版。

二次武装起义期间,一批密探突然闯入永吉里86号,由于未能及时撤离,上海大学陈富文、闵荫昌、傅鸿鸣、戴益臣、徐春棠等六名革命学生被当场拘捕。①

由于永吉里的种种优势,即使是在第一次大革命失败后,中共对它仍青睐有加。"四一二"事变后,罗亦农让黄竞西接替已经牺牲的侯绍裘,担负起重组国民党江苏省党部(左派)的重任。黄竞西返回上海后,立即在公共租界和法租界重建江苏省党部秘密机关。法租界的秘密机关就设在永吉里35号。②但后来由于束炳如的叛变,上述机关被相继破坏,黄竞西也不幸被捕牺牲。

四、结语

本文分别从街区生成、权力结构和建筑结构三个层面对中共诞生地展开讨论。进行这一考察的目的,并不在于找寻中共诞生在上海和法租界的"必然性",而是为了从一个更广阔的视角来观察与理解这一重大历史事件,同时也为了考察都市、街区与政治的关系。通过本文的研究,可以看到上海城市和法租界的一些特质以及一些特殊条件,的确对中共诞生在这座城市起到了一定的促进作用。

(作者单位　上海师范大学)

---

① 《党人解送军法处》,《申报》1927年2月27日,第14版。
② 《二十六军捕获共产党经过》,《申报》1927年7月7日,第14版。

法租界巡捕突闯中共"一大"上海会议会场研究

中共"一大"嘉兴南湖会议研究课题组

长期以来,关于7月30日晚法租界巡捕为何突然闯入中共"一大"第六次会议会场,导致会议中止,众说纷纭,这因此成为一宗悬案。归结而言,主要有"通风报信说""泄露说""马林因素说""偶然发现说"四种说法。本文在对此作初步考证和分析研究,并试图揭示这一事件背后所蕴含的历史逻辑。

一、四种说法由来及"一大"前后程子卿参与的搜查活动

1."通风报信说"

"通风报信说"是指法租界派巡捕前往会场"通知暂缓"或"通知转移"开会,主要见之于传记作家叶永烈对曾任法租界巡捕房督查长薛耕莘晚年的采访,也见之于薛耕莘的法文版著作《在冒险家的花园里》。在书中,他是这样口述他的上司程子卿于20世纪30年代对他讲的事情:

> 1921年7月1日前的一周,中央巡捕房的便衣巡捕在公共道路萨坡赛路上(今淡水路)例行巡逻时,拦下两个形迹可疑的人:他们操着一口北方话,紧接着在他们身上搜出两颗手雷。司法警察带回巡捕房政治组后,我们对这两人进行审问,最终了解到,这是北京政府许诺,如果能将这两颗手雷扔到共产党开会的地方,就给他们一万大洋。他们还透露,即将在7月1日开会的12位红色政权领导人中的一人,将开会的信息出卖给段祺瑞元帅(原文Duan Qisai),而这天被认为是共产党的成立之日。根据这些情况,

> 我将此事报告刑事组查扎尔(Chazal)先生,希望能够通知共产党领导人转移中共成立大会召开的地点。①

在2000年前后,上海社会科学院历史研究所的研究人员对薛耕莘作了口述采访,整理后加以发表。文中,薛说:

> 1921年7月间,中共在法租界望志路(今兴业路)一幢中式房子里准备召开大会时,有一位身穿蓝袍黑褂的人,前往传达法租界当局的通知,要求暂缓和移地开会。这个人就是程子卿。因为法捕房事前已在该处附近捕获了一名企图在中共开会时进行破坏的、北洋军阀派出的凶手,并搜出手榴弹两枚。为避免发生意外,所以通知延缓开会。此事可在法捕房档案中查到。②

这样,若真如薛耕莘所说,闯入"一大"会场的便衣巡捕就是程子卿,而且前去的目的不是搜查,而是"通知"——是为了避免事故的发生或扩大,他才受法捕房刑事组组长所派,前往李公馆,去"通知暂缓"或"通知转移"的。

从上述回忆中,可知薛耕莘结合程子卿的故事,讲述了"一大"密探事件中的一些细节,又依据了部分原有官方的党史教材,如把7月1日作为"一大"实际召开的时间,开会的代表采用"12人说"。有的与史实则有出入,如段祺瑞皖系在1920年直皖大战中败于直系,段战败后已下台,隐居在天津日租界。

当然,事隔久远,且采访时薛本人已近百岁高龄,回忆细节难免与事实有些出入,也属常情。如果历史的真相真如其所言,这些琐碎细节也并不影响事件的本真面目。

2. "泄露说"

中共"一大"之前,程子卿所言租界当局已获悉中国共产党将在界内召开会议的情报,这种说法似乎得到了日本学者石川祯浩的佐证。据石川的发现,日本

---

① Joseph Shieh & Marie Holzman, *Dans le jardin des aventuriers* (Paris: Édition du Seuil, 1995), pp.69-70.引自苏智良:《程子卿夜闯中共"一大"会场之考证》,《甘肃社会科学》2011年第2期。
② 薛耕莘口述,王仰清、张鸿奎整理注释:《上海法租界巡捕房与三十年代的上海政治(一)》,《史林》2000年第3期。

警视厅当时获得了共产主义组织要在上海开会的情报,并把警视厅6月29日外秘乙第995号情报解读为"上海支那共产党"近期将召集各地代表开会,日本人也将参加。① 这份报告虽然把预定开会日期误作6月30日,但开会地点却是"上海法租界贝勒路",即现在中共"一大"会址所在的黄陂南路,不见得是虚报。这份情报虽不知具体来源,但按当时外交惯例,警视厅的情报来自或通报给了上海的各国当局。上海租界可能基于这个情报加强了警戒。石川结合东京警视厅对施存统、周佛海在"一大"之前4、5、6三个月间信件的检查情况,判断"警方得到的情报是从施存统身边泄露出去的"。②

据《十日旅行中的春申浦》记载,巡捕误把陈公博作为"日本社会党"加以盘问,这也似乎印证了警视厅情报中所说的此会"日本人也将参会"的信息。

1924年陈公博在美国哥伦比亚大学的硕士论文《共产主义运动在中国》,也提到了类似的情况:

> 在大会召开之前,外国租界就已经收到了许多报告,说东方的共产党人将在上海开会,其中包括中国人、日本人、印度人、朝鲜人、俄国人等。所有的租界都秘密警戒,特别是法租界。或许是因为有密探发出警报,侦探和警察就包围了召开会议的建筑物。③

3. "马林因素说"

"马林因素说"是指巡捕突闯中共"一大"会场,与共产国际代表马林有关。此说又可分两种。一种是突出马林在第六次会议上的大嗓门。在"一大"代表李达的记忆中,马林在会上很兴奋,作了大声演讲,强调要致电第三国际,报告中国共产党的成立等,"讲话的时间约十分钟,声音宏大,马路上的人都可听到"。"这是因为马林用英文大声演说,夹杂着说了好几次中国共产党,被法国巡捕听去了,所以才有那场风波"。④ 巡捕就是在他作演说时摸上楼来的。另一种是指

---

① 《外秘乙第995号中国共产党在上海的行动》(1921年6月29日),引自石川祯浩:《中国共产党成立史》,袁广泉译,中国社会科学出版社2006年版,第272页。
② [日]石川祯浩:《中国共产党成立史》,袁广泉译,中国社会科学出版社2006年版,第291页。
③ 陈公博著、韦慕庭编:《共产主义运动在中国》,中国社会科学出版社1982年版,第102页。
④ 李达:《中国共产党的发起和第一次、第二次代表大会经过的回忆》(1955年8月2日),中国社会科学院现代史研究室、中国革命博物馆党史研究室选编:《"一大"前后》(二),人民出版社1980年版,第11—12页。

"一大"会场被发现,是因为共产国际代表特别是马林来沪时行踪受到了中外当局的监视与跟踪。任武雄《党的"一大"会址被搜查之谜》一文,对马林来中国路上及到上海后被租界当局监视作了介绍,由此得出"一大"会场被搜查是由于马林暴露一说。①

4."偶然发现说"

与"通风报信说""泄露说""马林因素说"不同,"偶然发现说"突出巡捕发现"一大"会场的偶然因素。朱华分析闯入"一大"会场的这个陌生人,一是走错了门,二是听到从106号李公馆楼上传出的马林的大嗓门英语,三是误把树德里106号、108号作为全国各界联合会的门牌号。为此,他提出了"新说"②,并对其作了初步分析和判断。

"偶然发现说"即"新说",立足当年公共租界工部局警务处《警务日报》秘密搜集的情报信息,认为法租界侦探程子卿当晚主要是前往树德里104号全国各界联合会会所,通知8月1日起凡是社团开会须提前48小时经巡捕房核准,因弄错门牌号或别的因素而误闯了"一大"会场。

7月2日,《警务日报》中有一份关于全国各界联合会的专门介绍,其中提到,该会总部在"贝勒路106/108号"。这很可能是贝勒路树德里106/108号李书城、李汉俊兄弟寓所的误记。而从7月11日至18日,《警务日报》四次提到此联合会,均未明确其地址为贝勒路104号,仅有一次含糊说在望志路、贝勒路路口。但是自7月25日后,凡是提到该组织,均不厌其烦注明地址为"树德里104号"。因此,各界联合会搬入树德里104号应是7月18日以后的事情。在此之前,寓所或借给联合会,而情报没有及时发现并更正地址,便让程子卿走错了门。

根据1921年8月1日《警务日报》,可以发现租界当局正在密切监视一个相当活跃的社团——全国各界联合会。联合会支持孙中山的南方政府,反对北京政府,而法租界迫于北京政府压力,以社团开会须提前48小时向当局备案核准为由,遂派巡捕前往通知。

7月2日的《警务日报》曾将联合会误记为"贝勒路106/108"。因此,程子卿不清楚各界联合会是在104号还是在106/108号。据陈潭秋回忆,穿长衫人上楼,李汉俊听到楼梯响声,便"到客堂去询问他,他说是找各界联合会王会长,找

---

① 任武雄:《党的"一大"会场被搜查之谜》,《支部生活》1984年第13期。
② 朱华:《巡捕闯入中共"一大"会场新说》,《世纪》2001年第3期。

错了房子,对不起,说毕扬长下楼而去"。这说明程子卿没说假话,确实是误把106号当104号,误闯了会场。陈潭秋接着说:"离李汉俊寓所的第三家,确实是上海各界联合会的会所。"①

为了防止日益高涨的反日反军阀活动或者租界当局所谓的"激进主义",在"一大"期间的7月24日,程子卿等法租界巡捕前往贝勒路同益里5号留日学生救国团总部,以须在48小时前通知警方获准方可开会为理由,阻止了救国团预定在当天上午举行的全体大会,这次大会"邀集旅沪各同学开会,讨论反对英日续盟以及太平洋会议并各种外交失败问题"。② 由于法租界巡捕房中中国巡捕人数较少——据薛耕莘说,总共才6人——为了更有效地压制风起云涌的群众爱国运动,法租界当局在阻止留日学生救国团会议获得成功基础上,再接再厉,发布取缔集会新章,应是顺理成章的事。

实际上,在这方面公共租界比法租界更严厉,早在1920年4月就颁布了"取缔集会"的通告。③

因此,"新说"认为7月30日晚前来"一大"会场的便衣巡捕没有特定的针对性,或者说,即便有针对性,也是针对各界联合会。正因为如此,程子卿突然发现"一大"会场时,没有办法,只得回去搬救兵来搜查。而这来回之间给了"一大"代表乘机脱身的机会。

5. "一大"前后程子卿参与的搜查活动

继叶永烈首次披露、薛耕莘确认闯入"一大"会场的"不速之客"为法租界包探程子卿后,苏智良对夜闯"一大"会场的程子卿生平作了较为全面的考证,从历史人物的回忆、"不速之客"的衣帽特征等方面,确认夜闯"一大"会场的便衣为法租界巡捕程子卿。由于法租界巡捕房政治处的档案尚在整理中,现在无法从档案史料这一角度来加以确认。不过,除此之外,"一大"前后,媒体公开报道的有关程子卿作为巡捕如何搜查有关进步团体特别是两次参与逮捕陈独秀的史料,鲜有提及。我们对此作了初步整理。

1920年5月6日,作为包探,与西探长石维也、探目沈德福一起查封贝勒路

---

① 陈潭秋:《第一次代表大会的回忆》(1936年),《"一大"前后》(二),人民出版社1980年版,第288页。
② 《留日学生救国团开会未成》,《新闻报》1921年7月25日。
③ 《公共租界工部局通告一束·取缔集会》,《申报》1920年4月15日。

义和里14号门牌的全国学联总会和恺自迩路15号门牌的全国各界联合会。①

1921年7月24日上午,作为华探,与42号西探目一起阻止贝勒路同益里5号留日学生救国团总会的会议。②

1921年10月4日午后,作为包探,与西探西带(音译)、探目黄金荣等前往环龙路老渔阳里2号逮捕陈独秀等。③

1921年10月下旬,作为包探,与捕头一起前往贝勒路树德里,将各界联合会审记员孙镜亚、改造湖北童子会会员带入捕房。④

1922年8月9日,作为华人探目,与西探目长戴纳、督查员黄金荣、包探曹义卿等前往环龙路铭德里2号(即老渔阳里2号),逮捕陈独秀。⑤

从上述公开报道看,程子卿参与了1920—1922年法租界巡捕房搜查界内进步团体的活动,且1922年陈独秀第二次在上海被捕时,其身份已由包探升为探目。⑥

二、"通风报信说""马林因素说""泄露说"不能成立的理由分析

上述四种说法,各不相同,有的稍有出入,有的甚至截然相反,给人以云山雾罩、扑朔迷离之感。这里面,有"一大"代表的忆述,有巡捕房当事人的转述,有当年海外特别是日本的档案史料,也有当今党史研究者提供的线索。然而,事件的真相只有一个,究竟便衣巡捕闯入会场、随后赶到的巡捕搜查会场的动机是什么?来龙去脉是什么?在法租界档案史料尚在整理中、公共租界工部局警务处档案部分遗失⑦的情况下,我们必须寻找新史料,并对原有相关关史料作分析探究。

1. "通风报信说"不能成立

"通风报信说",疑点颇多。既然有刺客要炸毁会场,故"通知延缓开会""通

---

① 《封闭学生总会与各界联合会》,《申报》1920年5月7日。
② 《留日学生救国团开会未成》,《新闻报》1921年7月25日。
③ 《环龙路查获共产主义书籍》,《新闻报》1921年10月5日。
④ 《各界联合会讼案已判决》,《新闻报》1921年10月27日。
⑤ 《陈独秀被捕》,《新闻报》1922年8月10日。
⑥ 关于程子卿三四十年代的活动及政治立场详见苏智良的文章。《上海公共租界工部局特别部档案》(胶卷版,日本爱知大学复制版)第63盒涉及年份为1937年,并说:程子卿,巡捕房政治组督查长,被中国政府怀疑为间谍。
⑦ 房建昌:《上海公共租界工部局特别部档案》,《档案春秋》2005年第5期。

知转移开会",却又为何有次日7月31日上海《民国日报》等媒体刊登的《法租界取缔集会新章》(下文简称《新章》)？全文如下：

> 法总巡警费沃礼君，昨特令中西探目派探分赴界内各团体，谓捕房定于八月一日（即明日）起，如有开会集议，须在四十八小时前报告。一俟总巡核准，方许开会。如有私自秘密集议，不将会议理由预先报告者，捕房查悉后，即照违章论，务请公堂讯究云。

如果按此《新章》，法捕房派程子卿前去会场，为了避免北京政府的刺客投扔手雷，以致发生命案，影响租界治安，"过激主义"的集会仍为非法，不得进行，开会要事先经当局的核准，否则租界当局仍要追究责任，甚至要经会审公堂审问，等等。即或是程子卿在获悉情报，知道巡捕房要前去会场捕人，于是私自赶在大队巡捕人马出发之前，赶往会场"通风报信"，则与"一大"代表回忆中，或者说他只是找全国各界联合会"王会长"，或者说找错门、走错门等简短几句话，不相符合。因为，这样简短的问话，没有给与会者危机中迅速逃离的情报信息。只是具有长期地下斗争经验的马林感觉到有危险，并迅速机警地通知大家分头撤离，代表们才得以安全撤离，其他与会人员还没有这样的反应。

如果是程子卿"受命通知"，也难以解释在他"通知"后的短短时间内，按陈公博的记述，"不想马上便来一个法国总巡，两个法国侦探，两个中国侦探，一个法兵，三个翻译，那个法兵更是全副武装，而两个中国侦探，也是睁眉努目，要马上拿人的样子"。① 从情形看，势在搜查或捕人，只是在场的李汉俊、陈公博反应机智，巧妙对答盘问，加上巡捕没有发现抽屉里党的文件，才幸免脱身。

所以，苏智良虽在《程子卿夜闯中共"一大"会场之考证》中，对程子卿作了更深入的挖掘整理，也说"但对薛的回忆，目前尚无其他史料能加以证实"。2015年8月初，课题组到上海市档案馆，试图查阅薛耕莘所提到的档案，虽然法租界政治处的档案目前尚未对外开放，但工作人员还是热情地帮助我们代查了相关档案，可惜薛耕莘关于程子卿所说的在"一大"前几天法巡捕抓住了两个（在2000年采访时说"一个"）刺客拟投掷手雷一事及程子卿前往"一大"会场通知的

---

① 陈公博：《十日旅行中的春申浦（摘录）》（1921年8月），《"一大"前后》（二），人民出版社1980年版，第409—410页。

事,经一段时间查找,仍没有找到上述档案材料加以证实。

另据档案史料,北京内务部在中共"一大"前的4—6月份,闻悉上海租界对界内"过激党"的印刷品检查严厉:"派有暗探轮流检阅各小说书店及邮电机关,此种办法是否专行之上海一隅,有无具体措施,施行手段如何?"①此电文旨在就如何禁止"过激党"印刷品去电问询查禁办法,接电后江苏交涉员许沅6月13日复电云:"两租界工部局均于上年设有特别机关,随时派探在租界内注意侦查。凡与'过激党'有关之事件,立即查办。至各种印刷品出现时,先行购阅。如有涉及过激者即行禁止,送公廨办理。邮电事件,捕房不能派探检查,据云并无具体办法等语。"②当时中共"一大"还没召开,"刺客一说"在情报中便无从说起。不过,是年北京政府对上海"过激党"的查禁,除上述密报外,仅见之于四五月间因各界联合会支持孙中山南方政府而采取的监视情报(详见后文)。7月上旬只有关于从上海邮寄至吉林的有关"韩文共产党印刷品五种,系鼓吹过激主义,实属有害治安"的情报。③ 7月下旬至12月尚未发现这方面的情报。

《新章》说,总巡费沃礼"昨特令中西探目派探分赴界内各团体",通知团体开会须提前48小时报告。这是很重要的线索。"昨天"即7月30日(周六),巡捕房应该是执行总巡的命令,前往界内各团体通报新的规定。这就说明,程子卿的确是"受命"前往辖区"通知","通知"的内容与新的集会条件有关,而不是薛耕莘口述中的内容。程子卿只是因门牌搞错,再加上马林的大嗓门而误闯了"一大"会场。程子卿走后,好几位代表回忆或十分钟或一刻钟,就有一批巡捕赶到会场搜查。当天晚上七八点钟,来会场搜查的除了一般巡捕外,甚至还有坐镇的总巡、翻译、法兵。这说明7月30日特别是当晚的行动,巡捕们放弃周末本应有的休息,加班巡查,是整个法捕房的集体行动,是有准备的计划安排,也说明法租界当局对取缔政治集会一事的重视。由于陈公博在回忆中没有记述那晚的巡捕形象,他只是说一个仆人上楼报告,我们难以知道这个巡捕在离开会场之后,是否再次出现在随后赶到的巡捕中。法租界中央捕房暨警务处在薛华立路(今建国

---

① 《内务部致上海交涉员密电稿》(1921年4月25日),中国第二历史档案馆编:《中华民国史档案资料汇编第三辑·民众运动》,江苏古籍出版社1991年版,第570页。
② 《江苏交涉员许沅复内务部电》(1921年6月13日),中国第二历史档案馆编:《中华民国史档案资料汇编第三辑·民众运动》,江苏古籍出版社1991年版,第571页。
③ 《交通部致内务部咨》(1921年7月7日),中国第二历史档案馆编:《中华民国史档案资料汇编第三辑·民众运动》,江苏古籍出版社1991年版,第538页。

中路)22号,距离望志路李公馆距离甚近,三里路左右,巡捕在获悉会场情况后,完全可以就近电话通知捕房,也可以步行或骑自行车前往报告。是故,在程子卿离开一会儿后,警务处的一批巡捕在总巡带领下闯入并包围会场,也是可解释的。

《新章》刊登在 7 月 31 日的报刊上。7 月 30 日晚巡捕搜查李公馆大约用了 2 小时,离开李公馆会场大约在晚上 10 点,巡捕房的人回去拟定通知文稿,再送到报社如《大陆报》《民国日报》,刊登在 31 日的报刊上,排版印刷时间上似乎太急促。其实,《新章》应是法租界高层事先拟定的规章,通知内容应该在 30 日前早已拟定并送到有关报社。据熟悉旧上海法制史的王立民研究,法租界与公共租界不同,其驻沪总领事署才是最高权力机关。① 一项规章的出台须得到总领事或者领事署的准许,或者是公董局的许可。由此看来,《新章》出台是有准备的,并不是特定针对中共"一大"。

这还可以用 8 月 1 日的《警务日报》"华人情报"栏的一则情报加以佐证。"7 月 30 日,法租界捕房的中国侦探前往法租界内的所有的社团总部,通知他们说:从 8 月 1 日起,凡欲召开会议,必须在 48 小时前报告警方。否则将予以起诉"。②

8 月 1 日《新闻报》的转载报道,透露了《新章》出台的原因:

> 大陆报云:法巡捕房现已知照各国中国团体,以后如在法界公开会议,必须四十八小时以前先经法捕房认可,其故乃因主张太激之人,近屡在租界开会云。③

法捕房为执行《新章》不遗余力,7 月 31 日有包探曾前往法租界商业联合会会所,通知该会汪锦春《新章》精神。在当晚 8 点的会议上,各会员因商业联合会系纯商业性质,"动辄需预声告,殊感不便",建议向捕房"声明本会宗旨,请为通融"。④

如此看来,在 8 月 1 日起执行《新章》以前,法捕房已将《新章》通知到了界内的各个团体,自然包括"偶然发现说"中的全国各界联合会。

---

① 王立民:《上海法制史》,上海人民出版社 1998 年版,第 25 页。
② 《警务日报》,1921 年 8 月 1 日。引自朱华:《巡捕闯入"一大"会场新说》,《世纪》2001 年第 3 期。
③ 《法捕房取缔各团体开会》,《新闻报》1921 年 8 月 1 日。
④ 《法租界商业联合会开会记》,《申报》1921 年 8 月 2 日。

结合前文"一大"前后程子卿参与的搜查、逮捕活动,说程子卿前往会场"通风报信",不能成立。

2."泄露说"不能成立

对于"泄露说",石川论断的依据是日本外务省外交史料馆的档案。为了搞清楚日本方面对当年中国进步人士的监视情报,课题组赴日本外务省外交史料馆,搜集了1921年的监视情报档案史料。据初步统计,是年《过激派其他危险主义者取缔关系杂件·外国人之部·支那国人》(4-3-2-1-2-1)、《过激派其他危险主义者取缔关系杂件·社会运动状况·支那(第1卷)》(4-3-2-1-4-5)共有40多份情报档案。无疑,"一大"前的1—6月,留日的施存统、周佛海受到了监视,信件受到了警方的检查。但石川据此推断"一大"召开日期、地址等信息由此"泄露",论据不够充分。对于这些通信或监视的内容,石川在《中国共产党成立史》一书中有叙述,此处不再赘述。

在此,有必要提及5月25日外秘乙第721号《要注意支那人施存统的行动》和6月18日外秘乙第907号《支那可疑分子行动报告》,这两份报告涉及警察对施存统的骚扰和讯问。第721号情报还附抄了施存统给上海法租界三益里5号邵力子的信,信中说"近来每日日本警察骚扰,真恶心"。可见,不但施存统本人,还有远在上海的邵力子等,都知道日本警察对施存统监视之事。据第907号情报,6月17日施存统又受到了东京警视厅外事课警察的盘问,但其回答内容并未涉及"一大"开会的信息。我们知道,确定在上海召开"一大"的时间应为6月中旬。当年从上海到东京海上航行要六天左右,所以我们认为6月17日或之前,施存统不可能收到上海李达、李汉俊关于派代表出席"一大"的书信。自6月18日至12月20日施存统在东京因"格雷事件"被捕,近半年时间,没有日本警方关于施存统的情报,6月23日的一份情报即外秘乙第930号《可疑支那人施存统行动报告》,时间上虽在6月18日之后,但情报附录的两封信件,一封是施存统写给上海邵力子的,日期为5月26日,另一封是写给周白栋的,没有日期,内容涉及留日无政府主义者、江苏徐州人谢晋青。相比于1921年6月18日之前有六次情报频频提及施存统,下半年有关施存统的情报却沉寂了。合理的解释是施存统自5月初以后特别是在接受警视厅外事课问话后,加强了防范意识。[①] 所以,

---

① 奇怪的是,这时段内,没有看到一件日本警察对中国方面给施存统、周佛海去信的检查档案。

从这些情报内容来看,石川又认为,"不能断定警察是从施存统和上海之间的联络中获得了情报[①]"。[②]

石川判断的"一大"召开信息泄露的主要依据是6月29日警视厅总监给亚细亚局局长的外秘乙第995号情报《在上海支那共产党的行动》,其全文如下:

> 上海支那共产党将于明天30日在上海法租界贝勒路原"适庐"召开同党大会,参加该大会的各地代表是北京、上海、广州、苏州、南京、芜湖、安庆、镇江、蚌埠、济南、徐州、郑州、太原、汉口、长沙等地的学生组织和其他各个联合会的成员,日本人也将参会,具体参会人名,正在侦查之中。

石川认为中共"一大"原定7月20日召开,地址又在法租界贝勒路,虽然不能确证第995号情报的来源,但这个情报就是关于中共"一大"的。

其实,这应是石川的误解。这里,应该把外秘乙第995号情报和同日的外秘乙第991号《支那上海情况汇报》情报结合起来,加以研究。

6月29日外秘乙第991号情报内容丰富,涉及事项较多,其译文如下:

> 关于上海学生联合总会和其他过激分子以及共产党的动向,我们厅外事课于27日收集了一份情报,原文为汉文,如下:
> 关于上海过激分子及共产党的最近动向
> (一)就近日在北京政府和教育部压力下被安徽士兵杀害学生一事,因事件极其重大,上海学生联合总会已通电全国学生,召集各省学生在上海开全国学生大会。现在,已经到达上海的有9个省的学生,12个省的代表未到。据悉,约10万学生将齐聚上海,预见将有一个极其重大且极其危险的大事件在上海发生。时值暑假期间,运动会愈演愈烈。而今,各个工厂每日罢工,他们正在积极准备一场有上海罢工工人参加的大运动。届时,灯泡厂、水厂、机械厂的工人和裁缝与受雇于外国商店的雇员以及码头搬运工、轮船、枪炮厂、造船厂的工人,将集体罢工。他们会首先破坏电灯会社,砸破电灯,趁黑夜杀害资本家,不论是支那人、外国人一律烧杀。据此可知,上海

[①] 即在上海召开"一大"的情报。
[②] [日]石川祯浩:《中国共产党成立史》,袁广泉译,中国社会科学出版社2006年版,第291页。

要有一场大掠夺。

(二)俄国过激分子普洛廷①昨日由英租界转移至法租界葛罗路34号,此人及其周围人行为十分活跃,且他与陈家鼐有联系。

(三)朝鲜伪政府于16日举行大会,参会的支那人不在少数,似有大动作。伪政府李总统已决定于16日晚9时在三马路的圣三一教堂召开大会,届时,将有支那人、俄国人、美国人、英国人、印度人和犹太人等参会。

(四)召开学联总会成立纪念大会。昨日午后2点,全国学联总会及上海学联召开大会,来宾中有邵力子、陈定汉、李大年、任矜苹、郝兆先等以及北京学生代表叶麐、高尚德、谢绍敏、章廷谦各位学生,喻育之、谭常恺为主席。喻育之先站起来发言,云:"今日本会成立纪念会,但参会者甚少,皆因本会及上海学生会职员们忙于参加考试。关于学生运动,我既乐观,也很悲观。说乐观,是我们的运动引起了国外的注意,也得到了社会的关注,官僚武人也开始有所顾忌,等等。说悲观,是今日学生的奋斗精神已大不及前二年。诸如北京、安徽惨剧的发生,诸如蒙古被侵占,诸如借款接踵而至,需要我们后方支持事项甚多,需要学生继续努力……②作为上海学生联合会的一员,时值总会成立大会纪念大会召开之际,谨表祝贺!并期待各省学生们能继续给予支持和合作。"接着,叶麐讲道,学生斗争意志沉沦,盖因精神靡萎,须利用今后事件的发生,清晰主义主张,激励大家精诚团结。谢绍敏也讲了话,他说:"什么是学联总会?是五四运动促成成立。吾人天真,应利用自身权利,渐次效力,收成成效。"接着,高尚德、易润夫、邵仲辉、李达、郝兆先、姚作宾、汤宗威和孙镜亚等先后发言。五时过遂散会。

从上述情报可知,6月的中国特别是上海是个多事之秋,由北京索薪斗争中的"六三事件"、安庆的"六二惨案"及政府的无能、卖国行为,引发了全国性的学生运动。上海向来是学生运动的中心,各地学生纷纷云集上海,其中不乏学运领袖和学运支持者,如邵力子(曾以报界身份代表参加全国学联成立大会)、李达(第二届学联留日理事)、李大年(留日救国团成员、全国各界联合会评议员)、郝兆先(留日救国团干事、《救国日报》记者、第三届全国学联安徽理事、全国各界联

---

① 音译。——译者注
② 此处有一行字不清。

合会评议员)、喻育之(留日救国团总会副团长、第二届全国学联理事)、汤宗威(第三届学联理事)、姚作宾(第一届学联理事、第二届学联理事长、大同党核心人物,不过当时应在俄国参加共产国际"三大",情报应有误)、孙镜亚(全国各界联合会书记员、全国学联文牍主任)、高尚德(北京学联负责人)、谭常恺(复旦大学五四运动干将)等。他们借学联总会纪念大会之际,激扬"五四"精神,新的大规模学运有一触即发之势。工人大罢工斗争也在酝酿之中。苏俄人士移居葛罗路34号①与中国工人联合会主席陈家鼐(住贝勒路义和里3号)②暗中接触。在沪大韩民国临时政府召开会议,并得到中国、俄国、美国等多国人士的支持。

所以,尽管995号和991号日期是同一天,但991号情报所记内容则是6月整个月重要情报的汇总,无疑995号极有可能是基于991号等情报的分析判断。显然,所谓6月30日法租界贝勒路原适庐"同党大会",并非中国共产党的成立大会,因为参加者是来自15个城市的学联和"其他各个联合会"的代表。再则,这次"同党大会"地址在贝勒路,而我们知道,"一大"代表的报到地址不可能是贝勒路李公馆,更可能是白尔路博文女校或老渔阳里2号。

如果把视野拓展一下,有必要提及当时日本特务对在沪朝鲜独立运动的监视。

当时与上海进步团体一起从事民族独立运动的大韩民国临时政府,同样以上海特别是法租界为根据地、大本营,且并肩作战,活动频繁。略举一二。如,6月18日情报说,5月28日,来自救国团、学联总会、各界联合会等团体的人员与独立运动人士,在法租界民生女校内共同发起成立中韩国民互助社,郝兆先、黄警顽、李大年、喻育之、孙镜亚、俞宗周、王吉人、沈仲俊等10名"在上海排日支那人有力者"③与金奎植、吕运亨等10名朝鲜独立运动或高丽共产党人士,当选为评议员。6月23日,日本在中国临时代理公使吉田伊三郎给外务大臣内田康哉的信中提到,法国驻中国大使馆就法租界"韩党出版物"状况曾给吉田去信。亚

---

① 关于这个葛罗路34号,另有日本情报提及。1921年3月18日外高秘第351号《上海方面过激派行动汇报》提到:在上海"俄过激派宣传部长"Bogoludoff居葛罗路34号;另过激派《上海俄文生活日报》、日本通Smolsky即谢麦施科,居"沧州路九号,又葛罗路三十四号"。

② 上海市档案馆编:《辛亥革命与上海——上海公共租界工部局档案选译》,中西书局2011年版,第355页。

③ 1921年6月18日中第2089号《中韩国民互助社组织汇报件(关东宪兵队报)》,日本外务省外交史料馆藏,《不逞团关系杂件·朝鲜人之部·在上海地方(三)》。

细亚局收到吉田信的日期为6月29日。①

那么,如何理解995号情报中的"上海支那共产党",极为关键。从日本外务省外交史料馆1921年的情报档案来看,当局至少在逮捕施存统之前,是没有搞清无政府共产主义和真正马克思主义共产主义的区别的,有时笼统称之为"过激派""过激党",有时则称之为"无政府共产主义"。如1921年上半年的情报涉及的有无政府主义团体安社,无政府主义者谢晋青、康白情,"社会主义者"江亢虎(有2份情报),芜湖第五中学吕天真等,对施存统的情报也大多冠名"无政府主义抱持者"。5月20日外秘乙第691号《可疑支那分子事宜》情报中,提到东京施存统、鹿儿岛周佛海与"无政府主义首谋"广东陈独秀、在上海"通过各种方法大力宣传无政府主义思想"的李达相联系。在"一大"召开之后的10月11日,即陈独秀在法租界第一次被捕之后,日本驻上海总领事馆的内务事务官木下义介在给内务省警保局长汤地幸平的信中(上内警第7号),仍称陈独秀为"过激派无政府共产主义"。这份汇报还附录了另外两份情报:一份是"关于罗豁②的动静",并提及"罗豁一贯主张极端的无政府主义";另一份是"有关龚德柏的行踪"。

11月25日日本驻沪总领事山崎馨一给外务大臣内田康哉的机密信件,以"无政府共产主义者行动汇报"为标题,也提到了陈独秀,且这封密件涉及自7月以来的诸多事项。该信件提到:毕业于北大的无政府主义者干将李悟虚参与了11月23日在上海北四川路公益坊的结社活动;该结社重要成员有孙中山属下得力干将陈独秀、李人杰(即李汉俊)、吴山(原注:学者,著有《俄国宪法说略》等)、陆军中将某等,其干部有苏爱南、黎世良、李悟虚等,其本部为广州大东门茶革坊第一讲演所,办事处分支部为上海霞飞路渔阳里19号,③在北京有中国过激派总部,有俄国劳农政府代表参与总部活动并对其援助;上海东亚同文书院有三名日本学生属于马克思派社会主义者,参与此结社,他们的姓名正在调查中(原注:以前晓民会真秀顺曾说过,这三人参加了上海的苏维埃);7月初自日本归沪的中国学生乐和(原注:精通日语,十分了解日本社会主义人员、组织及其机关杂志等),自称是一名社会主义者,实为日本间谍,曾暗报北四川路公益坊无

---

① 1921年6月23日公第253号《上海法租界内韩党宣传机关取缔问题法国公使馆来信件》,日本外务省外交史料馆藏,《不逞团关系杂件·朝鲜人之部·在上海地方(三)》。
② 即罗任一。
③ 霞飞路渔阳里19号当时是广东嘉应旅沪同学会的会所。详见《嘉应学生会宿舍招住》,《申报》1921年12月28日。

政府共产主义者结社活动,7月1日该社发表对外同志宣言书;新近有一名日本人在北京加入了该无政府主义总部的结社;某中国人为李人杰的左膀右臂,现住在横须贺,为其主义奔走呼号,目前正在对该支部进行侦察之中;俄国过激派派往中国的有一名叫安干德①的人在北京,陈独秀手下有一名俄国人负责中国各地同主义信仰者与他进行通信联系,这也是事实;等等。可见,这封涉及诸多事项的机密件,主要仍是围绕无政府主义结社的。另据密报,位于茶革坊第一讲演所的团体称"东社",何剑耘是其本部联络人。虽然我们不知何剑耘其人,也不清楚密件中提到的日本人是不是就是995号情报中提到的日本人,但我们知道,苏爱南、黎世良与陆式楷、斯托帕尼等曾是公益坊无政府主义同志会及外围机关世界语学校的骨干。

直到同年年底,施存统才在供述中说:"上海之共产党有二种。一种乃陈独秀所创建,信奉纯粹之马克思主义;另一种是黄界(介)民派所组织,信奉杂以无政府主义思想之马克思主义。而余有关者乃前者。"②石川也认为,在1921年,至少在日本警方看来,"上海共产党"是指黄介民、姚作宾派的党,而非陈独秀派的党。

可见,外秘乙第995号情报中的"上海支那共产党",并不一定是指即将成立的真正的中国共产党,更可能是日本方面综合各方信息,得出的情报。即便有所指,也更可能是黄介民、姚作宾的无政府主义共产党——大同党。③ 这样中共"一大"召开信息在会前已"泄露"的说法,便不成立。

3. "马林因素说"不能成立

如果是"马林因素说",或如陈潭秋、张国焘所推测,"侦探发现我们的会议,是从博文校跟踪而得的","很可能有个一网打尽之计",或如程子卿所言"当时只知一个外国的'赤色分子'在那里召集会议",加上石川祯浩所提到的日本警视厅的情报,便有"一大"会场的搜查,有的学者也得出"租界当局想在当晚对参加'一大'会议的代表来个一网打尽"的结论。这种说法推测成分居多。从当局对马林的监视详情看,可以排除这种说法。

---

① 音译。——译者注
② 《施存统口供》,[日]石川祯浩:《中国共产党成立史》,袁广泉译,中国社会科学出版社2006年版,第368页。
③ [日]石川祯浩:《中国共产党成立史》,袁广泉译,中国社会科学出版社2006年版,第123页。

《马林与第一次国共合作》一书,整理、翻译了当时各国当局对马林第一次来华的情报信函、电报。可以说,他们对马林来华意图并不清楚。为了搞清楚马林来华真实意图,他们从原想阻止其登陆中国,到准许他登陆并对他实施监视,当局并不想对他实行逮捕或驱逐,而是互通密报,设法跟踪。至于北京政府,没有见到其答复列强的信函档案。上海公共租界工部局巡捕房方面确实对马林行踪作了监视和通报,所记内容都只是粗略的动向和人物接触,如说到了6月3日他初到上海时的"同党"达尔索诺、巴尔斯,11月底及12月初甚至出现了马林在塞毛恩、纳约安陪同下从印尼来沪的不可靠情报。荷兰当局担心的是马林和荷属东印度共产党在远东上海建立"荷属东印度共产党总部""华中地区组织的大本营"或根据地。

可以肯定,经过近一年的监视,当局并没有搞清马林此次来华的真实意图,只是把他当作"共产主义的宣传员"看待。被马林搞得晕头转向的荷兰驻沪代理总领事丹尼尔斯直到1922年4月11日还在领事馆内大声质问马林:"你在中国究竟搞了什么名堂?"1921年7月12日至11月27日,相隔四个多月,中间是空白,没有情报。这期间中共在上海、嘉兴南湖召开了"一大",工部局没有向荷兰当局再通报马林有关情报。马林住址方面,巡捕房通报了四次地址。租界方面是否全程监视到了马林的住所或者住所变动,有待考实。可能这时段马林在租界巡捕眼中"失踪"了,也可能马林外出时摆脱跟踪。这也印证马林在得知自己被租界盯梢后经常找人代替发送邮件、电报的事。对于马林在沪接触到的人,通报中除了四位荷属东印度共产党人外,仅一次提到他在家接待过一位印度人和一位"可能是俄国人的欧洲人",这个情报出现在11月28日的通报中。很难说,这位"可能是俄国人的欧洲人"是不是尼克尔斯基或者赤色工会国际的弗莱姆贝格。在俄国女房东里亚赞诺娃和警方眼中,马林"白天安安静静地待在自己的房里,或者外出,接待许多客人""很少在这里制造麻烦,他安分守己,因而大约到1921年12月,警察对他的监视就不如他刚到时那样严格了"。[①] 当然,实际上这只是马林对付租界当局的烟雾弹。在沪期间,他不但频频会晤了中共"一大"代表,出席了中共"一大",还与在沪的苏俄人员、朝鲜共产党人左翼人士有接触。

---

① 《备忘录》(1922年5月23日),李玉贞主编、杜魏华副主编:《马林与第一次国共合作》,光明日报出版社1989年版,第36页。

张国焘回忆,他 6 月底或 7 月初①一到上海,先拜访了李达、李汉俊,"两天以后,张太雷陪同我去访看马林。他寄住居在爱文义路一个德国人的家里,我们就在他的家里开始了第一次的晤谈"②。爱文义路,英文名 Avenue Road,在公共租界西区,即现在的北京西路,地近麦根路。张国焘可能记错了路名,这个"爱文义路一个德国人的家"极有可能就是 7 月 4 日工部局情报中的麦根路 G32 号鲁伯尔家。刘仁静的回忆也很重要,他说:"我同马林的认识是在'一大'的时候,那时我也常到他的家里(原注:他只是一个人)。"③其实,张国焘很可能是与刘仁静一起去的鲁伯尔家,因为张太雷当时在莫斯科参加共产国际"三大",而刘仁静就读北大外语系,英文基础好,且在 7 月 4 日少年中国南京年会结束两三天之后,早早来到了上海。

"一大"前后马林和尼克尔斯基"几乎每天见面"④及马林与"一大"代表、在沪中共党员接触的情报,没有体现在工部局给荷兰驻沪总领事的信函中。是租界没有监视到?还是租界监视的重点在于他是否想在上海建立"总部"?或是租界只是草草应付外交事务?实际上,正如女房东所说,马林在家"接待很多人",当局如要严查,总会有结果。合理的解释就是这种监视可能与荷兰当局委托给工部局对马林的监视重点有关。但凡有荷属东印度共产党人来沪,当局就格外紧张。这也体现在 7 月 12 日至 11 月 27 日的监视空白中,这期间没有荷属东印度共产党来沪的消息。当然,也不能完全排除工部局巡捕房没有把马林与中共在沪党员接触的监视情报及时向荷兰驻上海总领事馆作通报的可能。另外,按理共产党在西方议会制国家中是合法政党,只是马林做了当局认为"危及社会正常秩序的人","已被禁止居住在本国"。"因此,对他可能采取的唯一措施是让巡捕监视。可是,倘若这一措施给他造成不愉快和麻烦,并迫使他改名换姓、变更住址,那就难以阻止他进行秘密活动了"。⑤

直到 1922 年初,在中共"一大"召开近半年后,马林已远在中国南方时,当局

---

① 这个时间是笔者推算出来的,回忆中说是大约在 5 月中旬。
② 《张国焘回忆中国共产党"一大"前后》(1971 年),《"一大"前后》(二),人民出版社 1980 年版,第 170 页。
③ 刘仁静:《我记忆中的马林》,《马林在中国的有关资料》,人民出版社 1980 年版,第 113 页。
④ 马林:《向共产国际执行委员会的报告》(1922 年 7 月 11 日),李玉贞主编、杜魏华副主编:《马林与第一次国共合作》,光明日报出版社 1989 年版,第 59 页。
⑤ 《荷兰驻沪代理总领事致荷兰驻印尼总督的信》(1922 年 1 月 18 日),李玉贞主编、杜魏华副主编:《马林与第一次国共合作》,光明日报出版社 1989 年版,第 23 页。

还是担心上海成为荷属东印度共产党"华中地区组织的大本营",只是把这种"担心"从防止建立"总部""大本营",扩大到防止上海本地"这些共产党鼓动分子试图与印度同党建立联系"①,即意识到要加强对来沪荷属东印度共产党与上海本地共产党人相联络的监视。②

另外,即便是跟踪,也应是由公共租界巡捕房的便衣侦探来跟踪,但实际上在会场出现的是法租界便衣包探程子卿。再者,如租界想逮捕"一大"代表,且又跟踪了一段时间,为何不在前五次会议特别是开幕时行动?既然想逮捕外国赤色分子马林,且马林又在监视中,抓捕机会多得是。特别是在"一大"结束到同年12月10日动身去南方会见孙中山之间,马林仍频频与李达、陈独秀、周佛海、张国焘、刘仁静等接触。因此,徐云根也认为这种说法"似乎不太合理",既然如此,租界大可来个按计"一网打尽",又何必"贸然让程子卿单独闯入会场,从而惊动目标,事后再去,人去楼空"。③ 薛耕莘转述程子卿所说的"外国赤色分子"开会的时间、地点是他在前往"通知"前得知的,缺乏充足的证据材料。

最后,怎样解释"一大"代表陈潭秋、陈公博等及工作人员王会悟回忆中提到的会议期间博文女校及李公馆周边出现侦探、特务?这里,暂且搁置一下国内进步团体在法租界内的活动,仍有必要提及日本对在沪朝鲜独立人士的监视情况。据日本方面8月12日的《上海情报》,其监视情报主要涉及:一是在沪大韩人民团及红十字会于7月23日在霞飞路307号红十字会会所开会,募集资金;二是主张过激主义的在沪留日学生会成员7月29日借永安公司召开恳亲会,来宾有30多人,7月30日晚8点在白尔路439号大寿第即侨民团会馆,召开太平洋会议协诚会,申翼熙等进行了演说;三是赴莫斯科参加共产国际"三大"的安秉瓒不日将到上海。④ 可见,7月下旬,包括高丽共产党在内的朝鲜民主、独立运动人士在法租界活动频繁,其中的白尔路439号大寿第与白尔路386号博文女校及贝

---

① 《荷兰驻沪代理总领事致上海公共租界巡捕房总巡的信》(1922年1月21日),李玉贞主编、杜魏华副主编:《马林与第一次国共合作》,光明日报出版社1989年版,第25页。
② 课题组在日本爱知大学丰桥校区查阅了该校从美国国家档案馆拷贝的"SHANGHAI MUNICIPALl POLICE FILES 1894—1949"微缩胶卷,在"1921年"这个盒子中并没有发现对马林的监视情报。有关马林的一些情报收藏于荷兰外交部,见李玉贞主编、杜魏华副主编:《马林与第一次国共合作》,光明日报出版社1989年版。
③ 徐云根:《中共一大会场突遭搜查之谜》,《党史博览》2013年第8期。
④ 1921年8月12日高警第24265号《上海情报》,日本外务省外交史料馆藏,《不逞团关系杂件·朝鲜人之部·在上海地方(三)》。

勒路李汉俊寓所又近在咫尺。来自日本的特务和法租界巡捕应对这些活动有监视。这也符合《新章》中的"分赴界内各团体"、《大陆报》报道中的"现已知照各国中国团体"、《警务日报》中的"法租界内的所有的社团总部"的情节，说明当时被通知的团体，不但有中国国内的团体，还包括外国团体。

三、"偶然发现说"背后相关事实考证及历史逻辑

如果上述三种说法从逻辑上、史实上不能成立，那么只能以"偶然发现说"来解释。"偶然发现说"，以全国各界联合会为巡捕原定通知对象，或者没有特定的针对性，那么，其中的逻辑怎么梳理？在此，一是有必要考证陈潭秋回忆中提及的全国各界联合会，二是在更宽大背景下，梳理、叙述、展示看似"偶然"事件背后的"必然"因素。

1. 各界联合会机构设置、负责人、会址的考证

陈潭秋说："上海一般人都知道，各界联合会没有会长，也没有姓王的人。"[①]这里有两层含义：一是联合会没有会长，二是没有姓王的负责人。

首先，关于联合会有无"会长"一说。据《全国各界联合会章程》，[②]联合会机构设置上仿行当时的其他爱国团体，实行理事制，分评议部和执行部。评议部设正副评议长各一人。执行部"以理事全体为对外代表"。虽然各界联合会是"全国各省地方之各界联合会及海外华侨之联合团体"，但"有特别情形，由与本会宗旨相同之联合团体，各选出代表，经本会评论部之通过，亦得加入"。这样，各界联合会确实没有会长、主席一说。当时的学联总会、中华女界联合会等团体因与其宗旨相同，也是其理事成员。所谓"主席"，也只是作为理事单位负责人在发起会议时充值会议主席，理事会特别是理事长为团体对外代表。所以，该会没有程子卿所说的"会长"一说，也没有《警务日报》中所说的"主席"一说。可能《警务日报》也没搞清这个组织的机构设置，1922年年底前后，情报中多次提到，各界联合会（正式称"中华民国各界联合会"）主席喻育之，会长或秘书孙镜亚，与国民党政要或沪上各团体一起，前往孙中山寓所或环龙路国民党本部事务所。

---

① 陈潭秋：《第一次代表大会的回忆》(1936年)，《"一大"前后》(二)，人民出版社1980年版，第288页。

② 《全国各界联合会章程》，《申报》1919年12月5日。

其次，关于王姓负责人。笔者查阅有关史料，联合会确实没有"王会长"其人。8月3日，《警务日报》记录，"National Organizations Union of China 在望志路树德里104号（原注：以后常提此会议104－106－108）开会，主要是反军阀、反日、承认广东政府为合法政府。主席是 Mai yih-fung（原注：或 Foog，福建人，以后在各类活动中常提到）"。①这里，主席姓 Mai，福建人，而不是王或者黄（吴方言中两者同音）。

看来，陈潭秋熟悉联合会及负责人，而且这个人在上海颇有影响，不然他又何必在"一大"召开15年后多此一举有这样的回忆？《警务日报》中提到的"主席是 Mai yih-fung（或 Foog，福建人）"，这个人就是学联理事、各界联合会负责人、福建人毛一丰。"五四"时期，福建学潮迭兴，学运领袖北上上海等地串联，更因11月16日发生的"闽案"，备受全国关注。毛一丰身为福建学联正干事长，在"闽案"发生后，赴上海等地寻求全国各地学联的支持，并扩大了自己的影响。1919年12月2日，上海76所学校学生5 600余人齐集西门外体育场。毛一丰代表福建学联详细介绍"闽案"，号召各界举行游行示威，抵制日货。1921年8月9日—9月20日，全国学联在上海举行第三次代表大会。在7月5日的筹备会上，毛一丰以福建理事的身份出席。②由于在"五四"时期的影响，毛一丰遂进入由学联发起成立的各界联合会，一度担任负责人。毛一丰还参加了是年共产党主持的"五一庆祝筹备会"，经常在渔阳里6号开会。25日《警务日报》记载，"24日在渔阳里6号召开会议，参加者34人，商讨庆祝五一劳动节，李启汉主持会议，Mao yih-fung"等参加会议。来自武汉的陈潭秋如果结识毛一丰，大概就是1919年五四运动中他来上海才认识的。当然，这一点仅为估计，仍难断定。但凭毛一丰身兼有全国影响的学联总会和联合会领导人的身份，陈潭秋的"各界联合会没有姓王的会长""一般上海人都知道"一说，是可信的。"毛会长"和"王（黄）会长"③，在吴方言中，音有点相近。估计陈潭秋在嘈杂的会场上听错了密探的话，并留下深刻印记。

---

① 韩罗以、吴贵芳编译：《上海工部局警务日报（Police Daily Report）资料摘录（1921年1月至1924年12月）》，《上海革命史资料与研究》第6辑，上海古籍出版社2006年版，第676页。
② 《学生总会理事会纪》，《申报》1921年7月6日。
③ 诺思在给萧瑜英文版著作注评时运用了1936年陈潭秋发表在《共产国际》上的文章《中共第一次代表大会回忆》，其中有"人人知道那一组织（笔者按：即译文中的社会组织联盟）没有主席，也没有姓万的"（萧瑜：《我和毛泽东的一段曲折经历》，昆仑出版社1989年版，第218页）。这里的"万"和"王"一样，也是音近。

再次,关于当时全国各界联合会的地址。据《警务日报》,"一大"前后,联合会地址为树德里104号。8月3日时间上是在7月30日侦探事件之后,对联合会会址的记载由原先的"树德里104号"扩大为"104-6-8",即104-106-108号,且以后多次提及。这一细节上的变动,显然是受到30日晚搜查会场事件的影响,也说明当晚搜查之后,当局极有可能是把开会的一帮人当作联合会的人。

除了上述史料外,还有媒体公开报道了联合会确在贝勒路树德里。据《新闻报》报道:"法新界贝勒路树德里全国各界联合会于日前有上海各界联合会会员张志鹏,商借该会开会,当被法捕房查悉,以张未曾禀准捕房许可,不应擅自开会,故由捕头率同包探程子卿等至该处,将张及孙镜亚、汪剑农一并带入捕房。"①这是我们能看到的"一大"之后的关于全国各界联合会地址的一次公开报道。这个报道没有明确各界联合会的具体门牌,但报道中说孙镜亚的身份是各界联合会的书记员,汪剑农则是改造湖北童子会②会员。综合《警务日报》和《新闻报》关于全国各界联合会地址的材料,可以肯定陈潭秋所说的"离李汉俊寓所的第三家,确实是上海各界联合会的会所",应是指在上海的全国各界联合会,而不是指上海各界联合会。③

另外,课题组据日本外务省外交史料馆档案史料,发现当年贝勒路102号(即104号西隔壁的房子)的房客为崔祜、崔演武、申荣镐,贝勒路树德里4号的房客为金尚德,这4人都是朝鲜在上海留日学生会成员,④参与朝鲜民族独立运动。

2. 租界监视、搜查"联合会"事件背后的历史逻辑

对于这个全国各界联合会,按理说,该会在1920年5月6日已和全国学联一起被法捕房查封。可见,在被查封之后,这两个组织并未解散,仍在半公开半秘密地活动,并仍在警方的视线中。而且,这两个组织虽仍设在法租界,但公共租界的巡捕房并不放弃监视。这只能说明这两个组织在当时相当活跃,但违背了租界防止"激进主义"的共同规定。

事件的背后是诸多的历史细节和真相。确实,在1921—1922年,毛一丰身

---

① 《各界联合会讼案已判决》,《新闻报》1921年10月27日。
② 又称同志会,地址在树德里3号。
③ 诺思在给萧瑜英文版著作评注时运用了1936年陈潭秋发表在《共产国际》上的文章《中共第一次代表大会回忆》,说"'社会组织联盟'的确跟李汉俊的房间相差三个门"(萧瑜:《我和毛泽东的一段曲折经历》,昆仑出版社1989年版,第218页)。
④ 1921年10月19日高警第28373号《国外情报·在上海不逞鲜人的动静·在上海留日学生会名簿》,日本外务省外交史料馆藏,《不逞团关系杂件·朝鲜人之部·在上海地方(三)》。

兼的两个组织在从事拥护南方政府、反对北京政府及其他反日爱国活动。1921年4月25日,北京政府内务部在发给江苏督军、省长,松沪护军使,安徽、湖北督军、省长的《致各省密电稿》中称:

> 此间全国各界联合会与学生联合会,连日各举代表毕某、毛某等,在环龙路孙文之机关某号洋房公寓内"俄匪"(译音)斯特拉夫等秘密会议,欲乘此外蒙叛乱、中央财政窘迫之时,侵扰长江,危及京畿,大有势在必行之概。查彼辈以……为救国团,而树劳农政府之基础。

这一情报中的"毛某"即毛一丰。说明上述两个组织及"毛某"等跟国民党关系密切,毛一丰等出入环龙路国民党总部机关,从事革命活动。松沪护军使何丰林在接到密电后,毫不懈怠,即展开密查,5月19日复电内务部,云:

> "俄激党"斯特拉夫,与全国各界联合会、学生联合会代表毛一丰等,在孙文机关内秘密会议,图谋扰乱一事,本署已早据探报,其所述情形与贵部所得报告大致相同。①

又据5月2日京师警察厅给内务部警政司汇报,云:"中俄过激派与孙文等结合,希图先扰京津各节迭次呈报在案,北京大学之激烈青年学子潜来沪江,往返京津者实有其徒,均与孙之羽党联络","迩来进行甚急,大有一日千里之势"。②
上述情报确非虚报。在孙中山就任非常大总统后,5月3日,上海的全国各界联合会举行各团体临时会议,积极响应,立场坚决。媒体报道云:

> 国闻通信社云:中华民国各团体,三日下午二时,在上海马霍路③崇仁里西弄回×七四号新会所,开临时会议。到会者二千余众。由毛一丰主席,

---

① 1921年4月25日《内务部致各省密电稿》、5月19日《淞沪护军使何丰林复内务部密电》,中国第二历史档案馆编:《中华民国史档案资料汇编第三辑·民众运动》,江苏古籍出版社1991年版,第569—570页。
② 1921年5月6日《密呈过激党密图发展之情形》,中国第二历史档案馆藏,全宗号:一〇〇一(2),案卷号:1152。
③ Mohawk Road,1887年得名,今黄陂北路。

报告开会意旨毕,次讨论各项问题。一、文书股起草,致广州陆军部陈总长电,请速出兵北伐。全体通过。电文附后。……四、喻育之提议五月五日为总统就任之一周纪念日。本会应有表示,众心决庆祝办法。甲、请各团体悬旗庆祝。乙、电贺广州孙总统。丙、是日备茶点请各团体代表莅临实行庆祝纪念会议。均通过。末推定下次会议主席喻育之云。①

5月10日所发的《致陆军陈总长电》主张北伐,推翻北京政府。云:"立盼会师武汉,长驱幽燕,同人蒿目时艰,奔走声援,惟力是视。"②这里出现的喻育之,当时身份是留日学生救国团总部团长,在稍后的7月5日第三届学联代表大会(8月10日—9月20日)筹备会上当选学联理事长。

1922年6月,由于陈炯明叛乱,孙中山领导的第二次护法运动失败。8月14日,孙中山回沪,受到沪上各劳工团体的欢迎。据工部局情报,各界联合会依旧支持孙中山。8月16日,"中华民国各团体联合会的14位成员在法租界白尔路三益里17号该会会所开会"。上述中华民国各团体联合会即全国各界联合会。21日,妇女联合会会长黄宗汉、商工互济会主席童理璋、中华民国各团体联合会代表翁吉云、旅日归国学生会③会长喻育之等各工会团体40位代表,先后到环龙路国民党总部和莫利爱路29号孙中山寓所。10月11日,旅沪"福建同乡会委员会的36名委员出席了一次秘密会议,会议通过了支持国民党和国民党友人的决议"。"会议由毛一丰主持,他是中华民国各团体联合会的主要成员,该会属国民党的团体"。④

结合前文外秘乙第991号情报中提及活动信息,可见,毛一丰及他所任职的两个团体在1921—1922年相当活跃和激进。在当局监视情报中,1921年5月联合会的会所在马霍路崇仁里;"一大"上海会场密探事件前后的会址如前所述;1922年8月的情报,会所在白尔路三益里17号(即原《星期评论》社社址,当时全国学联总会也在此办公)。由于该团体联合学联等在沪各进步团体,主张北

---

① 汕尾市人物研究史料编纂委员会编:《汕尾市人物研究史料——陈炯明与粤军研究史料5》,1993年(内部发行),第438页。此条史料为金陵图书馆特藏部纪景超老师所提供。
② 同上。
③ 即留日学生救国团总会。
④ 上海市档案馆编:《辛亥革命与上海——上海公共租界工部局档案选译》,中西书局2011年版,第329页,第335—336页。

伐,试图掀起学潮、工潮,反对英日续盟,并与来华苏俄人员有联系,就不难理解当局把它归结为"过激主义",时时加以防范,乃至查封。

这一点也反映在会所地址的屡屡变更上。这样,程子卿于7月30日前往会所通知《新章》精神,便是成顺理成章的事。上述史料也说明1921—1922年毛一丰是联合会的实际负责人,经常担任各种会议的主席,且受到当局的监视。

从1921年夏季学运领袖毛一丰、喻育之身兼职务的学联总会和各界联合会看,这两个组织比第二届学联更激进。虽然学联留日理事李达、姚作宾任职的第二届学联曾反对中日直接交涉山东问题,评议部决议发出1920年4月"14日起全国一致罢课与政府决斗"的号召,并一度在集会上提出"否认北庭"的口号,但第三届学联代表大会时,针对是年年底即将召开的太平洋会议,为了防止太平洋会议成为凡尔赛会议的翻版,学联一如既往地反对中日直接交涉,并就废除"二十一条"、无条件解决山东问题、收回领事裁判权、反对英日同盟续约、要求各国承认韩国独立、要求各国退回庚子赔款等事项,通过《学生会决定对太平洋会议之提案》和《修正案》。在南方护法政府成立的情况下,学联甚至放弃了学运一向"不干涉政治"的常规,6月8日通电全国《否认北庭政府资格》,8月28日发布《学生会之否认北庭案经过》。① 由毛一丰负责的各界联合会并不像学联内部对"否认北庭案"存在分歧和争议,6月8日即通电各地各界联合会,"一再主张否认北庭对内对外之资格"。② 可见,尽管第三届学联没有像第一届、第二届那样发起全国性的轰轰烈烈的总罢课,但其斗争势头不减,并通电全国,否认北京政府,拥护南方政府。其行为由先前相对单一的爱国政治运动转化为政治斗争。在此期间,各界联合会也从成立时《宣言》《章程》中强调的笼统宽泛的"国民自决""发展民生、促进民治、拥护国权"宗旨转化到响应南方新生的革命政府号召、开展对抗北京反动政府的政治斗争浪潮中去。这势必引起北京政府及租界当局的惊恐,对其破坏、打压,乃至镇压,随即而至。

那么,7月30日,即中共"一大"上海会议第六次会议那天,毛一丰、喻育之等学联总会和各界联合会的负责人又在做什么?有史料表明他们在秘密召开会议。据1921年7月31日《新闻报》报道:"昨日午前九时,学生联合会开理事会,

---

① 《民国日报》,1920年4月16日、6月9日、8月28日。参见共青团中央青运史档案馆编:《全国学联历次代表大会史料集》,中国文史出版社2011年版。

② 《民国日报》1920年6月9日。

列席理事汤宗威、喻育之、毛一丰、卢仲华,由喻育之主席,除修正致北京学生联合会函并磋商会务外,决议以反对英日续盟为我国在太平洋会议之一提案,并随时反对英日续盟。"①而在7月29日湘鄂战事爆发之日,毛一丰的各界联合会召开会议,决定致电吴佩孚,让直系军阀王占元撤军。

联系到"一大"期间7月24日法租界取缔界内救国团总会会议的行动,有必要对当时这些进步团体作一梳理,揭示其中的演绎过程和历史逻辑。

全国各界联合会与全国学联总会有密切关系,甚至可以说全国各界联合会是由学联发起成立的。五四运动爆发后,成立于1919年6月16日的全国学联一度是学生运动的总指挥机关,"在五四运动高潮中诞生的全国学生联合会承担起了全国各界联合会的发起和筹备任务"。②为了壮大反帝爱国力量,8月14日学联评议部决议,"先从各省组织,随图全国召集"。③许多五四运动中的学生领袖如刘清扬、许德珩、施洋等投入筹建全国各界联合会的工作中去,并担任了重要职务。刘清扬还是联合会成立大会的主席。因此,各界联合会是在学联的发起下成立的,其主要人物也是学联的人,当然也得到了孙中山领导的国民党的支持。

回溯历史,贝勒路同益里5号这个留日学生救国团总部、总会,又可称作全国学联的先驱、雏形。当年经常在学生中演讲且资助《救国日报》的邵力子曾回忆:"一九一八年,留日学生因山东问题,组织留日学生救国团归国,这次运动,对'五四'起了推动作用";"留日归国学生的代表参加全国学生总会,对学生总会起了推动作用"。④1918年救国团在国内和日本的反日爱国活动,声势浩大,为次年五四运动的先声,可以称为五四运动中诞生的全国学联总会的雏形。救国团成立于东京,时间上为1918年5月5日,旨在反对北京卖国政府与日本签订的《中日共同防敌军事协定》。据日本警视厅统计,短短十几天内,96%在日留学学生参加了罢课,一月后70%的学生回国。5月12日,归国的留日学生在上海法租界成立救国团总部,各省设分部,并派两名代表驻总部。救国团以"不预内政,一致对外"为宗旨,发行《救国日报》《救国团日报》,宣传反日救国主张。救国团总会成立时,团长是留日学生王兆荣,副团长是喻育之。如果再往前追溯,留日

---

① 《学生联合总会开理事会》,《新闻报》1921年7月31日。
② 李义彬:《五四时期的全国各界联合会》,《历史教学》1982年第12期。
③ 《全国学生会开会纪事》,《时报》1919年8月15日。
④ 邵力子:《党成立前后的一些情况》(1961年7月),《"一大"前后》(二),人民出版社1980年版,第67页。

学生救国团的成立与1915年袁世凯与日本秘密签订卖国的"二十一条"也有关。1915年留日学生闻悉"二十一条"后,仇鳌、易梅园等即成立留日学生总会,志在倒袁反日。1916年1月30日,黄介民与李大钊、仇鳌、易梅园、林伯渠等100多名留日学生,成立拥护共和精神的神州学会,出版《民彝》杂志。"一大"期间,在租界被阻止开会的上海留日学生救国团总会,于7月26日移地华界开会,决议"通电全国,并联络各团体,一致反对(英日续盟)",力争中国在太平洋会议的权利,"恢复《救国日报》"①等。

众所周知,五四运动后中国新式政党、社团如雨后春笋般涌现,这使处在时代浪尖的学运领袖及组织,势必烙上政党的烙印。

事实正是如此。在1915年留日学生总会和1918年留日学生救国团之间,还成立了一个大政党、大同盟——大同党。大同党原名新亚同盟党,1916年7月8日成立于日本,发起者是留日的中朝爱国进步学生,中国方面,留学生、同盟会会员、中华革命党人黄介民是发起人之一,并在成立大会被推为临时主席;1918年12月28日决定以上海为本部,1920年初更名"大同党"。黄介民还以报界代表身份参加了1919年6月16日在上海大东旅社举行的学联成立大会。留日学生成员思想复杂,受日本马克思主义理论家幸德秋水、河上肇、堺利彦等人的影响,接触了包括马克思主义在内的各种社会主义思潮,其中相当多的成员不像李达那样较系统地研究马克思主义,而是受到了无政府共产主义思潮的影响。这一点正如邵力子所说:"一九一八年留日归国学生中,一部分人倾向社会主义(如李达),大部分人有国家主义思想(与以后的国家主义不同),他们办《救国日报》,这报纸与上海《民国日报》关系密切。"②这导致大同党在思想理论上以无政府主义为取向,在政治上,联合民族资产阶级的政党国民党,反对强权,反对压迫,反对阶级斗争和无产阶级专政,主张绝对自由。

正是这样,在中国知识界对马克思主义尚处于一知半解的情况下,无政府主义的大同党一度曾成为苏俄实施东方战略的发展、合作对象。黄介民说:"时俄国广义派③亦有来沪消息,陈中孚更复促予从速联络。于是约集易梅园、张梦

---

① 《留日学生救国团开会》,《新闻报》1921年7月27日。
② 邵力子:《党成立前后的一些情况》(1961年7月),《"一大"前后》(二),人民出版社1980年版,第63页。
③ 即布尔什维克。

九、姚作宾、许德珩、周平卿、陈中孚、申眠观、吕运亨、李东宁、李始荣等会于宝康里某号宴商一切。遂复按集各面同志意旨,议决将△△△△△(新亚同盟党)党名改为△△△(大同党),以便扩充范围,容纳欧美人士。"①大同党与在沪大韩民国临时政府及朝鲜独立运动人员关系密切。

大同党成员相当广泛,如先于维经斯基来华的苏俄使者波塔波夫来华时受到在沪中韩大同党人黄介民、李东辉等的欢迎,并加入了大同党,同年上半年波塔波夫和吕运亨受有"社会主义将军"之称的陈炯明的邀请,曾一同前往漳州考察。1922年访问中国的日本无政府主义者、世界语主义者山鹿泰始也加入了大同党。大同党俨然成为亚洲各民族国家反对西方殖民压迫的联合阵线。

除黄介民外,姚作宾、张民权②、张梦九、景梅九也是大同党的重要党员。姚作宾作为大同党核心人物,对外的身份更多是学联留日学生总会理事。1920年下半年,在李达因主编《共产党》月刊,事务繁多,卸去第二届学联临时主席一职之后,原先学联留日理事姚作宾再次进入学联理事会,并被选为理事长。有史料表明,1921年6月9日,姚作宾与朴镇淳、李东辉一起由海路赴欧洲再到莫斯科,参加共产国际"三大"。

朝鲜独立运动与无政府共产主义大同党黄介民等的关系,确非一般。同样,新生的苏维埃政权及共产国际为了打破西方列强的干涉与封锁,在实施东方战略前后,由于对东方民族国家的反压迫斗争也不太熟悉,工作上头绪较乱,派出的赴华代表只是在和东方国家的各种进步力量联络接触,大同党即其接触、发展的对象之一。国内外学者李丹阳、刘建一、权赫秀、③石川祯浩等对此多有研究。

黄介民的《三十七年游戏梦》佐证了部分说法。为了加强与新生苏俄的联系,大同党曾由党员"博达博夫先将△△△(大同党)历史郑重电知列宁政府,博达博夫亦定随机返俄策划",④同时拟派陈中孚、姚作宾、吕运亨等分途入俄。1920

---

① 黄志良整理:《三十七年游戏梦——黄介民回忆录》,中国社会科学院近代史研究所近代史资料编辑部编:《近代史资料(总122号)》,中国社会科学出版社2010年版,第181页。
② 又名张明权、张墨池。
③ 参见李丹阳《AB合作在中国个案研究》(《近代史研究》2002年第1期),李丹阳、刘建一《〈上海俄文生活报〉与布尔什维克早期在华活动》(《近代史研究》2003第2期),李丹阳《朝鲜人"巴克京春"来华组党述论》(《近代史研究》1992年第4期),权赫秀《关于朝鲜共产主义者支持中国共产党创建工作的若干史实》(《朝鲜韩国历史研究》第14辑)。
④ 黄志良整理:《三十七年游戏梦——黄介民回忆录》,《近代史资料(总122号)》,中国社会科学出版社2010年版,第182页。

年春夏,他不但与波塔波夫接触,还到北京与李大钊相见,"后守常复绍入……为大同同志,并介见凌霜、声白与俄友"。① 不久,黄介民又在北京与高一涵、李墨卿会晤。"并念同志周翔宇,因翔宇五四以来猛勇进行,时尚因公系天津狱中",黄遂"拟至天津下车探访,并与守常所绍某俄友晤商一切"。这个俄友应是北大布尔什维克教授柏列伟;周翔宇即周恩来。而黄介民之子黄道梁,在沪就读于俄国无政府共产主义者、世界语者斯托帕尼与上海陆式楷等开办于北四川路公益坊的新华学校。斯托帕尼还请陈独秀等早期马克思主义者到新华学校,一起宣讲共产主义,介绍苏俄情况。斯托帕尼本人也到渔阳里6号陈独秀、杨明斋开办的外国语学校讲课。至于陆式楷,应是大同党在上海的重要联络人。据1920年4—5月当局往来密报,"陈炯明在漳州刊发之日报,内有广告一段,凡抱过激主义欲入党者,开列姓名,邮寄上海邮局第一百零五号陆式楷查收,以便注册等语"。② 1920年4月11日,黄介民还与波塔波夫、斯托帕尼一起,参加全国各界联合会和学联总会召开的响应加拉罕第一次对华宣言的欢庆会,③会上提出组建"中日俄韩四国联合会"。4月底,作为大同党发起人和中华全国工业协会实际领导人的黄介民,在上海积极参与发起中国第一个"五一劳动节"纪念活动。参与这项活动的,在共产党方面(当时还没有建立)有陈独秀等,这说明大同党、国民党与早期共产党在活动方面有过联合与交集。由黄介民主持的第一次"五一节"纪念活动虽遭到上海中外当局的破坏而流产,但事后"仍以七工会名义公布对俄国劳农政府通告之答谢书"。④ 这也反映了1920年社会主义者联盟中无政府主义与共产主义合作的事实。

新中国建立后周恩来的报告也提及此事。1960年,他在《共产国际与中国共产党》报告中说:"1919年3月共产国际成立后,就派人到各国高谈访贤,做工作,他们不仅找了李大钊、陈独秀,还找过江亢虎、黄介民和戴季陶。"⑤

---

① 黄志良整理:《三十七年游戏梦——黄介民回忆录》,《近代史资料(总122号)》,中国社会科学出版社2010年版,第190页。
② 《外交部致内务部公函》(1920年4月14日),中国第二历史档案馆《中华民国史档案资料汇编第三辑·民众运动》,江苏古籍出版社1991年版,第532—533页。
③ 《过激派在沪活动之查禁——在沪组织中日俄韩四国联合会》,《新闻报》1920年5月5日。黄志良整理:《三十七年游戏梦——黄介民回忆录》,《近代史资料(总122号)》,中国社会科学出版社2010年版,第185页。
④ 黄志良整理:《三十七年游戏梦——黄介民回忆录》,《近代史资料(总122号)》,中国社会科学出版社2010年版,第187页。
⑤ 《周恩来选集》下卷,人民出版社1984年版,第303页。

俄共(布)西伯利亚局负责人维连斯基-西比利亚科夫1920年12月根据来华见闻写就的《中国共产党成立前夜》中,认为"大同党,它是社会党。但是,共产主义思想渐渐渗透到这个党内。参加这个组织的有中国人,有印度人"。"中国共产主义目前的任务,就是团结所有这些至今分散的力量,组成一个强大的中国共产党"。① 这说明,在中国共产党成立前,第三国际和苏俄的确为了贯彻共产国际"二大"精神,联系和支持过大同党。在支持中日无政府共产主义者和早期马克思主义者过程中,在沪大韩民国临时政府及朝鲜籍大同党人员因人脉、思想等关系,无疑起到了中介和帮助作用。

共产国际"认可"黄介民的"共产党",从情理上讲也是可理解的。身为共产国际执委的朴镇淳来沪,势必要与在沪高丽共产党及临时政府的人接触,而多数在沪韩人与黄介民等都是大同党党员,双方在民族主义上有共同的目标追求。由于大同党成立在中国共产党之前、党员众多、坚持民族主义立场等因素,维连斯基在《中国共产党成立前夜》中过高估计黄介民的大同党。

但是,学界过多批判大同党为"空头党",有失公允。从1920年各地不同程度存在的社会主义者同盟这一事实来看,无政府安那其主义确实一度与布尔什维克合作,即李丹阳所探讨的AB合作,虽最后走向破裂,但真正共产党至少曾借助过无政府主义者或其他所谓"社会主义"的舆论平台。

《三十七年游戏梦》中多次提到张国焘,有"曾在沪绍入张国焘"②入党一事。张国焘的北大校友刘清扬、康白情、许德珩、黄日葵、黄凌霜、区声白等都在1919年冬至1920年春,相继加入大同党。而他的思想导师李大钊早在1917年就加入了,且在1920年仍与黄介民有接触,并与黄日葵、孟寿椿三人同为"住京负责代表"。

密探关谦在1921年3—4月时有出席北京无政府党互助团和社会主义青年团的联合会议。如3月17日,他与陈廷璠、陈德荣、王伯时一起前往北大第二院,出席青年团会议,会议参加者在共产党方面有李大钊、罗章龙、何孟雄等。③

对于"五四"前后轰轰烈烈的学运,正如《中国共产党成立前夜》报告中所说,真理社、大同党在发展过程中,成为"学生运动所形成的纽带"。当然,救国团、学

---

① [苏]威廉斯基-西比利亚科夫:《中国共产党成立前夜》,《党史通讯》1986年第1期。
② 黄志良整理:《三十七年游戏梦——黄介民回忆录》,《近代史资料(总122号)》,中国社会科学出版社2010年版,第183、190页。
③ 《关谦关于北京社会主义青年团与无政府党互助团活动情形致王怀庆呈》(1921年3—4月),中国第二历史档案馆编:《中国无政府主义和中国社会党》,江苏人民出版社1981年版,第86页。

联总会、各界联合会、工业协会等团体并非由大同党发起成立,只能说由于学运领袖或从事媒体舆论工作的知识分子大多具有无政府共产主义的倾向,并在中共建立前加入了大同党,从而加重了大同党在这些团体中的分量。

这样,从留日学生总会到留日学生救国团,再到学联总会和各界联合会,可谓一脉相承,爱国进步学生起了主导作用。学生救国运动在各地勃然发展,并演变为政治斗争,甚至"推动了国民党"。当时的国民党和孙中山正处在第一次护法运动失败后的困顿中,孙中山经常在法租界寓所接见学生代表,并对学生作演讲。由国民党发起的全国各界工业协会正是在此背景下成立,具体负责的则是大同党人黄介民、早期共产党人张国焘等新老学运代表。

朝鲜在沪民族革命人士热衷于对日本搞爆炸、暗杀行动。1920年5月通过的临时政府施政方针"对敌"项中有组织国内外"敢死队"的计划。① 而如前有述,上海的救国团、学联、各界联合会与朝鲜在沪民族革命人士频频接触,热衷于各种集会与运动。早在1920年3月,各界联合会评议部通过了吕志伊提出的援助在沪韩人案,并发表《告国人书》。他们中一部分人认为暗杀也是实现无政府主义"大同"世界的途径之一。

当然,上述"学生运动所形成的纽带"既不限于此,更不停滞于此,以"南陈北李"为代表的真正马克思主义者日渐与无政府主义、改良主义等决裂,坚定信奉布尔什维克主义,并试图在"五四"以来的各种共产党"胚胎"团体之上结成新的、更坚实的纽带——中国共产党。

当时,中外当局把上述组织都归结为"过激主义""东方共产主义",并对其实施严密监视。如《警务日报》同样记录了许多关于陈独秀、李启汉、波波夫等中外共产党人、苏俄代表活动的监视情报。1921年1月26日记载:"中国官方严密监视共产主义者的活动情况。"②据韩罗以、吴贵芳编译《上海工部局警务日报(Police Daily Report)资料摘录(1921年1月至1924年12月)》记载,自1920年10月至1921年5月,工部局巡捕房政治处对新渔阳里6号的监视情报有11

---

① 《大韩民国临时政府施政方针(1920年5月)》,上海市政协文史资料委员会、上海大韩民国临时政府旧址管理处合编:《大韩民国临时政府在上海》(《上海文史资料选辑》第86辑)。在日本外务省外交史料馆馆藏1921年机密第102号档案《上海法租界发生爆炸事件汇报》中,日本驻上海总领事山崎馨一向外务大臣报告了在沪朝鲜人参与的"客月二十四日当地佛租界爆炸事件"。
② 韩罗以、吴贵芳编译:《上海工部局警务日报(Police Daily Report)资料摘录(1921年1月至1924年12月)》,《上海革命史资料与研究》第6辑,上海古籍出版社2006年版,第675页。

个。至于北京政府的档案史料方面,除了前文提到的之外,6月8日,何丰林给北京内务部的密电中提到,"查得宋春舫由欧回国未久,仍住公共租界蔓盤路十九号原址,此人确有激党关系,与陈独秀联络进行,现担任由新剧入手,传播过激主义,预备召集失学青年在沪组织社会新剧社,不日将亲往广州与陈独秀面商社务等"。① 又据日本驻奉天总领事馆截获的情报,1921年上半年远东共和国外交部长优林给苏俄的报告中甚至提及"维经斯基被逮捕,此事说明我国的诸多事情不可与中国政府共商实行"的事情。② 限于篇幅,此处不再详述。

总之,"过激主义""东方共产主义"把法租界作为活动根据地、大本营,活动频繁,苗头日显。正如8月1日《法捕房取缔各团体开会》所说"其故乃因主张太激之人近屡在租界开会"。③ 正是基于防范"过激主义""东方共产主义",法租界当局根据各类秘密情报,"及时"出台了《新章》。

所以,巡捕突闯中共"一大"会场之后《新章》的随即出台,不一定是针对中共"一大",但显然是针对法租界日益活跃的"激进主义""东方共产主义",目的就是抑制其在界内的发展。一个看似偶然的事件,蕴含了中外当局扼制进步力量的必然性。

最后,一切的真相或许还尘封于某个角落的档案之中。

(执笔人 陈水林 方福祥)

---

① 中国第二历史档案馆藏,全宗号:一〇〇一(2),案卷号:1152。
② 《优林致劳农政府的报告书摘要》《政治与社会生活:优林致劳农政府报告书摘要》(没有明确的日期,估计时间为1921年春夏),收录于1921年10月7日《关于过激派远东宣传事宜》,日本外务省外交史料馆藏。这里的中国政府应指北京政府,但维经斯基第二次来华被捕的地点、时间、经过不详。可能是在进入中国东北时被捕,而优林的报告书又让当时日本驻奉天总领事馆截获。维经斯基被捕之事,史界从未涉及,应是俄国学者石克强整理《俄罗斯新发现的有关中共建党的文件》(李玉贞译,《百年潮》2001年第12期)所说的"格里戈里同志(笔者按:维经斯基的化名)带着文件和今后工作的经费,他遇到了麻烦",没有完成其使命。之后,才有处事风格与维经斯基迥然不同的年轻情报人员尼克尔斯基来华建党,并出色完成了使命。
③ 《法捕房取缔各团体开会》,《新闻报》1921年8月1日。

陈独秀与中国共产党的创立

郭绪印

一、五四运动时期的总司令

欧洲从文艺复兴提倡人文主义开始,经历了400年,而在半殖民地半封建社会的中国,这一漫长的思想演变过程,只经历了一代人就完成了。陈独秀为这一过程的典型代表人物。他由资产阶级改良派到资产阶级民主派再到无产阶级革命派(共产派),只经历了20多年。辛亥革命缺乏思想文化领域的启蒙,它不是靠民主共和思想发动起来的,而是靠"反满"的意识发动起来的,所以辛亥革命作为资产阶级民主革命,存在先天不足。其根本原因是中国资本主义经济的发展很不充分。陈独秀主办《新青年》大力宣传民主与科学,是为辛亥革命补课。中国是个封建专制势力根深蒂固的国度,辛亥革命仅推翻了封建帝制,没有扫除封建专制的传统思想,特别是没有触动封建专制的伦理道德。封建传统思想,特别是伦理道德,成为传播新思想的严重阻碍。陈独秀从1915年创办《新青年》起,就开始倡导新文化运动,高举起"民主"和"科学"两面大旗,在宣传新思想的同时,猛烈抨击专制的传统意识形态,特别是儒家的伦理道德。1918年12月,陈独秀和李大钊等创办了《每周评论》,该刊在五四爱国运动中起到了指导作用。他和李大钊以《新青年》《每周评论》和北京大学为阵地,提倡新思想、新文化、新道德,介绍西方的先进文化思想,对中国人民的思想解放起了启蒙作用。他被称为当时思想界的明星、新文化运动的主将。毛泽东曾经说:陈独秀"是五四运动时期的总司令,整个运动实际上是他领导的……五四运动,替中国共产党准备了干部。那个时候有《新青年》杂志,是陈独秀主编的,被这个杂志和五四运动惊醒起来的人,后来有一部分进了共产党。这些人受陈独秀和他周围一群人的影响很大。可以说是由他们集合,这才成立了党"①。

还在五四运动前夕,陈独秀即在《每周评论》上指出"巴黎和会"的"分赃会议"性质,这对五四运动是最初的启发。五四运动爆发后,陈独秀和李大钊以《每周评论》这一宣传阵地,支持学生的斗争,开辟"山东问题"专栏,指导运动的发展。陈独秀在《每周评论》上发表了7篇文章和33篇《随感录》,都对运动起了指导作用。

但是西方资本主义救国救民的方案越来越暴露出它的弊端。正在这时,俄国十月革命胜利的消息传到中国,社会主义的先进性使中国先进分子包括陈独秀,受到启发和鼓舞。尤其是苏俄政府于1919、1920年两次发布对华宣言,废除历届俄国政府对华签订的不平等条约,包括占领中国的领土、在中国的租界和领事裁判权等一律废除,这使中国知识分了受到极大的振奋。《全国报界联合会致苏俄政府电》《全国学生联合会致苏俄政府电》《全国各界联合会致苏俄政府电》高呼:"从此旧式政治家、资本家之迷梦无由实现,而公正有力之声浪,迷漫世界,则各国人民群起打破国家的、种族的、阶级的差别之期不远矣。"②

陈独秀逐步从宣传西方文化思想启蒙转向接受和宣传马克思主义。他紧随李大钊之后,利用《每周评论》积极宣传社会主义思想。

1919年6月11日晚,陈独秀因散发《北京市民宣言》被捕。坐牢3个多月后出狱,思想觉悟进一步提高,他在《国民》杂志成立周年大会上的讲话中指出,国民不仅在五四运动中具有普遍的"爱国心之觉悟",还应提高到认识政治不良之觉悟以及认识社会组织不良之觉悟。这反映出陈独秀已经开始了必须变革政治与社会组织的宣传。在批评旧文化、旧道德,宣传新文化、新道德的前提下,陈独秀开始宣传马克思主义。俄国十月革命后,陈独秀主办的《新青年》就刊载了李大钊宣传马克思主义的文章。"五四"前夕,陈独秀在《二十世纪俄罗斯的革命》一文中,即指出了十月革命是"人类社会变动和进化的大关键"③。1919年末至1920年初,陈独秀从爱国的民主主义者转变成为早期的马克思主义者。转变

---

① 《七大工作方针》(1945年4月21日),《人民日报》1981年7月17日。
② 中共中央党史研究室第一研究部编:《共产国际联共(布)与中国革命文献资料选辑(1917—1925)》(下),北京图书馆出版社1997年版,第82—83页。
③ 任建树等编:《陈独秀著作选》第1卷,上海人民出版社1984年版,第525页。

的主要标志是他这时发表的一系列文章,对阶级斗争,特别是对无产阶级专政有了基本的认识。陈独秀于1920年9月发表在《新青年》第8卷第1号上的《谈政治》一文标志着他由激进的民主主义者转变为早期的马克思主义者。他在文章中指出:历史上各种类型的国家,都是有产阶级的国家,"这种国家的政治法律,都是掠夺的工具"。"少数游惰的消费的资产阶级,利用国家、政治、法律等机关,把多数极苦的生产的劳动阶级压在资本势力底下,当作牛马机器还不如。要扫除这种不平、这种痛苦,只有被压迫的生产的劳动阶级自己造成新的强力,自己站在国家地位,利用政治、法律等机关,把那压迫的资产阶级完全征服,然后才可望将财产私有,工银劳动等制度废去,将过于不平等的经济状况除去。"①

五四运动为中国共产党的诞生准备了思想条件和干部条件。五四运动中除了马克思主义思想得以传播,工人阶级走上政治舞台外,所涌现出来的一大批先进的知识分子,为党的成立准备了干部条件,陈独秀在为党的成立准备干部条件方面作用最大。1920年2月,李大钊护送陈独秀由北京到天津时,"途中则计划组织中国共产党事"②。这也正是"南陈北李相约建党"。在共产国际的代表来华之前,陈独秀和李大钊已经酝酿建党事宜了。

陈独秀到上海后,一面联络"五四"期间有影响的、宣传社会主义思想的或有志于为共产主义事业奋斗的知识分子,作为组织政党的对象;另一面开始到工人群众中宣传马克思主义,这是他从事建党活动最关键的步骤。陈独秀在回忆组织中国共产党的背景时曾说:"前半期即'五四'以前的运动,专在知识分子方面,后半期,乃转向工农劳动人民方面。盖以大战后,世界革命大势及国内状况所明示,使予不得不有此转变也。"又说:"工农劳苦人民一般的斗争与中国民族解放的斗争,势已合流并进,而不可分离。此即予于'五四'运动以后开始组织中国共产党之原因也。"③这里说明了他从本来联系知识分子到"五四"后转向了联系工农劳动人民,并反映出他认识到反帝和反封建的斗争,工农劳动人民是主要力量,革命是离不开工农群众的。

---

① 《谈政治》,《新青年》第8卷第1号,1920年9月1日。
② 高一涵:《李守常先生事略》,《民国日报》1927年5月24日。
③ 任建树等编:《陈独秀著作选》第3卷,上海人民出版社1993年版,第315、316页。

二、向工人阶级队伍宣传马列主义

当时,首要的任务是将马克思主义和工人运动相结合。马克思主义是共产党的思想基础,工人阶级是共产党的阶级基础,两者结合才能发挥出改造社会的物质力量。但是,工人阶级不会自发地产生马克思主义,必须靠革命知识分子将马克思主义向工人中灌输、传播。陈独秀主要从两个方面向工人队伍传播马克思主义:一方面是办起《劳动界》《伙友》等工人刊物,向工人宣传马克思主义;另一方面是直接到工人中宣传马克思主义。在启发工人觉悟的基础上着手组织工会。1920年3月,陈独秀决定将5月1日出版的《新青年》第7卷第6号编辑成劳动节纪念号,该专刊发表了28篇文章,反映了各地工人的状况,并介绍了各国劳动组织和工人运动的状况。这个纪念号,体现了马克思主义和工人运动相结合的精神,也是陈独秀由激进的民主主义者转变为早期的社会主义者的重要表现。1920年4月2日,陈独秀在上海码头工人发起的"船务栈房工界联合会"成立大会上,发表了《劳动者底觉悟》的演说,高度评价工人阶级在社会中的重要地位,称赞"社会上各项人只有做工的是台柱子……只有做工的人最有用,最贵重"。[1] 他指出,劳动运动的第一步要求改善待遇,第二步要求管理权。他主张将自古以来的"劳心者治人,劳力者治于人"的一贯说法倒转过来。[2] 他除了亲自到工人中调查研究之外,还约请北京大学的进步学生和各地的革命青年到工人中进行调查,了解工人的生活、工作状况,这正是为建立组织培养干部。1920年5月1日,陈独秀发表《上海厚生纱厂湖南女工问题》的文章,揭露了资本家对女工残酷的剥削压迫,他初步认识并宣传了马克思的剩余价值理论。

1920年4月中旬,陈独秀联合中华工业协会、中华工会总会、电器工业联合会、船务栈房工界联合会、药业友谊联合会等七个工界团体筹备召开"世界劳动节纪念大会"。陈独秀被推举为筹备会顾问,在大会上作了《劳工要旨》的演讲。上海各业工人5 000多人,在陈独秀指导下于5月1日举行集会,提出"劳工万岁"等口号,通过了《上海工人宣言》。这期间,陈独秀还办了《劳动界》《伙友》等工人刊物。仅1920年,陈独秀在工人刊物上发表的关于工人运动的文章就有约

---

[1] 任建树等编:《陈独秀著作选》第2卷,上海人民出版社1993年版,第135页。
[2] 《陈独秀著作选》第2卷,第136页。

20篇。这些文章的主要内容是：宣传工人的重要社会地位；宣传剩余价值学说，揭示资本主义剥削的秘密；宣传工人阶级的历史使命；批判反对工人权利的错误言论；揭露假工会，号召工人组织自己的工会。

目前有关党成立的具体情况，众说纷纭，莫衷一是，但共同认为中国共产党"于1920年就正式成立了"，也都认为建党过程中陈独秀作用最突出。1920年，是中国工人阶级由自在的阶级向自为的阶级转变的一年，在这转变的进程中，陈独秀所发挥的宣传和组织作用是其他人所无法比拟的。

三、领导建立共产党的早期组织

1920年4月，俄共（布）远东局派遣维经斯基率代表团来华，代表团成员有他妻子库兹涅佐娃、杨明斋（翻译）、季托夫、朝鲜社会活动家谢列布里亚科夫。维经斯基化名伍廷康，为俄共党员。杨明斋是山东平度县人，早年赴俄打工，十月革命后参加俄共。维经斯基一行于4月抵达北京，通过在北京大学任教的两位俄籍教授首先结识了中国马克思主义先驱李大钊，就准备帮助中国建立共产党问题和李大钊多次恳切交谈。李大钊在北京大学发起组织马克思学说研究会，后介绍维经斯基等人"到上海去见陈独秀，要陈独秀建党"。① 维经斯基到达上海后，首先会见陈独秀，又由陈介绍会见了当时《星期评论》编辑成员，以及研究系的报纸《时事新报》的负责人，他们举行了多次会谈，参加座谈的还有李达、陈望道、俞秀松等。大家"反复地谈，越谈越觉得有组织中国共产党的必要"。5月间便组织了一个秘密团体——（上海的）马克思主义研究会。研究会的负责人是陈独秀，会员有沈雁冰、李达、李汉俊、陈望道、邵力子等。② 上海和北京两地的马克思主义研究会，都成为共产党早期组织的前身。陈独秀在开始建党时，首先和李大钊联系，关于党的名称，李大钊写信给陈独秀说，共产国际的意思是"就叫共产党"。③ 陈独秀采纳了这个意见。

1920年6月，"陈独秀、俞秀松、李汉俊、施存统、陈公培五人开会，筹备成立共产党，选举陈独秀为书记"，并起草党纲十余条，明确提出"用劳农专政和生产

---

① 张申府：《建党初期的一些情况》（1979年9月17日），《"一大"前后》（二），第220页。
② 陈望道：《回忆党成立时期的一些情况》（1956年6月17日），《"一大"前后》（二），第20页。
③ 张申府：《建党初期的一些情况》，《"一大"前后》（二），第220、221页。

合作为革命手段"。① 7月19日,又举行筹备会,"会上陈独秀、李汉俊、沈玄庐坚决赞成建立中国共产党"。② 8月,中国共产党在上海发起组成立,"这时的发起人,一共是8人,即陈独秀、李汉俊、沈玄庐、陈望道、俞秀松、施存统(时在日本)、杨明斋和李达"。每次开会时,维经斯基都参加。开会地址在老渔阳里2号。上海发起组会议"首次决议推陈独秀担任书记,函约各地社会主义分子组织支部"。③ 8月底,张国焘由沪返京,陈独秀要他将上海的建党情况转告李大钊,上海小组将担负苏、皖、浙等省的组织和发展,希望李大钊先组织北京小组,再向山东、山西、河南等省发展。李大钊完全同意上海方面的意见,认为切合实际,"在北京可以依照着发动起来"。④ 从此,"南陈北李"共同依照了俄共模式携手创建中国共产党。这时,远在法国勤工俭学的新民学会会员,也在酝酿建立无产阶级政党问题。⑤ 毛泽东写信给蔡和森,告诉他陈独秀已在组织无产阶级政党了。⑥

山东的王乐平向陈独秀推荐了王尽美、邓恩铭等人组党,广州有陈公博组党,法国有张申府组党,日本有施存统组党,长沙有毛泽东组党,武汉有刘伯垂组党。上海的党组织事实上是个总部,各地党组织事实上是支部。⑦

中国共产党上海发起组于11月制定了《中国共产党宣言》,规定了共产主义者的理想是废除生产资料私有制,消灭阶级。为了实现这一伟大的目标,工农必须夺取政权,建立无产阶级专政,镇压资产阶级,建设共产主义。并以此为发展党员之标准。⑧

在建党过程中,虽然共产国际派人前来帮助和支持,但陈独秀强调:"要靠中国人自己组织党,中国革命靠中国人自己干,要一面工作,一面革命。"⑨ 为了建设党的后备力量,陈独秀等人又发起建立了社会主义青年团组织,由俞秀松任书记。为了输送干部到苏联留学,在维经斯基支持下,陈独秀创办了外国语学社,由杨明斋任校长。

---

① 施复亮:《中国共产党成立时期的几个问题》,《"一大"前后》(二),第35、36页。
② 任建树:《陈独秀大传》,上海人民出版社2012年版,第171页。
③ 《李达自传》,《党史研究资料》第2辑,四川人民出版社1981年版,第2页。
④ 张国焘:《我的回忆》第1卷,东方出版社1991年版,第104页。
⑤ 张允侯等:《五四时期的社团(一)》,生活·读书·新知三联书店1979年版,第27、28页。
⑥ 《毛泽东书信选集》,人民出版社1983年版,第15页。
⑦ 《李达自传》,《党史研究资料》第2辑,四川人民出版社1981年版,第2页。
⑧ 中央档案馆编:《中国共产党第一次代表大会档案资料(增订本)》,人民出版社1982年版,第1页。
⑨ 《包惠僧回忆》,《"一大"前后》(二),第389页。

四、批判反对建立共产党的资产阶级言论

1920年下半年和1921年上半年,马克思主义在中国的传播和中共上海发起组的成立,受到了来自资产阶级和小资产阶级代言人的干扰和反对。资产阶级妄想把中国拉向资本主义道路,小资产阶级则竭力宣扬无政府主义,不要任何纪律的绝对自由。这两种主张都是反对无产阶级专政学说的。以陈独秀为首的中共上海发起组对这两种反马克思主义的言论,展开了激烈的批判。中共上海发起组,以及北京和旅法共产党小组,都投入了批判。其规模之大、影响之深、持续之久,都是空前的。

当时张东荪发表的文章成为走资本主义道路的代表作,张东荪借当时来中国到处演讲的罗素的声望,大肆宣扬资本主义道路。1920年12月1日出版的《新青年》第8卷第4号汇集了张东荪等人的文章和陈望道等人的反驳文章,以及陈独秀与张东荪来往的信件,共13篇,以"关于社会主义的讨论"为总标题,发表出来供大家明辨是非。张东荪于辩论开始后发表了《现在与将来》一文,[①]不久梁启超发表了《复张东荪书论社会主义运动》。[②] 这两篇文章是反马克思主义的代表作,其基本观点是发展资本主义,主张劳资合作,否认共产党成立的必要性,反对社会主义道路。他们认为中国"缺少真正的劳动者",[③]他们把所宣扬的资本主义道路,戴上社会主义面具,称为"基尔特社会主义"。

中国共产党发起组成员,纷纷撰文和张、梁展开辩论,文章大都发表在《新青年》和《共产党》杂志上。陈独秀当时的观点主要可归纳为以下几点:资本主义制度不能解决中国人民的贫困;劳动者联合起来进行革命,才能保全中国的独立;必须坚持社会主义方向。

陈独秀在这场批判反对社会主义道路的言论中,还批判了反对暴力夺取政权的"议会道路"。他指出:"他们不主张革那资产阶级据以造作罪恶的国家、政治、法律的命,他们仍主张议会主义,取竞争选举的手段,加入(就是投降)资产阶级据以作恶的政府、国会,想利用资产阶级据以作恶的政治、法律,来施行社会主

---

① 《改造》第3卷第4号,1920年12月15日。
② 《改造》第6号,1921年2月15日。
③ 《关于社会主义的讨论》,《新青年》第8卷第4号。

义的政策；结果不但主义不能施行，而且和资产阶级同化了。"又说："这是与虎谋皮为虎所噬还要来替虎噬人的方法。"又指出："我敢说若不经过阶级战争，若不经过劳动阶级占领权力阶级地位底时代，德谟克拉西必然永远是资产阶级底专有物，也就是资产阶级永远以把持政权抵制劳动阶级底利器。"① 可见陈独秀在共产党建立前后，就主张无产阶级以暴力革命夺取政权的。他明确反对议会道路，这种主张是切合中国国情的。

在这场辩论中，参加对张东荪、梁启超批判的除陈独秀、李达外，还有李大钊、李汉俊以及旅法的蔡和森、旅日的施存统等人。以陈独秀为代表的中共发起组成员坚持了社会主义的方向和马克思主义的普遍原理，但还不善于把马克思主义的一般原理和中国国情相结合提出具体的革命方略和步骤。他们忽视了占中国人口绝大多数的农民群众与封建地主阶级之间的矛盾，也未能认识到半封建半殖民地的中国资产阶级既有剥削压迫劳动人民的一面，又有在一定程度上、一定条件下反帝反封建的一面。并且他们夸大了中国无产阶级的力量和中国资本主义发展的程度，认为中国马上就可以进行社会主义革命了。直到抗日战争时期，陈独秀才认识到中国还应当允许资本主义经济发展，还不能马上进行社会主义革命。他接受了毛泽东的先实行新民主主义，然后再进行社会主义革命的思想，但这时他已经被开除出党了。

五、批判无政府主义

无政府主义是一种小资产阶级的社会思潮，其流派不一，都主张无政府、无国家，反对剥削，废除私有制，个人绝对自由。20世纪初期无政府主义传到中国。中国是小资产阶级如汪洋大海的国家，很容易接受无政府主义思想。无政府主义组成了许多小团体，出版了许多刊物，其主持人和撰稿人主要是北京大学学生，其中影响较大的有《民声》（1916年4月出版）、《自由录》（1917年实社出版）。1919年1月，有四个无政府主义小团体，即民生社、实社、群社、平社。四社合并成为进化社，出版《进化月刊》，大肆宣传无政府主义。无政府主义传入中国初期，曾有过反对中国专制主义和中国传统伦理道德的积极作用。共产党建

---

① 《谈政治》，《新青年》第8卷第1号，1920年9月1日。

立过程中,无政府主义者曾鱼目混珠,混入马克思主义队伍,曾是早期共产主义者的同路人,但是,当马克思主义在中国深入传播时,无政府主义狂妄地攻击马克思主义的无产阶级专政学说。无政府主义的代表人物黄凌霜于 1919 年 5 月出版的《新青年》第 5 卷第 5 号上发表《马克思主义批评》,诬蔑苏俄的无产阶级专政"无非建立私权,保护少数特殊幸福的机关",攻击社会主义的按劳分配原则是强者享"最高幸福",弱者将"不能生活",他们主张去除一切强权,不要任何专政。马克思主义则认为:"阶级斗争必然要导致无产阶级专政","这个专政不过是达到消灭一切阶级和进入无阶级社会的过渡"。①

随着形势的发展,无政府主义的破坏作用越来越突出。陈独秀在批判各种反马克思主义思潮的同时,发表《谈政治》②等文章着重批判了无政府主义,阐述了马克思主义的无产阶级专政学说。陈独秀指出了无产阶级专政的必然性和必要性,他在《谈政治》中说:"我以为强权所以可恶,是因为有人拿他来拥护强者、无道者,压迫弱者与正义。若是倒过来,拿他来救护弱者与正义,排除强者与无道,就不见得可恶了。"无政府主义反对一切强权,本质上是大力帮助资产阶级的。

这期间,中共发起组成员,群起投入批判无政府主义的战斗,《共产党》月刊从第 1 号到第 5 号发表的《短言》,李达写的《社会主义的商榷》《无政府主义的解剖》,李大钊在《少年中国》发表的《自由与秩序》,蔡和森在法国为《新青年》写的《马克思学说与中国无产阶级》等,都深刻地批判了无政府主义,产生了广泛的社会影响。

六、重建广州共产党

在中共上海发起组联络和促进下,谭平山等人为了在广东发展党组织,首先建立了社会主义青年团,并于 1920 年下半年创办了《广东群报》,宣传社会主义思想。但广州是无政府主义思潮的集中地区。9 月间,米诺尔和别斯林这两位俄国人来到广州,他们一来到广州就被无政府主义者包围了。他们帮助组织起无政府主义的"共产党",在广州建立了俄国通讯社,并为无政府主义者提供经

---

① 转引自任建树:《陈独秀大传》,上海人民出版社 2012 年版,第 182 页。
② 《新青年》第 8 卷第 1 号。

费。1920年10月,《劳动者》周刊出版,宣传无政府主义观点。1920年12月底,陈独秀来到广州,情况马上发生变化。陈独秀是应陈炯明邀请出任广东省教育委员会委员长(相当省教育厅长)而到达广州的。陈独秀曾立志大力进行教育革命,他认为改造教育和改造社会是相联系的。但他到达广州后,在大力进行教育改革的同时,也和广州的无政府主义者展开了斗争。他于1921年1月19日,在广州公立法政学校演讲《社会主义批评》,纵论各派社会主义学说。他认为"只有俄国底共产党在名义上,在实质上,都真是马格斯主义"。他指出:无政府主义者所宣扬的个人或小团体的"绝对自由",对社会的政治经济是行不通的,"完全不适用"的。"无政府主义要保护个人的绝对自由,不许少数压多数,也不许多数压少数,九十九人赞成,一人反对也不能执行,试问数千数万人的工厂,事事怎么可以人人同意,岂不糟极了么?……无政府主义者用这种没有强制力的自由联合来应付最复杂的近代经济问题,试问怎能使中国底农业工业成为社会化?"①

无政府主义的代表人物区声白和陈独秀展开了激烈地辩论。二者争论的焦点是区声白宣扬"绝对自由",陈独秀坚决主张"民主集中制"。区声白主张:"每逢办一件事,都要得人人同意。如果一个团体内,有两派意见,赞成的就可执行,反对的就可退出。赞成的既不能强迫反对的一定做出,反对的也不能阻碍赞成的执行,这岂不是自由吗?"陈独秀反驳说:假定"两派的意见绝对不同而两派都不肯退出",该怎么办?"我们的社会乃由许多生产团体结合而成","社会内意见不同的分子或一团体,有何方法可以自由退出?"②陈独秀指出:一团体的意见无法一致,而又不能分裂时,"不得已只有少数服从多数的办法"。

和张东荪等人论战的关键问题是要回答,中国是否需要创立共产党?同无政府主义者的论战的关键是建立什么性质的共产党问题,是按照民主集中制原则建立共产党,还是建立一个绝对自由的无政府党呢?论战使更多的先进分子认识到,共产党的性质是无产阶级的先锋队,目标是夺取政权,建立无产阶级专政,然后建设社会主义,逐步消灭私有制,消灭阶级,最终实现共产主义社会。

陈独秀要建立真正的共产党,与广州的无政府主义者不得不展开激烈论争。

---

① 《新青年》第9卷第3号,1921年7月1日。
② 《广东群报》1921年7月27日。转引自任建树:《陈独秀大传》,上海人民出版社2012年版,第185页。

广东一批年轻人联合北京的无政府主义者,猛烈攻击陈独秀。陈独秀要求这些年轻人必须放弃无政府主义观点,否则就不能参加共产党,结果他们只能和陈独秀分道扬镳,两位俄国人也停止了和无政府主义者的联系,并停止供给经费。1921年春,在陈独秀直接领导下,广东抛弃了无政府主义的共产党,重新成立了马克思主义的中共党组织,这个组织旗帜鲜明地奉行无产阶级专政学说。

七、陈独秀未参加中共"一大"但被推举为书记

1921年7月中共在上海召开"一大",陈独秀因在广东,未能来沪主持,但早在2月他便将起草的党章草案寄到上海,这个草案"主张党的组织采中央集权制"。李汉俊反对中央集权制,主张地方分权,中央是个有职无权的机关。"陈独秀看到李汉俊这个草案大发雷霆"。① 他接到李达的信后又提出四点意见,由陈公博带到上海:"一曰培植党员,二曰民权主义之指导,三曰纪律,四曰慎重进行征服群众政权问题。"②意思是发展教育党员,实行民主集中制的组织原则,重视组织纪律,争取群众夺取政权。

中国共产党的"一大"是1921年7月23日至8月1日,③在上海法租界贝勒路树德里3号(现为兴业路76号)李汉俊之兄李书城的家中举行的。出席大会的代表有:武汉小组的董必武、陈潭秋,长沙小组的毛泽东、何叔衡,上海小组的李达、李汉俊,广州小组的陈公博,济南小组的王尽美、邓恩铭,北京小组的张国焘、刘仁静,旅日小组的周佛海,另有包惠僧,是陈独秀派来的代表,共13人,代表全国50多位党员。此外还有共产国际代表马林、尼克尔斯基。张国焘主持会议。

党的"一大"召开过程中,曾有租界的密探钻了进来,而后转移会场至嘉兴南湖的游船上。

大会讨论了《中国共产党第一个纲领》和《中国共产党第一个决议》④,选出

---

① 《"一大"前后》(二),第9页。
② 张国焘:《我的回忆》第1卷,东方出版社1991年版,第136页。
③ 中共"一大"开会日期的另一说法是7月23日至8月5日,见:《共产国际联共(布)与中国革命文献资料选辑(1917—1925)》(下),北京图书馆出版社1997年版,第219页。
④ 中共"一大"会址纪念馆、上海革命历史博物馆筹备处编:《上海革命史资料与研究》第6辑,上海古籍出版社2006年版。

中央局三位成员,陈独秀任中央局书记,李达任宣传主任,张国焘任组织主任。陈独秀被推举为中央局书记绝非偶然,这是由于他倡导新文化运动,宣传马克思主义,宣传社会主义思想很突出,到工人中进行革命活动,首先成立了上海的早期党组织作为发起组,以及联络发动各地的建党活动,批判各种反马克思主义思想等,从事了多项建党工作。在创立党的工作上,陈独秀的表现是非常突出的。

党的第一次代表大会的党纲,确定以实现社会主义、共产主义为党的根本目的。这是对中国革命认识上的具有划时代意义的飞跃。

这份党纲草案有其历史局限性,认为当时就要实现社会主义的任务,还没有认识到中国革命必须分两步走等问题。但是,它有其深远的意义,例如提出的党的中央集权制、民主集中制等,一直影响到党长远的组织建设和思想建设,也成为以后毛泽东思想形成的资源之一。

(作者单位　上海师范大学)

陈独秀与中国共产党在上海的创建

徐光寿

本文旨在根据解密档案资料和现有学术成果,厘清陈独秀1920—1922年居住在上海法租界环龙路老渔阳里2号(今南昌路100弄2号)的历史踪迹,梳理陈独秀在这个被誉为"中国共产主义运动先驱的落脚地""中国共产党孕育期和哺乳期的所在地"期间的言论和行动,重点探究陈独秀以此为居住和工作地点,大力宣传马克思主义、迅速向马克思主义者转变、推动中国工人运动发展、创建中国共产党并领导中共中央早期工作的若干重要史实,叙述一座普通私宅与一桩建党伟业的传奇佳话。

一、入住柏公馆——老渔阳里2号

20世纪20年代,上海法租界有条名为渔阳里的南北走向的旧式里弄,一段朝向环龙路(今南昌路),称老渔阳里,另一段通向霞飞路(今淮海中路),叫新渔阳里。老渔阳里建于1912至1936年,内有砖木结构两层石库门楼房八幢,其中的2号坐北朝内,为二层砖木结构的旧式石库门住宅,原为辛亥革命时期安徽都督柏文蔚的私宅,人称"柏公馆"。

柏公馆内部结构是怎样的呢?改革开放以来,著名学者、上海社会科学院历史研究所任建树先生曾多次亲临老渔阳里2号,他在其1989年出版的中国大陆第一部陈独秀传记《陈独秀传(上)——从秀才到总书记》著作中写道:"老渔阳里2号是老式石库门房子(因大门用三根长石条搭成而得此名),砖木结构,二层楼房,进大门有天井,中间是客堂,陈设沙发四只、椅子数把,壁间挂大理石嵌屏四幅。客堂后有小天井,再后是灶间,有后门通向弄堂。客堂的左边是前、后、中三个厢房。楼上,前面是统厢房,即陈独秀的卧室兼书房,室内陈设有写字台、转椅、大钢床、皮沙发、茶几、缝纫机等。厢房的隔壁是客堂楼,后有晒台。全部建筑面积约140多平方米。这就是陈独秀在上海的新住处,也是《新青年》的编辑部所在地和中国共产党发起组的诞生地。"①

柏公馆舍内陈设又是怎样的呢?据中共"一大"前后曾在此地逗留一年之久的包惠僧1954年回忆:"楼下的堂屋是堆满了《新青年》杂志和新青年社出版的丛书,统厢房前半间有一张假红木的八仙桌,有几把椅子,也有几张凳子,没有什么红木家具。楼上的统厢房是陈独秀夫妇的卧室,统楼是陈独秀的书房,书柜书架,堆满了书,排列在东北二方,靠南的窗下有张写字台,写字台的两边都有椅子,另有一方靠壁有张小圆桌,圆桌靠壁的南北各有椅子一张,我记得家具都是很普通的,并不是什么红木家具,不过照乡下人看起来,说是假红木的家具也可以。陈独秀夫妇的卧室在当时的眼光看起来算是很漂亮,有铜床、有沙发、有梳妆台、有写字台,壁上还挂了几张精致的字画。"②

柏公馆何以成为陈独秀的住所?这要从柏、陈二人的历史交往和革命友谊说起。

陈独秀是安徽安庆人,柏文蔚是安徽寿县人。辛亥革命大潮将安徽南北两地的陈、柏二人联系起来。柏虽年长陈一岁,但1903年5月曾以安徽大学堂学生的身份听取留日学生陈独秀在安庆爱国会的拒俄演说并因此而被开除学籍,陈亦因此遭到通缉亡命日本。1904年陈独秀在安徽芜湖组建反清革命团体岳王会,自任总会长,成为安徽地区资产阶级革命领袖。柏、陈二人不仅是安徽公学的同事,又是岳王会的战友,但陈是柏的上级,二人相约于1905年暑期前往柏的家乡寿县联络革命同志以壮大革命力量。柏后来成为岳王会南京分部会长,并率南京分部成员集体加入中国同盟会从而转入革命的主流,而陈则因种种原因终未加入。③ 这虽导致了二人后来不同的人生走向,但其革命友谊已然形成。

随着资产阶级革命形势的发展,柏、陈二人的革命友谊不断加深。1911年

---

① 任建树:《陈独秀传(上)——从秀才到总书记》,上海人民出版社1989年版,第178页。
② 包惠僧:《勘察上海革命历史博物馆的几点意见和几点回忆》(1954年3月17日)。
③ 沈寂:《辛亥革命时期的岳王会》,《历史研究》1979年第10期。

武昌起义爆发后,安徽于11月8日宣布光复。首任都督朱家宝治皖无方,革命党人孙毓筠取而代之,并邀陈独秀为都督府秘书长。但孙出身淮上名门,原为纨绔子弟,留日期间倾向革命,曾捐私产10多万充作革命经费而获同盟会领袖的信赖。辛亥革命失败后,孙即脱离同盟会并离开安徽北上投靠袁世凯,时任南京临时政府第一军军长柏文蔚奉命接任安徽都督兼民政长。柏以陈独秀"学识优长,宗旨纯一",任命其为都督府秘书长,并视为心腹,对陈言听计从,十分信任。在柏的支持下,陈大刀阔斧整顿弊政,"治皖有功"。二人合作默契,曾有"武有柏,文有陈"之谓。当袁世凯倒行逆施,孙中山发动"二次革命"时,二人迅即响应,宣布安徽独立,组织讨袁军。陈为此不仅以第一名要犯之身遭到北洋政府通缉,被迫逃亡上海,而且惨遭袁世凯爪牙倪嗣冲抄家,殃及子侄;还曾被首鼠两端的驻军首领龚振鹏扣押,险些丧命。历经此难,这对曾经志同道合的老友关系自然非同一般。

此次亡命上海,陈独秀仍然居无定所,随即第五次亦即最后一次奔赴日本,进入雅典娜法语学校刻苦学习法语,同时襄助章士钊编辑《甲寅》杂志,结识了三个以后对他的人生有深刻影响的朋友:李大钊、吴虞、易白沙。1915年6月20日,陈独秀从日本再返上海,其皖籍老友、亚东图书馆老板汪孟邹为他洗尘。陈独秀接上病中的妻子高君曼和两个年幼的儿女,一家四口租住在法租界嵩山路吉谊里21号一楼一底砖木结构的楼房。

此次返沪,陈独秀更加坚信报刊在思想启蒙方面的巨大价值,并曾自信满满地对友人表示:"欲使共和名副其实,必须改变人的思想,要改变思想,须办杂志。"①据汪孟邹回忆:"民国四年(1915年)仲甫亡命到上海来,他没有事,常要到我们店里来。他想出一本杂志,说只要十年、八年的功夫,一定会发生很大的影响,叫我认真想法。我实在没有力量做。"②7月5日,经汪引见,陈独秀与汪的同业好友陈子沛、陈子寿兄弟开办的上海群益书社商定:稿件由陈独秀编辑,交群益书社出版、印刷、发行,每月出一本,编辑和稿费200元。9月15日,《青年杂志》(第2卷起改名《新青年》)正式创刊,揭开了资产阶级思想文化运动——五四新文化运动——的序幕。如此,陈独秀在法租界嵩山路吉谊里21号的住所就成了《新青年》最初的编辑部。

---

① 任卓宣:《陈独秀先生的生平与我的评论》,台湾《传记文学》第30卷第5号。
② 汪原放:《亚东图书馆与陈独秀》,学林出版社2006年版,第33页。

陈独秀创办了《新青年》，《新青年》造就了陈独秀。主编《新青年》，领导五四新文化运动，使陈独秀真正成为中国思想界的精英。北大学子看到《新青年》，"一眼就觉得它的名字合乎我的口味，看了它的内容，觉得的确符合当时一班青年的需要，登时喜出望外，热烈欢迎，并常与反对者展开争论"①。这个效应早在1917年1月陈独秀接受北大校长蔡元培邀请就任北大文科学长时即已显现，"当消息传出后，全校震动。青年学生无不热烈欢迎，奔走相告"②。陈在北大的教育改革也因此获得了多数学子的欢迎和拥护。然而，在主持北大文科改革取得初步成效之际，"五四"前后，陈因遭北大保守势力的憎恨、排挤和北洋军阀政府的逮捕、迫害，被迫于1920年2月在李大钊的护送下离京返沪，离开了迁居北京不到三年的家，再次面临着无家可归的日子。

1920年2月19日（旧历除夕），逃离北洋政府控制的陈独秀乘坐海轮从天津抵达上海，依然无处安身。他先下榻惠中旅舍，惊魂未定，且生病五六日，后被汪孟邹接到亚东图书馆养病并暂住。眼见曾患难与共的辛亥老友陈独秀一直居无定所，柏文蔚恰逢另有重任离沪（一说迁居新渔阳里6号，今淮海中路567弄6号），便将老渔阳里2号这栋宅邸交由陈独秀居住。约在4月间，向来性格刚强、不愿接受他人馈赠的陈独秀，终于接受柏的邀请，迁居老渔阳里2号的柏公馆，开始了一段传奇的佳话。

二、思想先行：转变为马克思主义者

据考证，陈独秀从1920年4月正式移居老渔阳里2号，至1922年9月下旬离开上海前往北京转赴莫斯科，其间，陈本人曾经四度离开或被迫离开：一是1920年12月至1921年8月应邀赴广州任广东省教育委员会委员长；二是1921年10月4日至26日被法租界巡捕房首次逮捕；三是1922年8月29日至30日曾秘密去浙江杭州主持召开中共中央西湖特别会议；四是1922年8月9日被巡捕房再次逮捕，至8月18日获释后仍回到老渔阳里2号。直到1922年9月中下旬离开上海到北京，陈独秀奉命前往莫斯科参加共产国际第四次代表大会（11

---

① 张国焘：《我的回忆》第1卷，东方出版社1991年版，第40页。
② 罗章龙：《陈独秀先生在红楼的日子》，童宗盛主编：《中国百位名人学者忆名师》，延边大学出版社1990年版，第55—56页。

月5日至12月5日召开),也是从这里出发的。

需要说明的是,陈独秀本人虽然四度离开,但他的朋友们一直在老渔阳里2号开展工作。即便是1922年9月陈独秀离沪赴京后再也没有回来居住,老渔阳里2号仍然是中央执行委员会议事处,直到1922年10月中旬党中央迁往北京。至此,老渔阳里2号作为陈独秀住所和中共中央领导机关的历史使命已全部结束。也就是说,陈独秀转变为马克思主义者、组建中国共产党的第一个组织上海发起组、担任中共中央局书记、主持召开党的"二大"等组建中国共产党、领导中共中央早期工作等重要活动,基本都是在老渔阳里2号期间完成的。陈独秀在老渔阳里2号完成了组建中国共产党的重要使命,老渔阳里2号升起了中国革命的第一缕红色曙光。

中共"三大"后的1923年9月,中共中央领导机关和办公地点回到上海公兴路三曾里。

沈雁冰在《我走过的道路》一书中回忆:自从陈独秀1922年8月第二次被法租界巡捕房逮捕旋又释放,渔阳里2号被搜查后,就另外租了房子作为党中央包括组织、宣传等各部的秘密办公地点;陈独秀仍住老渔阳里2号,仍然客人很多,以此来迷惑法捕房的包探①。陈独秀被释放回到老渔阳里2号家中时,李大钊已在此等候,正准备商量之后的国共合作事宜。两人两年多未曾见面,这次见面分外高兴,李大钊笑谓他是"真的出了研究室就入监狱了"。

出于安全考虑,党中央机关和陈独秀不得不从老渔阳里2号搬出而移至他处。1921年10月尤其次年8月陈独秀连续两次在老渔阳里2号被捕,此事引起共产国际和中共中央的警惕,决定让陈独秀单独隐蔽起来,其地址不告诉任何人。而且考虑将中共中央机关迁往北京,并于9月下旬安排陈独秀经北京前往莫斯科出席共产国际第四次代表大会。

入住老渔阳里2号的大约两年时光,是陈独秀一生中最重要的岁月。

一到上海,养病数日后的陈独秀立即开始指导、支持组织工人运动,投身到向工人阶级传播马克思列宁主义的工作中。上海是近代中国民族资本和产业工人的集中地,工人阶级在五四运动中已显示出强大的政治力量。陈独秀对此印象深刻。避居上海期间,陈独秀马不停蹄,积极投身工人运动:2月27日,携张

---

① 茅盾:《我走过的道路》(上),人民文学出版社1997年版,第302页。

国焘等作为发起人参加了全国各界联合会召开的上海工读互助团筹备会,给予指导;4月2日,应邀出席上海船务栈房工界联合会成立大会并发表《劳动者底觉悟》的演讲,主张在开展工人运动的过程中提高工人阶级的觉悟;4月16日与18日,又应邀先后出席中华工业协会等工会组织的会议,每每即席发表演讲上海工界现状,强调注重工人义务教育,自愿担任义务教授。

陈独秀入住老渔阳里2号,《新青年》编辑部随即迁入,其内容主旨开始转向宣传马克思主义。当时在上海宣传马克思主义的报刊,除却《新青年》外,较著名的还有《星期评论》和《时事新报》及其副刊《学灯》,以及部分无政府主义者的报刊。陈独秀相继发表《新文化运动是什么?》《五四运动的精神是什么?》等文章,盘点了"五四"以前的新文化运动,分析了科学的广狭二义,表示要从关注思想转为关注实际生活。其主旨有三:未来的新文化运动要注重团体的活动,注重创造的精神,要影响别的运动;五四运动的精神有二,直接行动和牺牲的精神;"将来恐怕非有一种新宗教不可"。在这种思想转变时期,陈独秀不仅总结新文化运动,总结五四运动的精神,还倡导"一种新宗教",这是具有明显的区分阶段、指点未来的意蕴。结合此间他提出的"世界上没有万世师表的圣人、推诸万事而皆准的制度和包医百病的学说"①,这分明暗示着一次大的思想转变正在发生,一个崭新的政党正在酝酿。

陈独秀坐镇上海老渔阳里2号筹备劳动节纪念大会,出版《新青年》劳动节纪念号,最终转变为马克思主义者。②

他开展工人运动情况调查。对于陈独秀而言,推动马克思主义与工人运动相结合,是一件重要而又生疏的工作,需要以既积极又慎重的态度进行,必先开展情况调查。他亲自或委托朋友及受《新青年》影响的青年人,深入上海、太原、南京、天津、唐山、长沙、芜湖、北京、香港及巴黎(华工)等地工人群众中调查工人阶级状况,内容包括工人人数、工作时间、工资、家庭生活、受资本家工头剥削欺压程度、工人来源、文化程度、帮会组织等。经《新青年》调查,当时上海已有工人58万,近半数是产业工人,其中又有15万在500人以上的大厂做工,几乎占了产业工人数的三分之二。调查表明,在全国范围内,上海已是工人阶级最为集中

---

① 任建树主编:《陈独秀著作选编》第2卷,上海人民出版社2009年版,第220、201页。
② 徐光寿:《论陈独秀五四时期转变为马克思主义者的心路历程》,中国共产党创建史研究中心编:《中共创建史研究》第1辑,上海人民出版社2016年版,第28页。

的地方；在上海地区，工人阶级已是最大的城市群体。这些调查结果均刊登于1920年5月1日《新青年》的劳动节纪念号。

他积极筹备劳动节纪念大会。根据每逢5月1日欧美各国劳动界常有盛大纪念活动的传统，陈独秀在中华工业协会等七个工人团体中发起由他亲自确定名称的世界劳动节纪念大会，并任筹备会顾问，发表《劳工要旨》的演讲，提出减少劳动时间、增加工资等诉求，为大会确立"改善中国工人的生活，增进中国工人的知识，表现中国工人的人格"①的活动口号。"五一节"庆祝大会发表宣言，抗议军阀压迫，并致函答谢苏俄政府对华宣言，扩大了十月革命的影响。大会的口号和宣言，都是在陈独秀的指导下提出的。

他开辟了劳动节纪念号。在著名刊物《新青年》上编辑、出版工人阶级色彩鲜明的劳动节纪念号，是陈独秀提前策划、精心组织的推动马克思主义与中国工人运动开始结合的一项杰作。劳动节纪念号含有鲜明的马克思主义元素：不仅刊登了李大钊的《五一运动史》、陈独秀的《劳动者底觉悟》和《上海厚生纱厂湖南女工问题》，还全文刊登《俄罗斯苏维埃联邦共和国劳动法典》和第一次对华宣言全文。也具有浓厚的工人阶级色彩：不仅刊登了《上海劳动状况》《山西劳动状况》，巴黎华工、香港工人罢工和国内其他城市的工人劳动状况，较全面地反映了当时中国工人阶级的现状，也刊登了美、英、日等国的劳动状况，还史无前例地将9名普通工人的题词与孙中山、蔡元培等社会名流的题词共同展示，并刊登了33幅工人劳动状况的照片，一时博得进步报刊的如潮好评。在为上海厚生纱厂湖南女工改善待遇的要求中，陈独秀不仅引导工人斗争水平从改善待遇的经济斗争上升到要求管理权的政治斗争的高度，而且揭示了资本主义剥削的秘密，以通俗的道理三次向工人宣传了马克思的剩余价值学说。②

劳动节纪念号有力宣传了俄国十月革命，传播了马克思列宁主义，加快了马克思主义与中国工人运动相结合的步伐。1920年5月1日《新青年》杂志劳动节纪念号的成功开辟和世界劳动节纪念大会的胜利召开等重要事件，则成为陈独秀在实践层面上接受马克思主义、转变为马克思主义者的标志性事件。

---

① 《时报》1920年4月20日。
② 任建树主编：《陈独秀著作选编》第2卷，上海人民出版社2009年版，第228、229、234页。

三、建党行动：升起中国革命的新曙光

有了老渔阳里2号这个稳定的住所，陈独秀既可以编辑《新青年》，还可联络沪上和外地慕名来沪的志同道合者共同开展革命工作。"在陈独秀没有去广东以前，这个地方是经常集会之所"①。此后，他坐镇老渔阳里2号，并以此为据点，勇敢地迈出了许多个第一步：自己转变为马克思主义者，开始了组建中国共产党的伟大事业，领导了中共中央早期的工作，从而升起了中国革命的新曙光，度过了中国共产党孕育期和哺乳期。

首先，在这里，陈独秀开始向工人群众宣传马克思主义，并转变为马克思主义者。

1920年2月陈独秀从北京返回上海，他开始走进工人群众，宣传马克思主义，推动马克思主义与中国工人运动相结合。在为上海厚生纱厂湖南女工改善待遇的要求中，陈独秀不仅引导工人斗争水平从改善待遇的经济斗争上升到要求管理权的政治斗争的高度，而且揭示了资本主义剥削的秘密，以通俗的道理三次向工人宣传了马克思的剩余价值学说。

此外，陈独秀于1920年8月以"社会主义研究社"名义出版了《共产党宣言》第一个完整的中译本（陈望道译），他也参与了校译工作。②《共产党宣言》是马克思主义纲领性文献，它运用"透彻而鲜明的语言描述了新的世界观，即把社会生活领域也包括在内的彻底的唯物主义作为最全面最深刻的发展学说的辩证法，以及关于阶级斗争和共产主义新社会创造者无产阶级肩负的世界历史性的革命使命的理论"③。它的全文翻译，意义重大而深远。正如蔡和森所说："《新青年》以前是美国思想宣传机关，到了仲甫同志倾向社会主义以后，就由美国思想变为俄国思想了，宣传社会主义了。""一直到1920年'五一'劳动节特刊问题，才完全把美国思想赶跑了。"④到1920年《新青年》杂志刊出劳动节纪念号和"五

---

① 包惠僧：《勘察上海革命历史博物馆的几点意见和几点回忆》（1954年3月17日）。
② 《共产党宣言》全书翻译工作完成于1920年4月，5月李汉俊、陈独秀完成校对，8月才出版。参见陈振新、昂俞暄：《望道先生的望慕之道——专访陈望道之子陈振新教授》，《档案春秋》2016年第7期。
③ 《列宁选集》第2卷，人民出版社1995年版，第416页。
④ 《蔡和森的十二篇文章》，人民出版社1980年版，第7页。

一节"庆祝大会的召开,标志着陈独秀完成了向马克思主义者的转变①。

其次,陈独秀在这里组建了早期马克思主义研究团体——马克思主义研究会。

他不仅联络了上海的一批马克思主义者,而且接纳了来自全国各地的有志青年。早在入住老渔阳里2号前的1920年3月,陈独秀就在上海亚东图书馆多次会见北京学生联合会代表,正式表示中国必须走俄国革命的道路,彻底推翻军阀主义。他对来访者表示"痛恨北京政府,认为非彻底革命推翻军阀统治不可","常向人高谈马克思主义,表示中国必须走俄国革命的道路",②革命意志十分坚定。

据陈望道回忆,当时"大家住得很近(都在法租界),经常在一起,反复地谈,越谈越觉得有组织中国共产党的必要。于是,便组织了'马克思主义研究会',这是一个秘密的组织,没有纲领,会员入会也没有成文的手续(参加者有:陈独秀、沈雁冰、李达、李汉俊、陈望道、邵力子等)"。陈望道还指出:"研究会主要进行了下列几项工作:办了一个平民女校;办了三个工会;办了一个青年学校(社会主义青年团);宣传工作方面,1921年元旦在贺年片背后印上宣传共产主义的口号,到处分发,颇有新意。"③

1920年6月,从北京转来上海的毛泽东前往老渔阳里2号,与陈独秀探讨自己读过的马克思主义学说和马列主义书籍。对此经历,毛泽东后来曾对美国记者埃德加·斯诺深情回忆:"有三本书特别深刻地铭记在我心中,使我树立起对马克思主义的信仰。我接受马克思主义,认为它是对历史的正确解释,以后,就一直没有动摇过。"这是他"一生中最关键时刻","到1920年夏,在理论上,而且在某种程度的行动上,我已成为一个马克思主义者,而且从此我也认为自己是一个马克思主义者了"④。

又据田子渝著《李汉俊》一书介绍,陈独秀从北京一到上海,立即到白尔路三益里与李汉俊联系,并成为《星期评论》的常客。⑤ 这个说法虽有高抬李汉俊之

---

① 徐光寿:《论陈独秀五四时期转变为马克思主义者的心路历程》,中国共产党创建史研究中心编:《中共创建史研究》第1辑,上海人民出版社2016年版,第28页。
② 张国焘:《我的回忆》第1卷,东方出版社1991年版,第81—82页。
③ 陈望道:《党成立时期的一些情况》(1954年6月17日)。
④ [美]埃德加·斯诺:《西行漫记》,董乐山译,人民出版社1979年版,第27页。
⑤ 田子渝:《李汉俊》,河北人民出版社1997年版,第52页。

意,但也反映出陈独秀急于联络马克思主义者的迫切心情和果断行动。而组建马克思主义研究会,则是陈独秀组建中国共产党组织的第一步。

再次,在这里,陈独秀组建了中国第一个共产主义组织上海发起组,开始了组建中国共产党的步伐。

无论是档案资料还是个人回忆,无不证实陈独秀在老渔阳里2号组建中国共产党的历史事实。随着陈独秀与《新青年》入住老渔阳里2号,这里很快就聚集了李汉俊、俞秀松、邵力子、袁振英、沈玄庐、陈望道、李达、柯庆施等一批新知识分子和早期共产主义者。可见,早在俄共(布)中央代表维经斯基奉命来华之前,经与李大钊商量,陈独秀就在中国开始组建中国共产党,即所谓"南陈北李相约建党"。1920年4月维经斯基经李大钊介绍从北京来到上海,便住了下来,与陈独秀多次会晤。根据档案资料及张国焘、李达、袁振英、包惠僧、周佛海和沈雁冰等多位当事人回忆,维经斯基曾多次来老渔阳里2号拜访陈独秀,参与中国共产党上海发起组的活动。

李红在《晨曦初启:档案里的红色源流》一文中揭示,1920年8月22日,上海公共租界工部局的《警务日报》(*Police Daily Report*)在"中国情报"一栏,出现了工部局警务处长麦高云(K. J. McEuen)呈送工部局总办利德尔(N. O. Liddell)的报告,就有关于陈独秀组建一社团的内容。"虽然未能破解出陈独秀组织社团的真正意图,但却还原出一个重要事实:1920年8月,中国共产党在上海正式成立,选举陈独秀为领导人,称为'书记'"[①]。具体地点正是老渔阳里2号。

当事人回忆录很多。据当时自京来沪、长期寄居老渔阳里2号的张国焘回忆:"八月二十日左右的一个晚上,我从外面回到陈家,听见陈先生在楼上书房里和一位外国客人及一位带山东口音的中国人谈话。他们大概在我入睡后才离去,后来才知道就是维经斯基和杨明斋,这是我在陈先生家里发现他们唯一的一次聚谈。"[②]

据在上海多次参与马克思主义宣传并会见了维经斯基的李达回忆:"一九二〇年夏季,中国共产党(不是共产主义小组)在上海发起以后,经常地在老渔阳里2号新青年社内开会,到会的人数,包括国际代表威丁斯克(译名吴廷康,即维经

[①] 李红:《晨曦初启:档案里的红色源流》,《档案春秋》2016年第6期。
[②] 张国焘:《我的回忆》第1卷,东方出版社1991年版,第100页。

斯基)在内,有七八人,讨论的项目是党的工作和工人运动问题(当时在杨树浦组织了一个机器工会)。十一月间,书记陈独秀应孙中山之邀,前往广东做教育厅长,书记的职务交李汉俊代理……但党的集会,一直是在老渔阳里二号举行的。"1922年8月"陈独秀出狱以后仍住在老渔阳里二号……在原寓所还住了一个多月"①。

时任商务印书馆编译所英文部、国文部编辑的沈雁冰,其才华、思想和文学主张,一直颇受陈独秀等人的关注。马克思主义研究会在上海成立时陈独秀即邀请他参加,并嘱为《新青年》等刊物撰稿。1921年春,经李达、李汉俊介绍,沈雁冰加入上海共产主义小组,是中共最早党员之一。他参加了党中央的支部会议和各种学习会。据沈回忆:"陈(独秀)定居在法租界环龙路渔阳里2号,我们的支部会议地点就在陈独秀家里。支部会议每星期一次,是在晚8时后开始,直到11时以后。我还依稀记得当时参加老渔阳里2号支部的党员,有杨明斋、邵力子、陈望道、张国焘、SY(社会主义青年团)书记俞秀松等人,又有共产国际远东局代表魏庭康(即吴廷康、维经斯基)。讨论事项,大抵是发展党员、发展工人运动、加强党员的马克思主义学习等。除了各人自己阅读外,每周有一次学习会,时间从下午2时到5时乃至6时。学习会采取一人讲解,大家讨论的形式。担任讲解者,李达和杨明斋。杨明斋是山东人,刚从苏联回来。他们临时编写的讲义一般有三种:马克思主义浅说,阶级斗争,帝国主义。这都是随编随讲,大家笔记。直到三四年后,杨明斋把他当时的草稿改定付印成册,书名现在记不起来了。"②

又据当时与陈独秀过从甚密且久居老渔阳里2号的包惠僧回忆:维经斯基一行"经过李大钊同志的介绍,他又到上海会见了陈独秀,维经斯基与陈独秀一见如故,又由陈独秀介绍他会见了上海《星期评论》的主编人戴季陶、李汉俊、沈玄庐和《时事新报》的负责人张东荪……维经斯基与他们会谈过好几次,他们曾经有过这样的打算:把《新青年》《星期评论》《时事新报》结合起来,建立一个新中国革命同盟,并由这几个刊物的主持人联合发起组织中国共产党或是中国社会党"③。

---

① 李达:《回忆老渔阳里2号和党的"一大"、"二大"》(1954年2月23日)。
② 茅盾:《我走过的道路》(上),人民文学出版社1997年版,第199—200页。
③ 包惠僧:《包惠僧回忆录》,人民出版社1983年版,第17页。

1920年9月,《新青年》从第8卷第1号起,改组成为中共上海发起组领导的社会主义刊物。中共上海发起组成员李汉俊、陈望道等也加入编辑部,成为编撰骨干。改组后的《新青年》,刷新"论说""通信""随感录"等栏目,用社会主义、马克思主义的思想政治方向来引导读者。甘将自己苦心经营五年、视为生命的《新青年》作为马克思主义宣传刊物,说明陈独秀已义无反顾,成了一个彻底的马克思主义者和坚定的中国共产党人。

复次,陈独秀在这里推动国内各地成立共产主义组织,组建全国性的中国共产党。

以陈独秀为书记的上海发起组,开创了中国共产党历史上的诸多"第一":1920年8月15日创办了发刊最早、出版时间最长、影响最大的工人刊物《劳动界》;创办了党的第一个出版机构"社会主义研究社";开办了第一所干部学校"外国语学社";8月22日在霞飞路新渔阳里6号(今淮海中路567弄)成立中国社会主义青年团,陈独秀指定俞秀松为书记;10月3日在新渔阳里6号成立了第一个产业工会"上海机器工会";创办了第一个秘密理论刊物《共产党》月刊,制定了第一个《中国共产党宣言》。11月7日创办的第一份党刊《共产党》,响亮地喊出了"共产党万岁"的口号,不仅其创刊号的卷首《短语》出自陈独秀手笔,被毛泽东誉为"'旗帜鲜明'四个大字"[①],它的创办,亮出"共产党"旗帜,还为先进分子指明了前进的方向。在《共产党》月刊发刊号上,陈独秀与其他党员共同起草的《中国共产党宣言》,兼有党的纲领的性质。宣言虽未散发到社会上,但第一次比较系统地表达了中国共产主义者的理想和主张。

图7-1 中国社会主义青年团中央机关旧址

中共"一大"召开前,在全部八个共产主义小组中,经陈独秀亲手创建或指导

---

① 《毛泽东年谱(1893—1949)(修订本)》上卷,中央文献出版社2013年版,第79页。

建立或重新建立的有上海、广州(联系谭平山、谭植棠、陈公博等北大毕业生对原小组进行改组)两个小组,由他亲自指定人员创建的有武汉(他先后派出李汉俊和刘伯垂回武汉发展党员,建立组织)、长沙(亲自函约毛泽东在湖南建党)和留日学生(指定施存统负责)三个小组,推动创建的有北京(托张申府转告李大钊建党)、济南(亲自致函王尽美、邓恩铭建党)和留欧学生(分别致函赵世炎和陈公培与张申府联系建党)三个小组。大多数小组都派出代表参加了中共"一大",仅旅欧小组没来得及派出代表参会。此外,陈独秀还曾委托沈定一、施存统、俞秀松在杭州,高语罕在安徽建党,均未实现。

1921年7月23日,中共"一大"在上海法租界贝勒路树德里3号(后称望志路106号,今兴业路76号)召开。陈独秀虽然因故未能出席大会,但他关于党的中央机构领导体制的意见却被大会接受。其实,早在中共"一大"召开之前,陈独秀就设想,未来的中国共产党应"采用较民主的委员制,从委员中推举一个书记出来负责联络之责,其他委员负责宣传、组织方面的工作"①。中共"一大"正是按照他的想法组建了委员制的中央领导机构——中央局。可见,陈独秀对中共"一大"起到了精神领袖作用。

图7-2 中共"一大"会址

---

① 张国焘:《我的回忆》第1卷,东方出版社1998年版,第95—96页。

中共"一大"后,陈独秀返回老渔阳里2号主持中共中央工作。除了主持开展中央日常工作外,主要就是筹备召开中共"二大",提出党的《章程》,探索制定中共初创时期方方面面的方针政策,完成党的创建使命。

最后,陈独秀在这里主持筹备中共"二大"。

从1921年7月至1922年9月,老渔阳里2号成为中共中央机关所在地,陈独秀坐镇这里领导全党的组织、宣传和工人运动。

早在中共"二大"召开前夕,陈独秀就开始明确使用"半殖民地"的概念界定中国社会性质。1922年6月,他指出:中国"这些政治状况都是半殖民地的状况,不能算是独立的国家","此等现状继续下去,国际帝国主义的侵略是要日甚一日的,是要由现在半殖民地状况更变到完全殖民地状况的"。① 中共中央文件首次写入"半殖民地"一词的,是由陈独秀主持起草、中共"二大"通过的《关于议会行动的决议案》,其中明确写道:中国已经"成为国际资本帝国主义的掠夺场和半殖民地"②。

根据中央局工作安排,陈独秀负责起草了中共"二大"各种文件。他被中共"二大"推举为起草委员会负责人,与张国焘、蔡和森共同负责起草大会《中国共产党第二次全国代表大会宣言》和其他决议案。中共"二大"的宣言和决议,既是全党集体智慧的结晶,也是陈独秀对中国革命与党的纲领问题的认识和理解的集中体现。这不仅表现在它所制定的革命纲领以及作为中国共产党创建不可或缺的组成部分,而且表现在它所开辟的许多新领域以及由此引出的其他命题,成为中国共产党诸多思想理论、路线原则、方针政策,直至科学概念的梳理和研究过程中无法绕开的历史起点和思想源头。

在中国共产党的创建和发展历史上,中共"二大"是一次十分重要的会议,取得了一系列重大成果。学术界归纳认为,中共"二大"在党的历史上至少创造了以下八个"第一":以全国代表大会名义公开发表了党的第一个宣言;第一次鲜明地制定了党的最高纲领与最低纲领,指明了中国革命的正确方向;第一次完整地制定了党的章程,并依据章程选举产生了以陈独秀为委员长的中央执行委员会;第一次通过了建立民主的联合战线的决定,最早提出关于统一战线的思想和

---

① 任建树主编:《陈独秀著作选编》第2卷,上海人民出版社2009年版,第470页。
② 中共中央文献研究室:《建党以来重要文献选编》第1册,中央文献出版社2011年版,第147—148页。

主张;通过了中国妇女运动史上第一个以政党名义作出的关于妇女问题的决议;第一次明确地阐释了党的民主集中制原则的基本思想;第一次提出和通过了加入共产国际的决定;第一次喊出了"中国共产党万岁"的口号。此外,中共"二大"产生的中央委员会还决定创办党的第一份公开发行的机关刊物《向导》周刊,并于9月13日正式创办。中共"二大"是党的创建任务完成的界碑,具有使党定型的意义,作用甚至胜过中共"一大"①。至此,中国共产党的创建大业圆满完成②。

中共"二大"是陈独秀亲自主持召开的党的全国代表大会,不仅是他作为党的主要领导人期间主持召开的唯一一次没有共产国际代表列席的党的全国代表大会,也是共产国际存续24年(1919—1943年)中唯一一次没有共产国际代表列席的党的全国代表大会。中共"二大"被认为是中共创建过程真正完成的会议,其重要性不言而喻。

图7-3 中共"二大"会址纪念馆

四、结语:一幢私宅与传奇伟业

上海法租界环龙路老渔阳里2号本是一幢普通的私宅,但在20世纪20年代初的两年多时光中,以陈独秀为代表的中国先进分子群体云集于此,完成了组建中国共产党的丰功伟业,拉开了中国历史上开天辟地的惊天一幕,从此,中国革命的面貌焕然一新,先进分子从石库门开始走向天安门。对于老渔阳里2号诞生的上海共产主义小组的历史作用和地位,对于陈独秀在老渔阳里2号对中国共产党和中国革命所创造的建党伟业,中共党史著作尤其是新世纪以来的党史著作均有翔实记载和高度评价。

---

① 张云:《论中共二大党的指导思想的创新》,《文汇报》2012年7月16日,第8版。
② 曾景忠:《中共"二大"是党的创建任务完成的界碑》,《中国延安干部学院学报》2013年第3期。

进入21世纪以来,2002年9月,中共中央党史研究室著、中共党史出版社出版的《中国共产党历史·(第一卷)1921—1949》(上卷)明确记载:"最早酝酿在中国建立共产党的是陈独秀和李大钊","后人所说的'南陈北李,相约建党',形象地说明了他们在建党过程中所起的倡导、推动和组织作用"。还明确指出:"经过酝酿和准备,在陈独秀主持下,上海的共产党早期组织于1920年8月在上海法租界老渔阳里2号《新青年》编辑部正式成立。"①这不仅承认了陈独秀作为中国共产党主要创建者的地位,而且明确了老渔阳里2号作为中国共产党第一个组织创建地的历史地位。近代上海红色基因在这里注入,党领导中国革命的曙光在这里升起。无疑,老渔阳里2号是中国共产主义运动的发祥地。

2016年6月,最新出版的被誉为"迄今为止国内公开出版的权威读物中,全面系统反映中国共产党历史时间跨度最长、内容最为系统完整的一部党史基本著作"②、中共中央党史研究室著的《中国共产党的九十年(新民主主义革命时期)》,不仅明确记载,1920年"8月,共产党早期组织在上海法租界老渔阳里2号《新青年》编辑部成立,推陈独秀担任书记","在中国共产党创建过程中,陈独秀起了重要作用";而且首次确定了上海共产党组织是中国共产党全国性组织的唯一发起组地位:"在上海成立的共产党早期组织,实际上是中国共产党的发起组织,是各地共产主义者进行建党活动的联络中心。"③

一座本来十分普通的私人住所,在重大历史关头发挥如此重要的历史作用,且被如此明确地载入重要史册并获得如此之高的历史评价,这在中国共产党历史、近代中国历史,乃至在整个世界历史长河上,都是极为罕见的传奇往事,值得深入研究。

(作者单位 上海立信会计金融学院)

---

① 中共中央党史研究室:《中国共产党历史·(第一卷)1921—1949》(上卷),人民出版社2011年版,第59页。
② 《人民日报》2016年6月27日,第4版。
③ 中共中央党史研究室:《中国共产党的九十年(新民主主义革命时期)》,中共党史出版社、党建读物出版社2016年版,第27页。

中共建党时期的美国因素初探

邵 雍

中国共产党是在共产国际和俄国共产党的帮助下建立起来的,因此研究建党初期的国际因素是题中应有之义。长期以来,党史学界对此进行了研究,成果丰硕。刘晶芳在《五四运动与马克思主义在中国的传播》(《史学月刊》2009 年第 2 期)一文中认为马克思主义"与五四前的传播不同的是,除东方的日本渠道外,又增加了西欧渠道和俄国渠道"。方宁在《中国共产党创建的世界历史因素》一文(《中国共产党创建史研究》,上海人民出版社 2012 年版)第三节"共产国际与世界共产党的指导和帮助"中只提日本共产主义者[①]与法国共产党、德国共产党的因素。两者均未提到美国因素。日本学者石川祯浩先生在《中国共产党成立史》(中国社会科学出版社 2006 年版)中率先提出了马克思主义在中国传播的美国渠道,不过没有深入论述。田子渝等著《马克思主义在中国初期传播史(1918—1922)》(学习出版社 2012 年版)对美国渠道有一小节论述,可惜全是对他人(主要是石川祯浩)研究成果的转述与概括。笔者拟在前人研究的基础上,系统梳理相关史实,对中共建党时期的美国因素作一初探,以期推动党史研究的进一步深入。

---

① 其实,日本渠道中也有美国的因素,河上肇称他的马克思主义主要来源于马克思、恩格斯的英文版著作,它们多半来自美国。见田子渝等著:《马克思主义在中国初期传播史(1918—1922)》,学习出版社 2012 年版,第 104 页。

一

美国是个发达的工业化社会,拥有强大的资本家阶级与城市工人阶级,甚至工会运动。"美国就人的联合劳动的生产力发展水平来说,就应用机器和一切最新技术奇迹来说,都在自由文明的国家中间占第一位。同时美国也成了贫富最悬殊的国家之一,在那里,一小撮亿万富翁肆意挥霍,穷奢极欲,而千百万劳苦大众却永远濒于赤贫境地。"①1902年梁启超在《新民丛报》(日本横滨创刊)发表的文章中介绍了马克思与科学社会主义。梁本人曾经到美国纽约考察,亲见贫富悬殊、社会黑暗,认为"社会之一大革命,其终不免"。虽然他拒不接受马克思主义的科学社会主义,但还是佩服与之交流的美国社会主义者:"吾所见社会主义党员,其热诚苦心,真有令人起敬者。墨子所谓强聒不舍,庶乎近之矣。其于麦克(德国人社会主义之泰斗)之著书,崇拜之,信奉之,如耶稣教人之崇信新旧约然。"②

1864年创立的第一国际在巴黎公社失败后曾迁往纽约,1876年在美国费城宣布解散。1917年十月革命以后,在美国长久以来强烈坚持社会主义的芬兰移民(Finns),成批地皈依为共产主义信徒。这些芬兰裔的工人,在明尼苏达凄清萧瑟的矿区小镇频频聚会,会中往往充满宗教气氛:"只要列宁的名字一被提到,立刻心跳加快,热血沸腾……在神秘的静默里,洋溢着宗教式的狂喜迷醉,我们崇拜着俄国来的每一件事物。"③

1918年8月20日列宁致信美国工人,指出:"美国革命无产者正是在目前担负着一个特别重要的使命,就是要毫不调和地反对美帝国主义,反对这个最新最强的、最后参加资本家为瓜分利润而进行的全世界各民族间的大厮杀的帝国主义。"④当时刚从美国回来的布尔什维克米·马·鲍罗廷负责设法送出,随信带去的还有《俄罗斯社会主义联邦苏维埃共和国宪法》和苏维埃政府致威尔逊总统要求停止干涉的照会。1918年12月,这封信的略有删节的英译文发表在美

---

① 列宁:《给美国工人的信》,《列宁选集》第3卷,人民出版社1995年版,第557—558页。
② 梁启超:《新大陆游记》,新民丛报社1904年3月出版。
③ [英]霍布斯鲍姆:《极端的年代》(上),郑明萱译,江苏人民出版社1999年版,第94—95页。
④ 列宁:《给美国工人的信》,《列宁选集》第3卷,人民出版社1995年版,第557页。

国社会党左翼的两个机关刊物——在纽约出版的《阶级斗争》杂志和在约翰·里德、片山潜参与下在波士顿出版的《革命时代》周刊上,后又作为《阶级斗争》杂志的单行本大量出版,又多次在美国和西欧各国的社会党报刊和资产阶级报刊上发表。

1919年1月24日,俄国共产党中央委员会与美国社会主义工人党等8个共产党联名发出共产国际第一次代表大会的邀请书。3月4日,共产国际第一次代表大会第三次会议讨论建立第三国际问题时,包括美国社会主义工党在内的18个有表决权的党、美国社会主义宣传联合会在内的15个有发言权的组织都表示同意。① 同年美国社会党左翼领袖鲁登堡创建了美国共产党。1920年11月7日,吴廷康在上海《劳动界》第13册发表《中国劳动者与劳农议会的俄国》,提及"美国劳动(者)已经组织了最大的共产党以作新俄的后援"②。

二

俄罗斯的社会主义者与美国有较深的关系。1905—1907年革命后,上百名革命运动参与者逃亡美国,其中有布尔什维克党人和孟什维克党人、社会革命党人和无政府主义者、波兰和立陶宛的社会民主党人以及各色民族主义者。他们对美国社会和侨民圈产生了一定影响。这些俄国政治流亡者参与组建了"旅美俄国工人联合会",建立了美国第一个非技术工人工会"世界产业工人联合会"。1906年,俄国社会革命党首领该鲁学尼(G. Gershuni)从西伯利亚越狱赴美,途经东京,登门拜访孙中山,两国革命者进行了晤谈。③ 后来任《真理报》编辑的布哈林,1917年之前曾在美国《新世界报》担任编辑。1917年初,托洛茨基作为政治流亡者从西班牙巴塞罗那抵达美国纽约;3月底,离开美国准备回俄国,途中被英国扣留在加拿大,5月才返抵彼得格勒。有西方学者认为,直到20世纪30

---

① 中国社科院近代史研究所翻译室:《共产国际有关中国革命的文献资料(1919—1928)》第1辑,中国社会科学出版社1981年版,第10—11页。
② 《"一大"前后》(三),人民出版社1984年版,第20页。
③ 《孙中山全集》第1卷,中华书局1981年版,第319页。

年代美国纽约的知识分子被社会主义所吸引,是因为托洛茨基起了较大的作用。①

就中共建党而言,最充分利用美国因素的正是有过旅美经历的吴廷康②。

图8-1 吴廷康

图8-2 吴廷康寓所(淮海中路716号)

吴廷康1893年生于俄罗斯维切布斯克州涅韦尔市。14岁丧父,开始在印刷厂当学徒。五年后通过了实科中学六年级的自学考试。1912年,吴廷康移居美国谋生,他的哥哥从1905年起就在纽约生活。吴廷康当过排字工、油漆工和杂工,同时还在工程学院学习过三年。李达回忆说,吴廷康"曾在美国做工多年,说得一口流利的英语"③。罗章龙后来也谈到吴廷康"在十月革命前在美国学习多年,研究政治经济学,学习了马克思政治经济学理论,对美国工人运动研究也很全面……能操英语、德语交谈"④。1915年,吴廷康加入美国社会党。1917年

---

① [美]理查德·W.布利特等著:《20世纪史》,陈祖洲等译,江苏人民出版社2001年版,第237、243页。

② 关于此人的汉语译名,还有维经斯基、魏金斯基、威琴斯基、伍廷康等,本文除了直接引文仍按原样外,其余地方一律用"吴廷康"。以下有关吴廷康的介绍主要参考了H.维什涅夫斯基:《从美国回国的俄国政治流亡者与北萨哈林苏维埃政权的建立》,中国共产党创建史研究中心编:《中共创建史研究》第1辑,上海人民出版社2016年版。

③ 《维经斯基在中国的有关资料》,中国社会科学出版社1982年版,第431页。

④ 《维经斯基在中国的有关资料》,中国社会科学出版社1982年版,第444页。

十月革命期间,他在加拿大温哥华的俄国侨工之中宣传布尔什维主义。1917年夏,吴廷康离开美国,直到1918年3月才得以经日本回到祖国。

1918年5月,吴廷康加入俄共(布),同时加入赤卫军,并在鄂木斯克参与镇压高尔察克的暴动。同年14国开始了对苏俄的武装干涉,在远东的日本军队4月在符拉迪沃斯托克(海参崴)登陆,美英也随之派兵登陆,不久占领了整个远东地区。吴廷康被派到符拉迪沃斯托克,在干涉军部队中宣传布尔什维主义。成立情报局,出版英语、日语、汉语和朝鲜语的布尔什维主义著作。但印行第一份传单后,这项工作就中断了。不过,布尔什维克党人在边疆区的美军中开展的宣传活动无疑取得了成果,有一批布尔什维克就在美军部队里当翻译。1919年12月12日高尔察克的代理人在符拉迪沃斯托克做的一次报告中认为,西伯利亚的美国勘察队士兵们"中了布尔什维主义毒",他们中的大部分人都是"来自纽约东区的犹太人,一心想着造反生事"。① 1919年5月,吴廷康被高尔察克部的人逮捕,罪名是宣传布尔什维主义并图谋推翻现行制度。符拉迪沃斯托克野战军法庭判处他终身苦役。1919年10月中旬,"奥列格号"船到达萨哈林州亚历山德罗夫斯克港,吴廷康等人被送到了萨哈林岛上服苦役。经过四五个月的工作,他们成功策反当地警备军并发动人民群众,于1920年初领导政变,推翻高尔察克政权。1920年1月13日晚至14日,一组当地警卫队的武装士兵到监狱里把这些政治犯和红军战士都放了出来——总共有20—25人。政变之后,北萨哈林成立临时革命委员会,吴廷康为临时革命委员会(BPK)主席。

1920年3月19日,吴廷康回到符拉迪沃斯托克,在布尔什维克地下组织工作了一段时间。不久,根据俄共(布)中央委员会远东局②的建议,吴廷康被派往中国,同中国的革命组织建立联系,协助中共建党。同行的有马马耶夫、库兹涅佐娃(吴廷康夫人)、杨明斋(俄籍华人、翻译)。

5月,在吴廷康等人的筹备下,上海建立共产国际东亚书记处,由苏俄外交人民委员会远东事务全权代表维连斯基-西比利亚科夫担任执行局主席。它是苏俄在远东统一领导与协调中国、朝鲜、日本共产主义运动的机构。东亚书记处

---

① 伊万尼扬:《克里姆林宫与白宫》,《美国:经济、政治、意识形态》1995年第7期。
② 1919年3月20日至21日,在鄂木斯克召开的俄共(布)西伯利亚代表大会决定,"远东建立西伯利亚区委情报宣传局","与东方和美国的共产党人建立联系,组织交换情报工作,进行口头和书面宣传"等。见《"一大"前后》(三),人民出版社1984年版,第153页。

下设三个科,即中国科、朝鲜科和日本科。"中国科工作纲要如下:(1)通过在学生组织中以及在中国沿海工业地区的工人组织中成立共产主义基层组织,在中国进行党的建设工作;(2)在中国军队中开展共产主义宣传;(3)对中国工会建设施加影响;(4)在中国组织出版工作。""东亚书记处把很大注意力放到了报刊宣传工作上",在海参崴、哈尔滨、北京和上海建立了出版中心。① 东亚书记处拥有《上海俄文生活日报》,并与《新青年》《劳动界》等保持密切的关系。其中《上海俄文生活日报》是俄侨1919年在上海创办的第一份俄文日报,地址在法租界;1920年2月被苏俄政府收购,成为俄共(布)在远东的重要宣传机关。

7月19日,共产国际代表吴廷康等人在沪召开传播马克思主义"最积极的中国同志"会议②,陈独秀、李汉俊、沈玄庐等出席,积极赞成建立中国共产党。8月上旬,中国共产党上海发起组成立,地址就在法租界环龙路渔阳里2号《新青年》编辑部及陈独秀寓所。发起人有陈独秀、李汉俊、沈玄庐、陈望道、俞秀松、施存统(在日本)、李达、杨明斋,陈独秀任书记。③

同年12月21日,俄共(布)中央西伯利亚局东方民族处高度评价吴廷康在中国上海的工作,认为这位俄共(布)远东局海参崴分局外国处派遣的全权代表"为我们在远东国家开展有步骤的组织工作奠定了基础"④。

三

1920年6月至8月17日在上海成立的共产国际东亚书记处的下属机构革命局,由吴廷康、陈独秀、李汉俊等五人组成,下设出版、宣传、组织三部。出版部有自己的印刷厂,印刷品包括《共产党宣言》。革命局继而在北京、汉口、天津、广州成立了分支机构。在中共正式成为共产国际的支部前,革命局成了俄共(布)、共产国际指导中共早期组织的机构,而中共上海早期组织的负责人陈独秀、李汉俊本身就是革命局的主要成员,因此革命局与中共早期组织有密切的交集。

---

① 中共中央党史研究室第一研究部编:《联共(布)共产国际与中国国民革命运动(1920—1925)》,北京图书馆出版社1997年版,第39—40页。
② 《联共(布)、共产国际与中国国民革命运动(1920—1925)》,北京图书馆出版社1997年版,第29页。
③ 《现代上海大事记》,上海辞书出版社1996年版,第70页。
④ 《联共(布)、共产国际与中国国民革命运动(1920—1925)》,北京图书馆出版社1997年版,第50页。

上海革命局成立后做的一项重要工作是批判民主派学生中依靠美国的思想。

1920年8月17日,吴廷康在上海写信给俄共(布)中央西伯利亚局东方民族处汇报说:"一部分民主派学生的观点具有空想性质,这部分学生认为,可以通过利用外国非侵略性资本(美国资本)发展中国民族资本的方式来拯救国家,这样做的结果似乎应该是国家生产力得到发展,群众生活得到改善(这是中国的一些在美国受教育的学生的观点)。你们可以从上面提到的决议的提纲中看到,我们为证明这种观点的空想性质提出了什么论据。"[①]

同年12月21日,俄共(布)中央西伯利亚局东方民族处给共产国际执委会的报告中说,上海革命局组织部"最后成立了社会主义青年团。青年团成立后派代表参加了我们的革命局,这样,我们就有可能对学生运动直接主动地施加影响,并引导学生到工人和士兵中间做有效的革命工作。我们的上海分部利用这种影响对学生革命运动实行思想上和组织上的领导;同时试图使学生运动从思想上同资产阶级知识分子团体和商人团体划清界限,因为这些团体依靠民主美国来抵制日本的经济政治影响。与这种依靠美国的方针相对立,我们提出了面向社会革命、面向劳动群众的方针,与最激进的一部分学生一起,同在美国受过教育的民主学生团体(即所谓的中国学生联合会)作思想斗争,因为这个学生团体认为,可以利用美国非侵略性资本的垄断来拯救国家,似乎美国非侵略性资本主义应当而且也能够保证中国民族资本主义发展和国家生产力的发展,并改善群众的经济状况"[②]。

1921年春,中国共产党代表张太雷向共产国际远东书记处的报告中说:"我们截止到目前的工作,还只是准备性的。我们的通讯部向中国报界提供有关苏俄的消息,工人运动的消息以及有关揭露日本帝国主义、剖析美国'民主'实质的材料。"[③]可以看到,中共在建党初期,对于美国资本主义制度的批判是十分重视的。不破不立,这种批判实际上是为马克思主义的科学社会主义在中国的广泛传播扫清障碍。

[①] 《联共(布)、共产国际与中国国民革命运动(1920—1925)》,北京图书馆出版社1997年版,第34页。
[②] 《联共(布)、共产国际与中国国民革命运动(1920—1925)》,北京图书馆出版社1997年版,第53—54页。
[③] 《青年共产国际与中国青年运动》,中国青年出版社1985年版,第42—43页。

四

吴廷康来华工作,充分利用了社会主义在美国的资源。具体表现如下:

1. 来中国时带来的美国书

1920年4月,俄共(布)远东局海参崴分局派吴廷康一行5人前来中国,拟在上海建立共产国际东亚书记处。5月,共产国际在上海成立了东亚书记处,下属中国科的任务之一就是"成立共产主义组织,在中国进行党的建设工作"①。

吴廷康来中国时带来了一些宣传马克思主义与十月革命的书籍,其中有美国记者约翰·里德介绍十月革命的英文书《震撼世界的十天》(Reed,1919)等。该书作者是十月革命的目击者,他对十月革命的叙述得到了列宁的认可,认为是"真实的"②。

2. 华俄通讯社的美国消息来源

1920年7月2日,华俄通讯社在上海成立,是上海革命局宣传报道部下属的通讯机构,又是苏俄中央新闻通讯社罗斯塔社北京分社的上海分机构。该社由吴廷康的翻译和助手杨明斋负责,设在霞飞路(今淮海中路567弄)渔阳里6号,与上海社会主义青年团机关、外国语学社同地。该社在上海报刊用的是中俄通信社的名义。

1920年8月俄共(布)中央西伯利亚局东方民族处在伊尔库茨克成立。8月17日,吴廷康在上海致信俄共(布)中央西伯利亚局东方民族处说,革命局的"宣传报道部成立了华俄通讯社,现在该社为中国31家报纸提供消息,因为北京成立了分社,我们希望扩大它的活动范围。我们通讯社发出的材料都经一位同志之手,主要是从俄国远东报纸以及《每日先驱报》、《曼彻斯特卫报》③、《民族》周刊、《新共和》周刊、《纽约呼声报》、《苏俄通讯》和我们一伙人提供的文章中翻译过来的东西。苏俄日历上的文章,如《十月革命带来了什么?》也被全文刊用

---

① 《联共(布)、共产国际与中国国民革命运动(1920—1925)》,北京图书馆出版社1997年版,第39页。
② 《约翰·里德〈震撼世界的十天〉一书的序言》,《列宁全集》第36卷,人民出版社1960年版,第542页。
③ 《曼彻斯特卫报》新闻从业人员蓝山姆(Arthur Ransome)因访问苏俄皈依共产主义。著作有《一九一九俄国六周记》(〔英〕霍布斯鲍姆:《极端的年代》(上),郑明萱译,江苏人民出版社1999年版,第95页。

了"①。这清楚地表明华俄通信社的主要消息来自美国:信中提到的有具体名称的报刊,除了《曼彻斯特卫报》属于英国的,其他如《民族》周刊、《新共和》周刊、《纽约呼声报》全是美国的。至于《苏俄通讯》则是苏俄在美国出版的通讯,所在地也是美国。

这里特别要提到的,共产国际第一次代表大会宣言是署名"毅"的人通过1919年5月31日出版的《民族》周刊②节译的,取名为《新共产党宣言》。

3. 在美国报纸《大陆报》上的发文宣传

1919年6月,吴廷康在一封工作信件中透露:"6月1日《大陆报》发表一篇关于缓冲国的社论,是根据我提供给他们的材料写的。在今天的这期上,他们全文刊登了《告世界劳动人民书》。这是美国在上海办的一家大报,我们可以利用它。中国的报刊我们几乎都可以利用。请寄来您想宣传的材料吧。"③

信中提到的《大陆报》是一家1911—1951年美国在上海出版的英文报纸,而"缓冲国"是指1920年4月6日成立的在俄罗斯联邦与日本之间的远东共和国,首都上乌丁斯克,从1920年10月起改为赤塔。时任远东共和国政府主席克拉斯诺晓科夫的计划是,"以远东共和国为桥梁,连通美国、日本与俄罗斯联邦"④。共产国际十分看重远东共和国,马林后来回忆证实,那时"在伊尔库茨克的共产国际局在进行联系远东工作……伊尔库茨克局唯一是同赤塔政府合作"⑤。在赶走自卫军和日本侵略者后,远东共和国于1922年11月15日并入俄罗斯联邦。

但吴廷康显然对于利用美国资产阶级在上海的报纸抱过于乐观的态度,在1919年6月的两次得手以后,《大陆报》很快回到它的基本立场上去了,以至于吴廷康在1924年末、1925年初两次在中共机关刊物撰文猛批《大陆报》。在《向导》周报第96期(1924年12月24日)上,吴廷康用"魏琴"的名义发表《帝国主

---

① 《联共(布)、共产国际与中国国民革命运动(1920—1925)》,北京图书馆出版社1997年版,第32页。
② 《民族》杂志这篇宣言是从英国参战处刊布的公报《外报评论》的增刊里转载来的,《外报评论》又是从3月29日及31日的 Christania Social-Demokraten 报里译出来的。见高军等主编:《五四运动前马克思主义在中国的介绍与传播》,湖南人民出版社1986年版,第349页。
③ 《联共(布)、共产国际与中国国民革命运动(1920—1925)》,北京图书馆出版社1997年版,第29页。
④ 《中共创建史研究》第1辑,第120页,上海人民出版社2016年版。
⑤ 《马林赴华回忆》(一九三五年八月十九日),《"一大"前后》(二),人民出版社1980年版,第569页。

义国家在中国之宣传》,其中指出:"字林西报,大陆报,京津泰晤士报……每日不知要发表若干文字来鼓吹强盗的帝国主义者以反对中国人民,反对中国民族的解放运动。"①在1925年1月7日出版的《向导》周报第98期上,他再次撰文《帝国主义与反基督教运动》,直指《字林西报》《大陆报》是"帝国主义者的报纸"②。

4.《新青年》中的美国译本

1922年,马林在《中国南方的革命民族主义运动》中回顾说:"四年前陈独秀办了《新青年》杂志,该刊物对青年知识分子有很大影响。它直接进行共产主义宣传,并对苏俄及俄国革命表示同情。它对在中国各城市成立从事社会主义问题研究的知识分子小组作出很大贡献。"③

《新青年》自第8卷第1号(1920年9月1日)起改版,标志着它的左转,其封面图案模仿的是美国社会党(Socialist Party of America)的党徽。该号开辟的"俄罗斯研究",其中就有大量译自纽约《苏维埃俄罗斯》(*Soviet Russia*)周刊上的文章。《新青年》第8卷第1至第5号(1921年1月1日),共刊出31篇文章,其中来自《苏维埃俄罗斯》的有16篇,占了半数以上;第3号到第5号三期就翻译了该刊13篇文章,以致曾担任《新青年》编辑的胡适惊呼:"今《新青年》差不多成了 *Soviet Russia* 的译本。"④

李大钊在《新青年》第9卷第3号(1921年7月1日)发表的《俄罗斯的过去及现在》一文中,提到的列宁《无产阶级的革命》《苏维埃政府的要图》的英文译本分别来自纽约共产党印书社和纽约 Rand School。⑤

当代学者李丹阳指出,在纽约出版的《苏维埃俄罗斯》是苏俄驻外机构创办的刊物,得到美国社会党的支持。"利用表面上非布尔什维克的出版物从美国向中国曲线输入布尔什维克文献,是布尔什维克在宣传上的一种运作方式。"石川祯浩提出,吴廷康可能是通过自己的渠道,帮助订购了《苏维埃俄罗斯》周刊。⑥

---

① 《维经斯基在中国的有关资料》,中国社会科学出版社1982年版,第347页。
② 《维经斯基在中国的有关资料》,中国社会科学出版社1982年版,第358页。
③ 《马林在中国的有关资料(增订本)》,中国社会科学出版社1980年版,第208页。
④ 《关于〈新青年〉问题的几封信》,张静庐编:《中国现代出版史料》(甲编),中华书局1954年版,第10页。
⑤ 《李大钊选集》,人民出版社1959年版,第366页。
⑥ 田子渝等著:《马克思主义在中国初期传播史(1918—1922)》,学习出版社2012年版,第103页。

5.《共产党》月刊中美国的译本

1921年7月中国社会主义青年团代表俞秀松在青年共产国际第二次代表大会做报告时说,一年来"出版一种叫《劳动者》的中文通俗周刊,在广大劳动群众中传播共产主义思想。还出版一种正式的机关刊物《共产党》月刊,它登载的是……中国共产党和中国社会主义青年团的决议、提纲和文件"[①]。

《共产党》月刊作为中国共产党的正式党刊,在建党初期发挥了巨大的作用。它的一个特点就是旗帜鲜明地宣传列宁主义。1920年11月7日出版的《共产党》月刊第1号刊登了震寰翻译的列宁著作一览表:

> 我们在下头发表的列宁著作一表,极不完全。因为几年来这里和俄国断绝交通,俄国各著作家的书籍不能够自由入口。美国的图书馆也极少俄国社会学者和经济学者的著作。所以我们迫得预备这一表只是我们所有的。虽然这表不是完全,已经对于经济上、文学上、科学上的范围,非常广阔。这种书籍都是对于经济学、政治学和社会学发表实施的政策。下列各书籍的先后,都是依着著作年期的次序:
>
> (一)俄罗斯的社会民主党问题(一八九七年出版)
>
> (二)俄罗斯的资本制度发达史[②](一八九九年在圣彼得堡出版)
>
> (三)经济的札记和论文(同上)
>
> (四)要做什么[③](一九〇二年在德国出版)
>
> (五)告贫乏的农民(为农民对于社会民主党的宗旨而作)(一九〇三年在瑞士由俄国革命的社会民主党出版)
>
> (六)进一步退两步(论本党的危机)(一九〇四年在瑞士出版)
>
> (七)民主革命中的社会民主党两个政策[④](一九〇五年在瑞士由俄国社会民主工党总部出版)
>
> (八)社会民主实业史略的大纲(一九一七年在彼得格拉出版,是由一九〇五年至六年的文集)

[①] 《青年共产国际与中国青年运动》,中国青年出版社1985年版,第53页。
[②] 今译《俄国资本主义的发展》。
[③] 今译《怎么办?》。
[④] 今译《社会民主党在民主革命中的两种策略》。

（九）解散旧国会和无产阶级的目的（一九〇六年在俄国出版）

（十）一九〇五年至七年俄罗斯第一次革命中的俄国社会民主的大纲①（一九〇七年著，一九一七年在彼得格拉出版）

（十一）经验批评主义的唯物哲学②（反动哲学的批评释义，一九一〇年出版）

（十二）帝国主义是资本主义的末日③（一九一五年著，一九一七年在彼得格拉出版）

（十三）俄国的政党和无产阶级的目的（一九一七年在彼得格拉出版）

（十四）论进行方法的文书（一九一七年在彼得格拉出版）

（十五）革命的教训（同上）

（十六）农业中资本发达律的新论据（卷一论美国农务经济中的资本主义，一九一七年在彼得格拉出版）

（十七）国家与革命（一九一七年在彼得格拉出版）

（十八）苏维埃政府的要图（即苏维埃实现）④（一九一八年在彼得格拉出版）

（十九）无产阶级的革命与靠斯基汉奸⑤（一九一八年在彼得格拉出版）

最后还附有列宁著作的英文原名对照。整篇文章译自《苏维埃俄罗斯》。

以上这19种列宁著作十分重要⑥，以至于1921年7月李大钊在发表《俄罗斯革命的过去与现在》时按原来的秩序照录了一遍。⑦

另外，《共产党》月刊翻译列宁的《国家与革命》也是转译自美国社会主义期刊《阶级斗争》；《共产党》第2号刊出的《加入第三国际大会》，译自美国的综合性期刊 The Nation；同期刊出的《美国共产党党纲》《美国共产党宣言》译自美国

---

① 今译《社会民主党在1905—1907年俄国第一次革命中的土地纲领》。
② 今译《唯物主义与经验批判主义》。
③ 今译《帝国主义是资本主义的最高阶段》。
④ 今译《苏维埃政权的当前任务》。
⑤ 今译《无产阶级革命与叛徒考茨基》。
⑥ 其中大多数篇目一直为1949年以来出版的各种版本的《列宁选集》所收录。
⑦ 只有四篇著作的标题作了译文的改动：（二）"俄罗斯的资本制度发达史"被改为"俄罗斯资本主义发达史"；（三）"经济的札记和论文"被改为"经济的札记和论丛"；（四）"要做什么"被改为"什么是要做的?"；（十九）"无产阶级的革命与靠斯基汉奸"被改为"无产阶级的革命与考慈基汉奸"。见《新青年》第9卷第3号（1921年7月1日）。

The Communist；中共"一大"制定的《中国共产党第一个纲领》与《共产党》发表过的《美国共产党党纲》的内容比较相似，应该是有所参考的。①

6. 人民出版社的美国译本

1922年6月30日，中共中央执委会书记陈独秀给共产国际的报告说，现在党员共计195人，其中"留美国一人"，并汇报人民出版社印共产主义丛书中第5种是 Trosky's *From October to Brest Litovsk*，②即托洛斯基所著《从十月革命到布列斯特和约》，又名《俄国革命记实》，是记载十月革命最权威的图书。这本书小32开本，由人民出版社1922年1月根据纽约TSPS 1919年英文版翻译出版。③

五

1920年9月，共产国际东亚书记处临时执行局主席维连斯基报告共产国际："今年5月，为领导业已展开的工作，成立了临时的集体中心机构。其驻地设在上海，取名'第三国际东亚书记处'。"④他在信中说："上海是中国共产主义出版事业的主要中心。在这里，东亚书记处拥有许多报刊，我们有《上海俄文生活日报》，中文报纸《周报》《社会日报》，杂志《新青年》。"近期工作是"即将举行的中国共产主义组织代表大会和中国共产党的成立"。⑤

1921年1月，共产国际执行委员会远东书记处在俄共（布）中央西伯利亚局东方民族处的基础上成立，驻地选在伊尔库茨克。同月，国际工会联合会（1921年7月后称赤色职工国际）驻赤塔远东书记处代表派遣 M. 弗兰姆堡到中国上海。⑥ 同年春，吴廷康等人奉命返回伊尔库茨克，在远东书记处工作。

6月3日，共产国际代表、荷兰人马林（Hendricus Sneevliet）乘坐意大利"阿奎利亚号"轮船抵沪。马林后来回忆："那时，虽有在伊尔库茨克的共产国际局在

---

① 田子渝等：《马克思主义在中国初期传播史（1918—1922）》，学习出版社2012年版，第103—104页。
② 《共产国际与中国革命资料选辑（一九一九——一九二四）》，人民出版社1985年版，第159、161页。
③ 田子渝等：《马克思主义在中国初期传播史（1918—1922）》，学习出版社2012年版，第302页。
④ 《联共（布）、共产国际与中国国民革命运动（1920—1925）》，北京图书馆出版社1997年版，第39页。
⑤ 《联共（布）、共产国际与中国国民革命运动（1920—1925）》，北京图书馆出版社1997年版，第41页。
⑥ 《维经斯基在中国的有关资料》，中国社会科学出版社1982年版，第467页。

进行联系远东工作,但是莫斯科需要一个共产国际的直接代表驻在中国……我一开头只能从上海着手。"①马林到上海后建议召开中国共产党全国代表大会。当月,李达、李汉俊即致函各地共产党小组,请各派两名代表来沪出席中共第一次代表大会。是月,远东书记处接替吴廷康工作的尼克尔斯基亦抵达上海。马林、尼克尔斯基同弗兰姆堡经常一起商讨工作。②

列宁预言:"由于在中国将出现更多的上海,中国无产阶级也将日益成长起来。它一定会建立这样或那样的中国社会民主工党。"③1921年7月23日,在上海开幕的中国共产党第一次全国代表大会正式宣告了中国共产党的光荣诞生。

上海的国际化、现代化、工业化是中共建党最适宜的地理人文环境。近代以来,上海是中西多元文化的汇聚地,是西方新思潮传入中国的窗口。文化事业发达,文化人中外联系密切。上海有沿江沿海的天然地理优势,地理位置适中,在经济、文化、社会诸方面均有强大的辐射力,有利于社会主义思想在全国的传播与扩散。由于上海的开放性、前卫性、市场性,宣传苏俄社会主义、马克思列宁主义的报纸、杂志与书籍一经出版,大受欢迎,为中共建党营造了良好的舆论氛围。《新青年》依靠民办的群益书社作为自己的发行机构。1920年6月,吴廷康在一封工作信函中说:"我们主要从事的工作是把各革命团体联合起来组织成一个中心组织。'群益书店'可以作为一个核心把这些革命团体团结在它的周围。"④1920年8月群益书社出版了恩格斯著、郑次川翻译的《科学的社会主义》,摘译了《社会主义从空想到科学的发展》第3节。同月,陈望道翻译的《共产党宣言》单行本出版后,首印1 000册很快卖完,同年9月进行第二次印刷。李达回忆说,建党初期"《新青年》社在法租界大马路开了一家'新青年书社'。生意很好"⑤。"一大"以前共产党早期组织的经费是自筹的,其中就有上海新青年社的营业盈利4 000元。⑥

到过上海的俄共代表费奥多尔对此多有赞誉,他说:"上海是中国社会主义

---

① 《马林赴华回忆》(一九三五年八月十九日),《"一大"前后》(二),人民出版社1980年版,第569页。
② 《现代上海大事记》,上海辞书出版社1996年版,第93页。
③ 《列宁选集》第2卷,人民出版社1995年版,第296页。
④ 《联共(布)、共产国际与中国国民革命运动(1920—1925)》,北京图书馆出版社1997年版,第28页。
⑤ 《"一大"前后》(二),人民出版社1980年版,第9页。
⑥ 《张国焘关于中共成立前后情况的讲稿》,《百年潮》2002年第2期。

者的活动中心,那里可以公开从事宣传活动。那里有许多社会主义性质的组织,出版300多种出版物(报纸、杂志和书籍),都带有社会主义色彩……出版的书籍、报纸和杂志刊登有苏俄人士,特别是列宁和托洛茨基的照片,购买踊跃。""在上海的中国学生中心组织和工人组织都支持社会主义者,而这些人是革命的主要支柱,是对北方政府的威胁,他们出版一些极其左倾的报纸、杂志和书籍。"①

由此可见,十月革命以后马克思列宁主义、科学社会主义在中国特别在上海的传播是个双向互动的过程。以吴廷康为代表的共产国际工作人员利用包括美国在内的所有文化资源,全力以赴,广为宣传,中国本土特别是上海革命群众对共产主义这种新的思想体系与社会制度也充满了期待与憧憬。在这种情况下,外来的先进思想、先进文化很快在中国大地生根、开花、结果。20世纪20年代的上海是中国的工业中心与工人运动中心,而中国共产党就是马克思列宁主义与中国工人运动相结合的产物,即便从社会文化的角度去考察也是如此。中国共产党在上海的诞生迎合了世界革命的潮流,也适合了中国工人阶级、先进知识分子的需要,在这当中来自美国的先进文化的助推作用是不容否定的。

(作者单位 上海师范大学)

---

① 《刘江给俄共(布)阿穆尔州委的报告》(1920年10月5日),《联共(布)、共产国际与中国国民革命运动(1920—1925)》,北京图书馆出版社1997年版,第45页。

乡缘与建党：中共创立期的另一种图景

高红霞

中国共产党自始至终都不是一个乡缘组织，但在建党时期及以后的发展过程中，乡缘也曾发挥过一定的作用，这显示了传统中国在其发展中的一种过渡。在近代上海的人口中，浙江、江苏移民一直最多，反映在上海的党派社团中，苏浙移民数量多往往也是一种常态，但在整个民国时期，中国共产党组织的一些发展时段，移民人口总数较少的省籍如湖南、四川、安徽等，其移民参与的数量却有超过苏浙或紧随其后的情况。中国共产党在开展工人运动或罢工起义中，利用同乡关系或同乡组织开展活动也很常见。本文仅就1919至1922年中共建党时期，乡缘因素所呈现的一种状况作一梳理与考察，以期揭示中共创党的另一种图景。

一

中国共产党成立前，上海有数个社团与组织同中国共产党创立关系密切，相关研究也比较丰富，如上海外国语学社、上海工读互助团、沪滨工读互助团、机器工会、上海共产党小组等。而这些社团组织在移民城市的上海，其成员的来源与籍贯构成却没有被好好地考察分析。事实是这些社团与组织都有相对集中的省籍青年聚集，如机器工会是湘籍共产党人深入江南造船厂同乡工人中组织起来的。

1920年9月，上海共产党早期组织创办了第一所培养革命干部的学校——外国语学社。这并非一所单纯的外语培训学校，它具有两方面的功能：一是作为外语补习社，为成员日后前往国外打下语言基础；二是作为上海共产党培养干部的机构,使他们掌握基本外语知识,能阅读马列著作,了解马克思主义基本原理。外国语学社的不少学员后来成为党和国家重要领导人,如刘少奇、任弼时、彭述之、蒋光慈、王一飞、任作民、柯庆施、罗亦农、萧劲光等。据现有资料,其学员数量少时二三十人,多时达五六十人,这些学员主要是通过陈独秀和上海共产党小组其他成员介绍入学的,萧劲光、周昭秋、任弼时、胡士廉、任岳、陈启沃等六位湖南青年就是毛泽东和湖南俄罗斯研究会介绍给上海小组的。① 也有受新思潮影响,离开家庭或学校,到上海投奔陈独秀(安徽籍)或《觉语》副刊的邵力子(浙江籍),而后被送进外国语学社学习的。因此其中湖南、安徽、浙江三个省籍学员最多。曾在学社中学习过的著名翻译家曹靖华晚年回忆道,"这个班有三四十人,以安徽湖南的人为多",为了在语言、生活习惯上方便些,分成安徽、湖南、浙江三个小组,曹靖华为河南籍,被插进安徽组。②

新民学会在其存续三年时间中,不仅为湖南的驱张运动、湖南青年的旅法勤工俭学运动发挥了重要的组织作用,也为中国共产党创立作了思想理论上的探寻和干部队伍的准备。为扩大湖南驱张运动影响,1920 年毛泽东率领湖南驱张运动请愿团来到上海,领导在上海的湖南学生代表进行驱张斗争,毛泽东在上海住了两个多月。到沪第三天,他就和旅沪的新民学会会员一起,到半淞园(今半淞园路 480 号内)召开会议,主要是欢送即将赴法勤工俭学的会员。参加会议的毛泽东、彭璜、萧三、李思安等 12 人,他们对新民学会的宗旨进行了讨论,确定为"改造中国与世界",还对学会的活动方式、会员条件、入会手续等进行了详尽讨论。这次会议严密了新民学会的组织,为中共建立作了准备。新民学会 78 名会员,在建党与大革命时期,加入中国共产党的有 37 人。毛泽东在上海期间,还经常去南市斜桥的湖南会馆,看望候船赴法的湖南青年。

1919 年底到 1920 年出现的上海工读互助团和沪滨工读互助团,虽非共产党组织,但在中共建党前在促进马克思主义在中国的传播方面发挥过重要作用,并且这两个社团中不少成员后来加入中国共产党并成为中共重要领导人。这两个社团的发起人,前者湘籍占一半,后者则纯粹由湘籍青年组成。首先提出组织

---

① 《萧劲光于 1979 年的回忆(摘录)》,中共上海市委党史资料征集委员会主编:《上海共产主义小组》,知识出版社 1988 年版,第 237 页。
② 《曹靖华于 1982 年的回忆(摘录)》,中共上海市委党史资料征集委员会主编:《上海共产主义小组》,知识出版社 1988 年版,第 239 页。

上海工读互助团的为少年中国会的王光祈（湖南人），他受赴法勤工俭学运动的启发，提出在国内亦可办"工读互助团"。于是，以他为首的26人登报倡议，组织上海工读互助团。① 经查，这26名发起人中，湖南籍14名，安徽2名，天津、四川、江西、广东、浙江各1人，4人籍贯不明。湖南籍占绝对多数。1920年6月，旅沪湖南学生袁笃实、罗亦农、卜士奇、李中等发起成立沪滨工读互助团，团员14人，全是湘籍青年，以"实行工读互助、改造社会"为宗旨。9月外国语学社成立，沪滨工读互助团的大部分成员都参加了外国语学社的学习。这应该是外国语学社湖南籍成员较多的重要原因。1921年2月，沪滨工读互助团因经济困难宣布解散。李中、罗亦农等最终信仰马克思主义，加入共产党。

1920年4月，湖南改造促进会成立，这是一个纯粹由上海湘籍各界人士组成的协会，由彭璜、毛泽东与旅沪新民学会会员、周南女校校长朱剑凡，同盟会元老章士钊、曾毅等人发起组织。彭璜任会长，会址设恺白尔路永乐里15号、16号全国各界联合会内，这里也是彭璜的临时住处。彭璜为上海中共建党期间重要领袖人物。

中共成立前，在联络和开展工人运动、宣传马克思主义方面，湘籍青年知识分子贡献良多。组织工人运动方面，李中与李启汉是中共早期开展工人运动的著名领导人，二李都为湖南人。李中（原名李声澥）是中国共产党领导的第一个工会上海机器工会主要创建人。他与蔡和森、毛泽东同为湖南省立师范学校同学。为了发动工人群众，他进江南造船厂做了一名锻工，一面打铁为生，一面通过同乡联络工友。江南造船厂最早为曾国藩、李鸿章所建，当时已拥有3 000名左右工人，来自曾国藩故乡的湖南人较多。1920年10月3日，李中作为筹备书记在渔阳里6号外国语学社主持召开上海机器工会发起会，确定了机器工会的五大原则。② 1920年11月21日下午，上海机器工会成立大会在上海公学举行，会议由李中主持，孙中山、陈独秀等出席会议并发表演说，世界工人联合会执行部总干事罗卜郎专门发来贺电，可见其在国内外劳动界的影响。毛泽东曾赞誉过他的这位同乡："李君声澥以一师学生在江南造船厂打铁……帮助陈仲甫先生等组织机器工会。"③1920年秋，上海小组指派李启汉主持工人半日学校，这是在

---

① 《申报》1920年3月7日。
② 《民国日报》1920年10月6日。
③ 湖南省博物馆编：《新民学会资料》，人民出版社1980年版，第72页。

全国由党的早期组织创办的第一所工人学校。起初来校上学的工人不多,李启汉在深入了解情况后,决定以开展娱乐活动的形式吸引工人。1920年12月19日,李启汉举办了一场上海工人游艺会,通过游艺会形式来向工人进行宣传教育,从而使得工人半日学校报名人数大增。中国共产党成立后,相当一段时间仍然将党的工作重心放在发动工人运动方面。这一时期,在上海开展工人运动的湘籍党员是李启汉。1921年七八月间,上海英美烟厂举行大罢工,中共即派李启汉前往领导,罢工斗争很快就取得了胜利,随后产生了中国劳动组合书记部,主任为张国焘,李启汉担任干事。1922年以后,李启汉帮助组建浦东纺织工会、支持上海邮局工人罢工运动。由于在上海的优秀表现,李启汉被誉为"上海工人运动的开拓者"①。也因此被租界巡捕房以"发起要挟增加工资,唆使邮差罢工,扰乱秩序"的罪名判了3个月刑,随后又被关进龙华军事监狱坐了两年多的牢。

图9-1 工人半日学校　　图9-2 沪西工人半日学校创办人李启汉

马克思主义理论宣传方面,李达在《新青年》成为上海小组的机关报之后,曾长期在编辑部工作。《共产党》月刊在上海创刊,这是一份适应建党需要的理论教育刊物,李达担任主编,主持该刊的日常工作。在上海小组创党时期,李达是

---

① 中共嘉兴市委宣传部、嘉兴市社会科学界联合会、嘉兴学院红船精神研究中心编著:《中国共产党早期组织及其成员研究》,中共党史出版社2013年版,第146页。

陈独秀重要的助手,在陈独秀赴广州担任广东教育委员会委员长期间,上海小组书记职务就曾由李达代理。

与中国共产党创立关系最直接的是上海共产党小组,它负有筹备正式建党的历史使命,在创党过程中起到了发起组的作用。上海共产党开展工作期间,总共有20名成员,其中的赵世炎、陈公培、刘伯垂三人加入之后很快离沪赴法国与武汉开展工作。① 因此实际参加活动的成员有17名,他们是陈独秀(安徽)、李汉俊(湖北)、沈玄庐(浙江)、陈望道(浙江)、俞秀松(浙江)、杨明斋(山东)、李达(湖南)、袁振英(广东)、邵力子(浙江)、李季(湖南)、林伯渠(湖南)、沈雁冰(浙江)、李启汉(湖南)、李中(湖南)、沈泽民(浙江)、周佛海(湖南)、施存统(浙江)。这17人当中,浙江籍7人,湖南籍6人,安徽、湖北、山东、广东各1人。1921年7月底,上海召开了中国共产党第一次全国代表大会。参会代表有13名,湖南籍代表4位,分别是李达、毛泽东、何叔衡、周佛海,湖北籍代表5人,江西、贵州、山东、广东籍代表各1人。会议期间,李达曾与张国焘、董必武起草供会议讨论的党纲以及工作计划。李达最后被选举为三人中央局成员之一,负责宣传工作。

国共合作以后,湘籍党员在上海也参与了多项活动。首先,与国民党合作共同创办上海大学。李大钊受于右任所托,推荐了邓中夏担任校务长,负责学校的行政工作。后来蔡和森还担任了上海大学的教师,深受学生的喜欢。上海大学的创办,为国共两党培养了一批革命青年。其次,在国民党上海执行部的工作。1924年国民党上海执行部成立,中共协助国民党开展活动,毛泽东担任了组织部秘书,其他湘籍党员如向警予、邓中夏、李立三等成为上海执行部的重要成员。可以这么说,以毛泽东为首的几位湘籍党员在其中发挥了重要作用。第三,参与针对外国殖民者以及上海军阀当局的革命活动。五卅惨案后,中共决定公开上海总工会,由李立三、刘少奇负责,领导罢工、罢课、罢市的"三罢"运动;上海工人第三次武装起义最高决策机构中,8名成员当中有3名湘籍党员,彭述之、罗亦农、萧子暲。②

显而易见,在中共创建期间,无论在一些相关社团和组织中,还是直接参与

---

① 中共上海市委党史资料征集委员会主编:《上海共产主义小组》,知识出版社1988年版,第26页。

② 《中共上海党志》编纂委员会编:《中共上海党志》,上海社会科学院出版社2001年版,第197—202页。

建党的上海共产党小组中,浙江、湖南籍成员数量往往名列前茅。浙江离沪较近,且上海人口中所占比例也较高,因此这种情况尚可理解;而湖南远离上海,在近代上海人口中,湘籍人口数量从未超过第5名,却在中共建党活动中如此突出,这是一个很有意思的问题。

二

湖南人如此多地参与了中共在上海的建党组织活动,这是有其历史的远因和近因的。

历史的远因必然要追溯到近代以来湖南军政人才的涌现,并在上海政界的活跃和聚集,这也是上海的湘籍移民群体有别于其他省籍群体的一个特征。而近代上海在行政治理方面的特点也吸引了不少持不同政见者和革命人士。上海还是国人——尤其是内陆地区——出入国门的必经港口。

19世纪中期,太平天国运动兴起,太平军的入湘与出湘,曾国藩组织湘军镇压太平军,这一系列的活动,成为晚清湖南人向江南大批迁移的起点。1852年6月,太平军攻占湘桂边境的全州,进军湖南,在湖南的半年时间里,数量增加了两倍,建立了土营、水营,声势浩大。① 这些加入太平军的湖南人,被这股洪流胁裹出湖南,跟随太平军转战各地。太平天国建都天京后,这部分湖南人也就随之到了长江下游的苏浙一带。太平军席卷湖南、北出洞庭之后,湘省会党组织活动越发频繁,如串子会、红黑会、半边钱会、一股香会等,"往往成群结党,啸聚山谷",遍及各地,势力很大。② 清朝的绿营、八旗等经制兵尾随追击太平军而去,无力镇压会党起义维持地方,故清政府诏令在湖南的礼部侍郎曾国藩,办理湖南团防查匪事务。曾国藩得旨许可后,即"调湘乡廪罗泽南、生员王鑫等练勇长沙"③,成军之后,镇压省内各地起义,1853年5月,又率湘勇出省作战。1854年湘军水师编练完毕,曾国藩遂率水陆大军"自湘阴转战复岳州……八月复武汉,湖南北

---

① 湖南省志编纂委员会编:《湖南省志·第一卷 湖南近百年大事纪述》,湖南人民出版社1979年版,第32页。
② 湖南省志编纂委员会编:《湖南省志·第一卷 湖南近百年大事纪述》,湖南人民出版社1979年版,第35页。
③ 光绪《湖南通志·卷八十九 武备志》,清光绪十一年刻本。

路肃清"①,此次是湘军正式转战外省,接着由湖北至安徽、江西,继而江南,故"东南各行省自是倚湖南为重"②。湘军出省征战者,"水陆不下十数万之多"。在战胜太平军之后,除去大部分裁撤归乡,有不少湖南兵勇就此流落苏浙,遍布江南。而未被裁撤的部队及其将官在战后形成了湘系官僚集团,主政东南各省。他们中的各级官员携带家眷前往各个驻地,退役后大多居住于上海、苏州等城市,形成一批较为特殊的移民群体。③ 这个特殊的群体,深深影响了晚清政局。

近代以来上海城市的独特地位对湖南人的吸引也不可忽略。上海对湖南人的吸引主要体现在以下两个方面。首先,辛亥革命后上海政治地位提升。太平天国之役,江南地区遭受重创,传统的中心城市如苏州、杭州衰落下去,而上海幸免于难,逐渐成为江南地区最为重要的城市。这个重要地位,不仅体现在经济层面,也体现在政治层面。19世纪60年代后,上海不仅成为东南地区清政府外交活动的重要城市,也是洋务派官僚实践"自强求富"口号的舞台。上海道台成为两江总督以下最为重要的职务,担任过上海道台的官僚往往会得到晋升。④ 靠镇压太平军而崛起的湘军官僚集团,在战后大多主政于东南地区,上海也是湘籍官僚为官执政的重要城市。故而这一时期的上海吸引了一批湖南官僚,上海成为他们走上更高仕途的台阶。

其次是上海"一市三治"和租界的存在,对持不同政见者是一个较好的庇护所。上海开辟租界后,列强逐渐获得了行政权、立法权、司法权,租界俨然成了"国中之国"。尤其是英、美、法三国驻沪领事先后于1862年、1863年、1866年规定中国政府拘捕租界内华人要取得外国领事的同意,中国政府因此就失去了对租界内华人的逮捕权,租界就成为中国官方统治的一个薄弱地带。清末革命党人在租界内发动组织,宣传舆论,逃避追捕;北洋政府时期中国共产党在租界秘密创建;南京国民政府时期中共中央机关的地下活动,都得益于上海存在着租界这样特殊的行政区域。蔡元培曾经有这样的论述:"……自是人人视上海为北京

---

① 光绪《湖南通志·卷八十九 武备志》,清光绪十一年刻本。
② 同上。
③ 葛剑雄、吴松弟、曹树基:《中国移民史》第6卷,福建人民出版社1997年版,第416页。
④ 梁元生:《上海道台研究——转变社会中之联系人物》,陈同译,上海古籍出版社2003年版,第30页。

政府权力所不能及之地。"①

上海成为不少湖南人逗留的城市,还因为湖南是一个内陆省份,出入国门一般会选择上海作为中转站。自19世纪60年代后,上海成为东南地区清政府外交活动的重要城市,是中国人出国回国的一个重要码头。1850年2月大英轮船公司开辟上海到伦敦的定期航班,此后法国、美国、日本、德国、加拿大、澳大利亚纷纷开辟至上海的航线。② 到了20世纪20年代,上海成为国内外轮船运输的一个重要港口:"轮船类别有二,曰外国、曰内国。外国轮船有英法德三公司,远者达伦敦、纽约,近者至神户、横滨……内国轮船类别有三,曰沿海、曰沿江、曰内河。"③由于具有这样一个优越的交通地理位置,上海成了清末的反清革命党人出入国门从事革命活动的中转站。

笔者以黄兴、宋教仁等7位清末革命党人年谱为基本资料,摘录出他们来往上海的记录。

表9-1 部分湘籍革命者来往上海(次数)统计表④

姓 名	来往上海目的			往来上海统计
	出入国门	赴沪活动	赴沪避难	
宁调元	4	3	1	8
刘揆一	3	2	1	6
宋教仁	4	3	2	9
杨毓麟	3	2	2	7
李燮和	3	2	1	6
唐才常	2	1	1	4
黄 兴	13	5	2	20

资料来源:杨天石、曾景忠编:《宁调元年谱》,载《宁调元集》,湖南人民出版社1988年版;饶怀民、李日编:《杨毓麟年表》,载《滔海志士杨毓麟传》,岳麓书社2011年版;饶怀民编:《刘揆一年表》,载《刘揆一集》,湖南人民出版社2008年版;迟云飞:《宋教仁生平大事年表》,载《宋教仁与中国民主宪政》,湖南师范大学出版社2008年版;饶怀民编:《李燮和年表》,载《光复军司令李燮和传》,岳麓书社2015年版;毛注青:《黄兴年谱长编》,中华书局1991年版;唐才质编:《唐才常烈士年谱》,载《唐才常集》,中华书局1982年版。

---

① 蔡元培:《读章氏所作〈邹容传〉》,转引自熊月之:《论上海租界的双重影响》,《史林》1987年第3期。
② 张仲礼编:《近代上海城市研究》,上海人民出版社1990年版,第181—184页。
③ 《民国上海县志·卷十二 交通》,1936年铅印本。
④ 本表"来往上海的次数"是指年谱主人(即湘籍革命者)活动所在地点发生改变的次数(与上海相关),根据各次来往上海的不同目的,总共可分为"出入国门""赴沪活动""赴沪避难"三项。

从上表7位湘籍革命者年谱资料的统计可以看出,"出入国门"是他们来往上海的一个重要目的,这一项甚至都要大于"赴沪活动""赴沪避难"两项的统计。

对于清末的革命党人来说,通过上海去往海外,大部分目的地都是日本,如:宁调元"(1905年)东渡赴日,入早稻田大学学法学"①、杨毓麟"(1902年)3月,到达上海。(经沪于4月19日到达日本求学)"②;刘揆一"(1904年)十一月底,黄兴先期出狱,偕黄兴逃抵东京"③;宋教仁"(1904年)12月5日,由上海东渡日本,于12月13日抵达东京"④;李燮和"(1906年)1月,由陶成章介绍加入光复会,赴日本东京"⑤;黄兴"(1904年)11月20日,因万福华刺王之春案牵连入狱。29日获释,避走日本"⑥;等等。去往日本的原因主要有两个。一方面,清末湖南人通过上海去往日本留学是一个普遍现象,"……这期间(指1900年后)愈来愈多湖南学生东渡日本求学,他们成为中国海外留学运动的一部分"。⑦有一个数据可说明湖南学生留日的盛况:1904年全国共有留日学生2 406人,湖南位居全国第一,363人,远远超过浙江191人、江苏280人。⑧这些湖南留学生后来大都成了革命党人。另一方面,由于距离中国较近,日本成为湘籍革命者经由上海逃亡海外的最佳之地。

除了通过上海去往海外,湘籍革命者通过上海辗转国内各地的次数也不少,宁调元、刘揆一、李燮和、唐才常各1次,宋教仁3次,黄兴5次。通过上海去往国内各处的目的主要有两方面:其一为前往各地展开活动,如宋教仁"(1911年)4月,(离沪)赴香港参加筹备广州起义"⑨,刘揆一"(1911年)十月二十四日,携黄兴、宋教仁从上海赴武昌"⑩,黄兴"(1913年)7月14日,携石陶钧等抵达南京。召集军事会议,决定出兵计划"⑪,这些目的地包括了南京、武汉、北京、香港

---

① 杨天石、曾景忠编:《宁调元年谱》,载《宁调元集》,湖南人民出版社1988年版,第691页。
② 饶怀民、李日编:《杨毓麟年表》,载《湖海志士杨毓麟传》,岳麓书社2011年版,第327页。
③ 饶怀民编:《刘揆一年表》,载《刘揆一集》,湖南人民出版社2008年版,第295页。
④ 迟云飞编:《宋教仁生平大事年表》,载《宋教仁与中国民主宪政》,湖南师范大学出版社2008年版,第249页。
⑤ 饶怀民编:《李燮和年表》,载《光复军司令李燮和传》,岳麓书社2015年版,第305页。
⑥ 毛注青编:《黄兴年谱长编》,中华书局1991年版,第74—76页。
⑦ [美] 裴士锋:《湖南人与现代中国》,社会科学文献出版社2015年版,第99页。
⑧ 张海鹏、李细珠:《中国近代通史》第5卷,江苏人民出版社2006年版。
⑨ 迟云飞编:《宋教仁生平大事年表》,载《宋教仁与中国民主宪政》,湖南师范大学出版社2008年版,第251页。
⑩ 饶怀民编:《刘揆一年表》,载《刘揆一集》,湖南人民出版社2008年版,第298页。
⑪ 毛注青编:《黄兴年谱长编》,中华书局1991年版,第390页。

等几个主要大城市,上海成为这些湘籍革命者来往全国各大城市的中转据点;其二为回归湖南家乡,此种行程多为回乡探亲性质,如李燮和"(1911年)7月,李燮和闻其母病危,乃只身(离沪)潜回故里探亲"①,黄兴"(1912年)10月23日,自上海乘楚同舰启程返湘"②。

最后,湖南人的性格与湖湘文化的影响,这已有不少研究涉及。湖南因其地理位置,自古为兵家争战之地,明末清初更是饱受刀兵战火荼毒,加之湖南又是少数民族众多的地区,因此湖南人的性格中有强韧、犷悍的成分。而湖湘文化中的经世致用与民族主义内涵的熏陶,使得近代湖南人的行动力较强,爱国主义情怀丰满。湖湘文化源远流长,传承自屈原的楚文化传统,经宋代胡安国、胡宏父子创立"湖湘学派"而奠定基础,再经张栻传播,至明清鼎革之际由王夫之继承发展,到清中叶以后蔚为大观。③ 进入晚清时期,中国面临列强入侵,救亡图存的历史局面形成,湖湘文化当中最为重要的两个内涵——经世致用以及民族主义演变而来的爱国主义精神——对孕育湘籍人才,特别是政治军事人才发挥了重要作用。因此晚清有唐才常、谭嗣同,民初有宋教仁。杨度有诗作,既形象地表现了湖南人的性格,在当时也曾极大地鼓励了湖南的青年,原文为一首长诗,是杨度代表湖南青年对梁启超所作《少年中国说》的呼应之作,发表在《新民丛报》上,其中有"中国如今是希腊,湖南当作斯巴达;中国将为德意志,湖南当作普鲁士""若道中华国果亡,除非湖南人尽死"等句,这些诗句在湖南青年中产生了巨大影响。

三

中共建党时期湖南人参与较多并发挥了重要作用,除了上述历史与地缘因素外,其近因要归结到中共建党时期中国和湖南的政局。关注湖南省政和国家兴亡的湘籍知识分子,尤其是青年知识分子络绎不绝地来往于上海和湖南,他们中不少人便选择了马克思主义,走共产主义道路。具体而言,当时中国发生了两场运动,这两场运动不仅对当时中国政局产生影响,也对中国历史进程产生深远

---

① 饶怀民编:《李燮和年表》,载《光复军司令李燮和传》,岳麓书社2015年版,第307页。
② 毛注青编:《黄兴年谱长编》,中华书局1991年版,第345页。
③ 卢华为:《湖湘文化及其特征与历史定位》,《湘潭大学学报》2005年3月。

影响。一是湖南驱张运动,二是留法勤工俭学热潮。驱张运动发生在湖南,但湖南的组织者一度努力地将它推向全国,并基本达到了目的。驱张运动的组织者与寓居上海的湘籍各阶层人士使上海成为仅次于北京的驱张运动的重要城市。与此同时,中国还有一股留法勤工俭学热潮激流澎湃。这是中国一部分知识精英和政治家希望通过改革教育,达到改造中国社会的一个尝试。在赴法勤工俭学运动中,湖南青年非常积极投入,频繁往来于沪湘之间,将上海作为留法学生走出国门的中转站。一定程度上说,这两场运动推动了湖南相当一部分青年迅速转向信仰马克思主义,并为中国共产党的创立训练了干部。

驱张运动是五四运动时期湖南人民发动的驱除军阀张敬尧的斗争。湖南学生是这场运动的急先锋,以毛泽东等为首的新民学会在其中发挥了骨干作用。当运动发展到上海,以毛泽东为首的青年学生与上海南社湘籍成员结合,在上海掀起了一场声援湖南驱张运动的社会舆论运动,并在上海出版杂志,建立社团组织。驱张运动在湖南省外数北京声势最大,仅次于北京的是上海。这时期陆续来到上海的新民学会成员为骨干的青年学生和在上海的南社湘籍成员,是上海这场运动的主力。1919年8月,为扩大驱张宣传,联络省外力量,1920年2月,彭璜等作为湖南学联代表前往上海,联络全国学联和全国各界联合会,声援驱张运动。5月5日,毛泽东率湖南驱张请愿团来到上海,与彭璜等人见面,讨论驱张斗争。毛泽东在湖南善后协会创办的《天问》周刊[1]发表《湖南人民的自决》,[2]声讨张敬尧祸湘罪行。湖南善后协会试图借助南北议和这件事,展开舆论活动。傅熊湘亲自手撰《醴陵兵燹纪事》《醴陵兵燹图》《湘灾纪略》等书,送交南北各方代表,为湖南善后奔走呼吁。与此同时,旅沪湘人还于1919年4月14日至5月14日连续一个月在上海《民国日报》登载署名"旅沪湘人公决"的驱张口号作为声援:

速去张敬尧!!!
张敬尧不去,湘祸不了!

---

[1] 《天问》为南社重要成员傅熊湘编辑。傅熊湘,诗、文、词兼攻,辛亥革命期间从事反清宣传和活动,北洋政府期间抨击北洋军队劫掠湖南,赴上海请赈,与上海的湘绅聂其杰、彭兆璜、袁家普等创设湖南善后协会,为《湖南》《天问》周刊撰稿。

[2] 《天问》周刊第23号,1920年7月4日。原载《时事新报》1920年6月18日。

>张敬尧不去,合议不成!
>总代表注意!
>分代表注意!
>湘代表注意!
>主张不议决去张敬尧者,
>湘人誓图相当之对付!①

1919年8月6日,张敬尧将湖南学生联合会解散,进一步迫害学生运动。湘籍学生被迫离开湖南,发出湖南学生联合会第二次驱张宣言。这是湘籍学生群体在上海开展活动的序幕,"这回活动,可说是湖南全体学生驱张运动的先声;这回所派的代表,可说是湖南全体学生驱张运动的先锋队"②。到了1919年年底,张敬尧对湖南学生的迫害更甚,湖南学生纷纷离开湖南分途北京、上海进行驱张运动。来到上海的学生,由曹杨篱、毛斗文等出面,组织了驻沪湖南学生请愿代表团,于1919年11月14日在上海《民国日报》上发布《湖南旅沪学生要求撤换张敬尧》的通电,向广东军政府、湖南郴州谭督军等请愿:"学生等避居海滨,从无党系,苟可缓死须臾,自愿宁人息事;故初冀沪会重开,解决湘局。不料信使非人,和平绝望,撤换张督,又无结果,而湘人倒悬,日甚一日,垂死待救,急不能待。"③"只得请求湘省西南将领,重整旗鼓,克日声罪致讨,出湘民于水火之中,俾得苟延残喘,再见天日。"④为了获得南北议和会议的支持,通电特别强调:"此实湘民忍无可忍,不得不急起自决,为正当之防御,求局部之解决,其于西南和平之根本主张,并无妨碍。"⑤

在几个驱张团体的组织运动下,上海的驱张运动颇有声势。1920年1月4日,上海的湖南人联合起来组织了旅沪湖南各界联合会,进一步开展活动。在该日会上,旅沪湘人作出三项决议:"一,电南北政府要求去张,并电湘西将领及吴师、冯旅,援以实力;二,请求和会湘籍章、徐、彭三代表,力负去张责任;三,派人

---

① 湖南省哲学社会科学研究所现代史研究室编:《五四时期湖南人民革命斗争史料选编》,湖南人民出版社1979年版,第265页。
② 黎宗烈:《驱张运动总记》,《五四时期湖南人民革命斗争史料选编》,湖南人民出版社1979年版,第245页。
③ 上海社会科学院历史研究所:《五四运动在上海史料选辑》,上海人民出版社1980版,第510页。
④ 上海社会科学院历史研究所:《五四运动在上海史料选辑》,上海人民出版社1980版,第511页。
⑤ 同上。

请愿粤军政府及郴州、衡州、常德各军,要求伐暴救民。"①会后,旅沪湘人诸如彭允彝、章士钊等纷纷各处活动,以助声势。1920年4月,彭璜、毛泽东与旅沪新民学会会员、周南女校校长朱剑凡,同盟会元老章士钊,曾毅等人发起组织湖南改造促进会。彭璜任会长,会址设恺自尔路永乐里15号、16号全国各界联合会内,这里也是彭璜的临时住处。

除了组织驱张团体外,旅沪湘人还利用上海自由的舆论环境,创办刊物以期进行舆论驱张,《湖南》月刊与《天问》周刊就是这样的产物。上海的驱张活动并没有形成像北京那样大规模的集会游行活动,但由于舆论宣传影响巨大,反而取得了更好的效果。旅沪湘人团结一致为家乡事业奔走的政治参与热情也在此次事件当中展现得淋漓尽致。凭借湘人的不断抗争与舆论活动,再加上吴佩孚、西南联军的军事压力,张敬尧所部节节败退逃往岳州,张本人也于1920年6月13日被北京政府免去湖南督军兼省长各职。②湖南人民的驱张运动最终获得了胜利。

与驱张运动同时开展的还有赴法勤工俭学热潮,以及工读互助团体的建立。赴法勤工俭学一般都得从上海候船去法国,因此上海成为赴法勤工俭学的大本营。留法勤工俭学开始于1912年,当时的本意是节俭费用,作为推广留学之方法。1915年6月,蔡元培等组织勤工俭学会,以"勤于工作,俭以求学,以进劳动者之智识"为宗旨。1919年以后,在李大钊、毛泽东、周恩来、蔡和森、赵世炎的推动下,中国留法勤工俭学运动达到高潮。1919—1920年,先后共20批约1600多人到达法国。他们来自中国18个省,其中以四川(378人)、湖南(346人)、河北(147人)为最多,湖南省位居第二。③1918年诞生的新民学会,是先进知识青年的革命团体,很快成为湖南赴法勤工俭学运动的领导力量,新民学会的70多个会员,多数参与了赴法勤工俭学的各项工作。

唐铎的《回忆五四时期的留法勤工俭学运动》谈及:"1918年春,毛泽东和蔡和森等同志,在湖南组织了革命团体——新民学会,经常组织会员讨论中国的出路问题。恰在这时,原在湖南第一师范学校教书,后来到北京大学任教的杨昌济先生,给毛泽东同志来信,告知有人发起留法勤工俭学的消息。于是,新民学会

---

① 《天问》第1号,1920年2月1日,上海档案馆,D2-0-2963。
② 李新主编:《中华民国史》第3卷,中华书局2011年版,第457页。
③ 郑名桢:《留法勤工俭学运动》,山西高校出版社1994年版,第38页。

专门讨论了组织会员和湖南青年参加留法勤工俭学的问题。他们认为通过留法勤工俭学,可以直接研究西欧工人运动的经验,特别是研究十月革命的经验,学习马克思主义的新思潮,学习西方的文化科学技术,正是'向外发展'的一个好机会。从此,毛泽东、蔡和森等同志便着手积极组织,进行赴法勤工俭学的准备工作。"1918年8月,毛泽东率领一批学生来到北京,在打算赴法勤工俭学的青年中,湘籍人士最多,经杨昌济的协调,获准首先为之举办一期预备班。何长工的《留法勤工俭学的斗争和旅欧总支部的建立》回忆,毛泽东在杨怀中的协助下,把控制在范源濂、熊希龄等手中的一笔前清户部应退还湖南的粮、盐两税的超额余款存在俄国道胜银行的利息提取出来,用作湖南青年赴法勤工俭学的旅费。所以,罗学瓒在10月16日从北京寄给叔祖父的信中曾这样写道:"毛润之(按即毛泽东)此次在长沙招致同志来京,组织预备班,出力甚多,才智学业均为同学所佩服。"1919年3月14日,为欢送湖南赴法勤工俭学生,毛泽东第一次到达上海。3月17日、31日,毛泽东、萧三、吴玉章、朱少屏等人到杨树浦码头送别赴法勤工俭学生。《申报》还刊登了此次赴法勤工俭学的89位学生名单,其中有43位湖南青年。毛泽东参加了在寰球中国学生会会所(今上海南京西路大光明电影院附近)举行的欢送会,并和大家一起合影留念。1920年5月,毛泽东从北京来到上海,为驱逐湖南军阀张敬尧开展活动。5月8日,毛泽东与新民学会会员共12人,即毛润之、萧三、熊光楚、李思安、欧阳泽、刘明俨、张百龄、彭璜、陈绍休、魏璧、劳君展、周敦祥,在半淞园聚会,再一次欢送赴法勤工俭学的会员。5月9日,毛泽东到洋泾浜码头欢送萧三、陈赞周等人赴法勤工俭学。

  新民学会推动驱张运动和赴法勤工俭学的直接成果,就是促进了马克思主义的传播,促进了中国共产党的诞生。蔡和森与毛泽东关于建立中国共产党的通信,成为最早的党建文献之一。他们对于广泛传播马克思主义和创建无产阶级政党——中国共产党——发挥了重要作用,成为中国共产党的重要创始人。参加旅法勤工俭学的湖南人中间,产生了一批中国共产党的重要领导者,有历届中央政治局常委蔡和森、李立三、李维汉、李富春,中央政治局委员向警予,无产阶级革命家何长工、蔡畅、欧阳钦、徐特立、萧三、李卓然、唐铎、萧明,上海共产党发起组成员陈公培,著名英烈张昆弟、罗学瓒、颜昌颐、林蔚、佘立亚、刘云、高风、孙发力、鲁易、毛遇顺、李林、黄五一等。在国内的会员毛泽东、何叔衡、彭璜、李启汉、罗章龙等人,也潜心致力于研究俄国十月革命、传播马克思主义的学说。

图9-3　1919年3月,寰球中国学生会在上海送别留法学生合影。后排右一为毛泽东。

图9-4　1920年5月8日,毛泽东等新民学会会员半淞园聚会,欢送赴法勤工俭学会员。

毛泽东两次到北京,如饥似渴地阅读马克思主义和社会主义著作,并得到李大钊、陈独秀的直接帮助,迅速转变为一个自觉的马克思主义者,并成为在湖南传播马克思主义的重要组织者和领导者。他筹办文化书社,从事工人、平民教育,努力使刚刚学到手的马克思主义原理,与工人运动、青年学生运动相结合。最早提出"中国共产党"的全称以及阐述在中国建立共产党明确理论的是蔡和森,他在 1920 年 7 月率先提出"组织共产党",比上海共产党发起组制定的《中国共产党宣言》约早 5 个月。他在写给毛泽东等会员的几封信中,根据列宁的建党原则,阐明了在中国建立共产党的鲜明观点和理论主张,对国内毛泽东、何叔衡和陈独秀等人的建党活动给予了有力的影响和推动,他还实际参加了筹组旅欧共产主义早期组织的工作。

综上所述,中共建党时期,乡缘因素在其中发挥了一定作用。与中共建党相关的社团中有同乡聚集的状况存在,与中共创立直接相关的上海共产党小组中有浙江、湖南籍成员居多的现象。近代上海湖南籍移民人口远少于苏、浙、粤、皖,但近代以来在上海的军政和文化界却有不小的聚集现象,中国共产党创立期间,湘籍共产主义者人数与表现都较突出。出现这样的状况,其历史的远因应归结为近代湖南军政人才的大量涌现,他们以天下兴亡匹夫有责的家国情怀,积极投身于社会政治运动,自晚清到民国初年的历次革命运动,湘籍革命者都有不俗表现;其近因可考察与中共创立时期的几场与湖南人紧密相关的运动,即在湖南发生、影响到全国的驱张运动,还有湖南青年最为积极投入的赴法勤工俭学运动,这两场运动吸引了不少湖南知识分子和青年来到上海,他们中一些人参加了上海的中共建党活动,由爱国主义者走向共产主义者。

(作者单位　上海师范大学)

博文女校与近代上海

韩 晶

博文女校,作为中国共产党第一次全国代表大会的代表宿舍而为世人所知。然而,关于这所学校本身的历史,似乎关注者并不多。除了作为中共一大代表宿舍的那几日,学校的历史是怎样的?作为一所女子学校,博文女校在近代上海扮演了什么样的角色?发挥过什么样的作用?本文试图通过档案资料的梳理,为读者勾勒出一幅博文女校前世今生的图景,从另一个角度追溯中国共产党在上海诞生的历史原因。

图 10-1　中共"一大"代表宿舍(原博文女校)

图 10-2　今博文女校外景

一、博文女校的开办与发展

（一）顺应上海近代女子教育的发展而诞生

博文女校,是一所私立女子学校。从学校性质来讲,有"私立"和"女校"两个属性。

上海的女校或女子学堂,是历史发展的产物。1850年,美国传教士裨文夫人在上海设立裨文女塾,这是上海出现的第一所女校。此后十余年教会女校逐渐增多,影响日渐扩大。在西方教会女校带来的观念和实践层面的冲击的影响下,中国人的思想也逐渐开放,从而为"世俗"女校的出现提供了条件。经过西方传教士和上海士绅的双重努力,圣玛利女学校(1881年)、中西女塾(1890年)和晏玛氏女学校(1897年)等三所后来著名的贵族女校相继在上海开设,成为女子学校的示范。

但贵族女校的开放对象毕竟有限。1895年,中日甲午战争中国惨败,丧权辱国的《马关条约》极大加重了中国半殖民地的危机。许多有识之士积极寻求救国之道并付诸实践,兴女学、再造"国民之母"是当时部分人的救国之策。生活于上海的一些进步士绅开始着手创办女校,培养有知识的"贤妻良母",从而提高全民素质。其先行者便是当时任电报局总长的经元善。1897年,候选知府、上海电报局总办经元善等联名上书,以"自强之图"为由,用"民捐民办""士绅提倡"的方式,申办女学堂。经两江总督刘坤一批准奏闻,经正女学于1898年4月正式成立。随后私立女校次第开办。① 私人办校者多为开明士绅、爱国商人或在社会上有一定影响力的人。如爱国女学的创办人为著名教育家蔡元培,务本女中的创办人为上海要员吴馨,民立女中的创办人为实业家苏本炎,女子中西医学校的创办人为医界名人张竹君,女子蚕业学校的创办人为爱国报人史量才。这些私立女校的出现,为女子尤其是青年女子接受近代科学教育打开方便之门,并逐渐使女子的入校求学获得舆论的赞同。

1907年,清政府正式颁布命令,承认女子受教育的合法性,同时由政府计划建立女子小学堂和女子师范学堂。从此,女校的社会地位更加巩固,中国的女学生开始进入成长阶段,并由被动入学阶段走向主动求学阶段。博文女校正是在这一背景下诞生的。

(二) 学校的创办人及开办时间

关于博文女校的创办者,一般所言为湖北蕲春人黄绍兰②。黄绍兰是著名国学大师章太炎唯一的女弟子。章太炎就曾为博文女校做过"广告",其言:"博文女学校校长黄绍兰,余弟子也。其通明国故,兼善文辞,在今世大夫中所不多见。勤心校事,久而不倦。观其学则之缜密,则知其成绩之优矣。女子求学当知

---

① 据徐行《近代上海的女学生(1850—1922)》(上海师范大学2004年硕士论文)统计,从1902年至1921年,上海的重要私立女校共有22所。资料来源:《女子世界》,上海大同印书局1904年、1905年、1915年版;王树槐:《中国现代化的区域研究·江苏省(1860—1916)》,中研院近代史研究所1983年;陈学询主编:《中国近代教育大事记》,上海教育出版社1981年版。

② 黄绍兰(1892—1947),亦名学梅,字梅生,湖北省黄冈市蕲春县青石镇黄洼湾人。1905年随父在汉江教会学校读书,以花木兰自励,更字"绍兰"。1907年考入京师女子师范学堂。1910年毕业,任河南开封女子师范学堂国文教员。武昌首义爆发后,离豫赴武昌,随即受黄兴派遣,去上海与陈其美等联系策动上海反正。后在上海都督府支持下,组建上海女子军事团,被推为团长。袁世凯窃踞临时大总统后,女子军事团被解散,黄绍兰随黄兴赴南京参加留守府工作。她倡设辛亥革命烈士忠裔院,任院长,负责收养烈士遗孤。见:《蕲春名人录》编辑委员会、政协蕲春县文史文教卫委员会编:《蕲春名人录》第1集,第13页;顾明远总主编:《中国教育大系·近代教育名人志》,湖北教育出版社1994年版,第470页。

所从。附识数言，以为绍介。太炎记。"①教育家黄炎培也曾有记曰："太炎弟子黄绍兰女士创博文女学于上海租界倡国学卒被禁闭。"②

"一大"纪念馆资料组在《党的一大代表活动地点之一——博文女校》中，介绍了黄绍兰女儿黄允中的回忆："辛亥革命后，黄兴做南京留守处主任，她的母亲黄绍兰（即黄朴君）也参加留守处工作。黄绍兰早年毕业于北京女子师范学堂，1917年张勋闹复辟以后，她到上海办博文女校。"③今人也多持同样说法，如："位于蒲柏路上的博文女校，当时在沪上颇有声名，它是由民国三位奇女子——汤国梨、徐宗汉、黄绍兰创办于1916年春，当时校址在贝勒路的弄堂内。"④"1916年，她（黄绍兰）与黄兴夫人徐宗汉、章太炎夫人汤国梨等租法租界贝勒路（今黄陂南路）民房创办博文女校。"⑤这里都认可黄绍兰为博文女校的创办人，只是对于创办时间有1916年和1917年两说。

笔者在查阅资料过程中，发现对博文女校的开办时间，有另外一些说法。

1915年6月的《教育公报》有一则《咨江苏巡按使博文女学校立案及拨款补助各节应咨贵使酌核办理文》，全文如下：

> 为咨行事，据博文女学校职员钟镜芙、黄学梅⑥等禀，为遵批易名恳求立案并补助事，窃芙等创办博文女校，注重国学，前以廓充女学保存国粹，恳予提倡上禀沐批。查该校章程第一条内称授女子以高等文学，以期养成师范中学教员，按此项专修科，依照部章应归高等师范学校附设，核该校性质实与定章不符，姑念提倡国学，志尚可嘉，应更名国文讲习科，经禀本省行政长官酌核办理等因，具见谆谆训迪委曲矜全之至意，无任感激，业已遵示更正名称矣。伏维大部总司教育众望所归，芙等一介女子，能力有限，不求匡翼一篑终亏。且敝校创办以还瞬将一载，汲深绠短罗掘俱穷。伏肯俯念芙等经营之辛苦，赓续之艰难，准予立案，并咨江苏巡按使转饬沪海道尹，就近

---

① 《公布：上海博文女学校学则（民国十二年一月修订）（附表）》，《华国月刊》1923年第1卷第1期，第150—160页。
② 黄炎培：《空江集》，生活书店，1937年版，第265页。
③ 一大纪念馆资料组：《党的一大代表活动地点之一——博文女校》，载《20世纪上海文史资料文库·第1辑 政治军事》，上海书店出版社1999年版，第124页。
④ 吴海勇：《博文女校的风云际会》，《上海画报》2011年第7期。
⑤ 薛理勇：《黄绍兰与博文女校》，叶又红主编：《海上旧闻》第2辑，文汇出版社2000年版，第141页。
⑥ 黄绍兰，亦名学梅。——引者注

拨款补助等情,到部查师范学校规程第六十五条,讲习科由省行政长官定之,该校即经改正名称,自应遵照此条禀由本省长官咨部立案,以符定制。至拨款一节,亦应由省长官视察该校情形,应否补助,酌核办理。除批示外,相应咨行贵使转饬酌办可也。此咨江苏巡按使。①

这一则公文传递出几个信息:

(1) 黄绍兰与钟镜芙等共同创办了博文女校,时间应在距 1915 年 6 月近一年前的 1914 年。

(2) 因学校章程的第一条为"授女子以高等文学,以期养成师范中学教员",即以师范教育为目标,按照当时的江苏省教育部章,应归入高等师范学校附设,因此被教育主管机构要求改名为"国文讲习科"。而黄绍兰等在行政压力下,不得不"遵示更名"。

(3) 黄绍兰等办学近一年,仍在申请教育机构为其立案,并向江苏巡按使及沪海道尹寻求拨款补助。

1915 年 7 月 10 日的《申报》第 10 版也有一则消息《博文女校改名国文讲习科》,是上海县公署奉江苏巡按使公署饬,得知博文女校已经"改正名目"。

因此,笔者认为,黄绍兰与友人于 1914 年在上海已创办了一所私立学校,名为"博文女校",但经营近一年后,于 1915 年更名为"国文讲习科"。

那么黄绍兰 1914 年是否在上海呢?据湖北省志人物编辑室编《湖北人物传记》记载,1913 年夏,"二次革命"起,张勋于 9 月 1 日攻陷南京,"是时全城骚然。在危难中,黄绍兰镇定安排师生转移,经一一遣返原籍后,只身回沪。1914 年,黄绍兰寓居上海,以为人作家庭教师糊口,同年,与黄侃结婚,翌年,生女珏珏。"②章太炎夫人汤国梨的回忆亦言:"黄绍兰到上海开办博文女学,不久,季刚亦到上海,即向绍兰追求……后产一女孩……乳名阿珏,学名允中。"③两则资料反映的一个共同问题是,黄绍兰先到上海,后与黄季刚(即黄侃)结合。那么博文女校的开办时间是不是 1914 年呢?

---

① 《教育公报》第 1614 号,1915 年 6 月 16 日。
② 湖北省志人物编辑室编:《湖北人物传记》(试写本第五辑),湖北省志人物编辑室 1984 年版,第 157 页。
③ 汤国梨口述,胡觉民整理:《太炎先生轶事简述》,苏州《文史资料选辑》,1981 年 10 月第 7 辑,转引自章念驰:《我的祖父章太炎》,上海人民出版社 2011 年版,第 285 页。

1916年的杭州《教育周报》报道:"上海法租界博文女学校开办已历三年,校长钟佩莪女士邃于国学,富有家政经验,本学期增设缝织刺绣科,并授以家事学。"①同年的《环球》杂志也有报道:"法租界贝勒路博文女学为云间钟佩莪女士所创办,两年以来颇著成效。"②这些材料都把博文女校的开办时间向前推至1914年左右。

最直接的一条消息来自《申报》。1919年11月2日的《申报》第11版,有《博文女校五周年纪念》消息,内述:"博文女校为钟佩莪黄绍兰创办,兹钟君北上由李果女士代理校务,昨日开五周年纪念会。"说明时人已认可学校为1914年创办的。另外,《申报》1924年7月6日第22版有《各学校之毕业礼》消息,称博文女校计划9月9日过十周年的纪念会。这些都把博文女校的诞生时间推至1914年。

前引诸报道中提到的博文女校校长钟佩莪,据《环球》杂志介绍,其为"前北京女师范最初第一毕业,邃于国学,尤重道德"③。而黄绍兰也是毕业于北京女子师范④,因此与钟女士算是同学。汤国梨回忆说:"由于绍兰爱好钻研文学,处理日常校务非所擅长,就请了同学赵敬若担任校长,以后赵与邹鲁结婚而辞职,由另一位姓钟的同学接任校长,由黄兴的夫人徐宗汉担任学校董事长。"⑤这样《教育周报》等报道博文女校校长为钟佩莪,有了一个合理的解释。

根据这些记载,笔者推断黄绍兰、钟佩莪⑥于1914年已创办了博文女校,1915年改名为"国文讲习科",后在1916年又改回了"博文女校"的名称。故此后人才有黄绍兰1916年创办博文女校之说。

(三) 学校的经营

1. 课程设置及校址的搬迁

1916年时的博文女校,设址在法租界贝勒路礼和里,⑦由黄兴夫人徐宗汉、

---

① 《各省纪闻:上海博文女学注重实用》,《教育周报(杭州)》1916年第144期。
② 《学界要闻:各校暑假毕业汇志:博文女学之扩充》,《环球》1916年第1卷第2期。
③ 同上。
④ "后来季刚去北京,在女子师范学校当教授,绍兰亦考入北女师",见汤国梨口述,胡觉民整理:《太炎先生轶事简述》,苏州《文史资料选辑》1981年10月第7辑,转引自章念驰:《我的祖父章太炎》,上海人民出版社2011年版,第285页。
⑤ 胡觉民:《汤国梨谈章太炎》,上海《文史资料选辑》1982年第3辑,转引自章念驰:《我的祖父章太炎》,上海人民出版社2011年版,第286页。
⑥ 笔者推论与1915年6月《教育公报》提到的钟镜芙应为同一人,此论是否确当,在此求教于方家。
⑦ 《博文女学校增设中学科简章》,《中华妇女界》1916年第2卷第4期。

章太炎夫人汤国梨及邵力子、邹鲁、张继等组成校董会。①

至于学校的课程,"下学期增设裁缝、刺绣以便年长失学者易谋生计,而国文讲习科各班亦须推广学额,以宏造就师资"②;"注重文算学者依其志愿,不限年龄程度,俾年长失学者不至有向隅之叹"③。这说明学校的办学目的,既为了教授学生一定的谋生技能,也有培养教师的设计,可以说是一所教育目标明确、适应社会需求的学校。

1916年时博文女学还计划增设中学。这出于学校对当时教育环境的分析:"沪滨人烟稠密,旅客尤多……莘莘学子,失业堪虞,本校有鉴于斯,用是扩充学额,作育人才。除原有各科可以随时报名外,今更增设中学一科。"其简章如下:

> 一、程度。高小毕业或具同等之学力者。二、科目。科目为伦理、国文、英文、历史、地理、数学、法制、经济、理科、家政、图画、手工、音乐、体操。学额。暂定三十名。三、纳费。每半年学费十五元,中途来学者减半。寄宿者,每半年三十元,午飧走读按月二元。四、报名。随时报名,满十人先上课(报名处上海法租界贝勒路礼和里本校)。五、优惠。凡隶籍湖南北及松属七县学生均减收学费两元,以敦乡谊,聊尽绵薄,一切免收请俟异日。④

博文女校还附设幼稚园。⑤ 1916 年 9 月,博文女校奉教育部及齐巡按杨道尹批令"切实扩充,组织完全女学,并附设幼稚园"。此时"钟佩萸、黄绍兰诸女士已将校舍迁至法租界贝勒路,于月初开学,幼稚院亦已开办"。⑥

1919 年时博文女校仍在"霞飞路口贝勒路礼和里",当年 1 月 21 日,学校举

---

① 湖北省志人物编辑室编:《湖北人物传记》(试写本第五辑),湖北省志人物编辑室1984年版,第157页。
② 《学界要闻:各校暑假毕业汇志:博文女学之扩充》,《环球》1916年第1卷第2期。
③ 《各省纪闻:上海博文女学注重实用》,《教育周报(杭州)》1916年第144期。
④ 《博文女学校增设中学简章》,《中华妇女界》1916年第2卷第4期。
⑤ 《各省纪闻:上海博文女学注重实用》,《教育周报(杭州)》1916年第144期有言:"幼稚科亦积极进行。"
⑥ 《博文女学开办幼稚院》,《申报》1915年9月18日,第10版。幼稚园的章程为:(一)宗旨 修养幼儿之德行,并使其身心上之诸力平等发达,参酌东西各国幼儿学校幼稚园幼童学校章程办理,补助本校初等小学之不及;(二)学额 暂定四十名男女兼收;(三)学科 分识字、读书、算术、手工、唱歌、游戏;(四)学龄 自四岁至七岁止,七岁以上概入初等小学;(五)学费 半年银六元,仆费半元,半膳者另收银九元,仆费半元,均须先缴;(六)报名 报名时须开明姓名、男女、年岁、家长姓名、职业及现在住址门牌号数,曾否种过牛痘并预缴保证金一元,至来学时于学费内扣除(随时报名,至阴历八月二十日止)。

办了国文讲习科、高小科、国民科的毕业式,有演唱国歌、校歌、行敬礼、授证书、祝辞答辞、表演体操等内容。①

1920年,学校经过一段时间的停顿后,获得资金支持得以再次开办,地点在法租界蒲石路②。"绍兰自是精神益振,原有师生闻风而至。以学生激增,校舍狭窄,乃迁校址于蒲柏路③。"④

"一大"纪念馆资料组亦对此有所研究:"博文女校是1920年或1921年搬到太仓路的,当时学生约100人,是全日制。中学部没有男的,小学有男生,但不多,是复式制,一个教室中有两个班级。'一·二八'抗战前,在附近增辟校舍,学生最多时达300人。"⑤

1923年9月,章太炎创办的《国华月刊》创刊号,刊登了《上海博文女学校学则》,内容分为八章:总则、编制、学额、学科、授课时数、学分及毕业、学年、学期、休业日、入学、退学、请假、纳费、附则。《学则》写得颇为详细,可见学校在教学与管理上都达到一定水平。

2. 经费来源

因是私人办学,且主办者并不富裕,因此学校的经费缺乏是常态。黄绍兰等坚持办学,一直在积极筹措。首先是向教育当局申请。1919年《江苏教育公报》报道省长训令第1707号,说明上海博文女学向江苏省教育厅请求补助,财政厅长准酌予一次补助500银元,在1918年教育预备费项下支拨。⑥

政府拨款毕竟有限,杯水车薪。因此学校也需要依靠社会力量。黄绍兰开办博文女校,得到"黄炎培等教育界知名人士支持",⑦校董还有清道人、谭组庵（即谭延闿）、张让三、章一山（即章梫）⑧等知名书法家。他们对学校"雅相推重,为之筹划经费,维持永久"⑨,纷纷为学校捐赠书法酬劳⑩。

---

① 《各学校消息并记》,《申报》1919年1月20日,第10版。
② 今长乐路。
③ 今太仓路。
④ 湖北省志人物编辑室编:《湖北人物传记》(试写本第五辑),湖北省志人物编辑室1984年版,第157页。
⑤ 一大纪念馆资料组:《党的一大代表活动地点之一——博文女校》,载《20世纪上海文史资料文库·第1辑 政治军事》,上海书店出版社1999年版,第124页。
⑥ 1919年《江苏教育公报》第2卷第5期,第18—19页。
⑦ 《蕲春名人录》编辑委员会、政协蕲春县文史文教卫委员会编:《蕲春名人录》第1集,第14页。
⑧ 《各省纪闻:上海博文女学注重实用》,《教育周报(杭州)》1916年第144期。
⑨ 《学界要闻:各校暑假毕业汇志:博文女学之扩充》,《环球》1916年第1卷第2期。
⑩ 亦见《博文女校来函》,《申报》1917年4月21日,第11版。

黄绍兰本人在书法上也颇有造诣,亦借此为学校筹措经费。1921年7月19日,《民国日报》上刊登了张謇、黄炎培、章太炎、章梫等为博文女校招生及黄绍兰鬻书的启事,全文如下：

  博文女学招生 黄朴君鬻书启

  文艺专修科,注重中西文学,算术附属高小,国民各班均有余额插班,亦可寄宿,八月廿四号开学。名誉校长张謇,校长黄朴君女士。绍兰毕业北京女师范,学术湛深,文章、尔雅、六书、音均(韵)之学,深窥堂奥,性喜临池,楷法出入晋唐,于□更书体致力尤深,效北平翁学士书,几可乱真,造门求书者跃趾相接。创办博文女校,先后数载,家之为毁。此来学款不继,筹措益艰,君锐志进行,再接再厉,同人佩其毅力,热心劝仿海上名人鬻书助赈之例,酌收润金,以资苴补。君谦让未遑,强而后可。兹由同人公凝润格,□□代留心翰墨者勿贵远勿近交臂失之。宗舜年、张謇、高野候、宗书年、黄炎培、黄厚成、张志潜、章炳麟、王承谊、张美翔、章梫同启。收件处,上海法租界白尔路博文女校。

由于徐宗汉随黄兴赴美国,章太炎家境也遇上困难,单靠学费收入难以维持办学,博文女校在1920年停办了。① 1920年8月《民国日报》有载："本埠法租界博文女学校,前以经费支绌停办一学期。"学校停办后,黄绍兰到南通女子师范学校当国文教员。次年春,著名实业、教育家张謇之兄张詧重其文章志行,出资助其回沪,于法租界蒲石路重办博文女校。②

学校重新开放,也有同道人士的协力襄赞。"校董瞿鸿禨夫人、赵君坚夫人,章太炎夫人及旧日生徒,深以停办为可惜,筹商恢复,改订学程,以应时事需求。设文艺专修科,注重国文、英文、算学,关于经费一层,则组织校董会全力维持永久,闻瞿夫人擅八分书,对于校事力予赞画,黄女士前充该校教务主任,国学颇有根底。据云聘请教员必求专门人才,旧学新潮,不能偏重,若然诚女学根本之

---

① 薛理勇：《黄绍兰与博文女校》,载《海上旧闻》第2辑,文汇出版社2000年版,第141页。
② 湖北省志人物编辑室编：《湖北人物传记》(试写本第五辑),湖北省志人物编辑室1984年版,第157页。

图也。"①

重新开校后,博文女校的教学逐日走上正轨。

1924年1月,已在"法租界嵩山路南"的博文女校,举行寒假休业礼。会上,校长黄绍兰公布了次年的扩充计划,"除原有文科中学高初小学外,特设国文补习班,为年长失学之女子谋救济,专授常识书札"②,以期能够速成应用。寒假期间,黄绍兰校长还会为高级小学以上的学生补习国文。

二、博文女校与近代上海的进步运动

博文女校诞生后,在富有爱国精神的校长黄绍兰的影响下,学校师生积极参与到进步的革命行动中。

(一) 参加上海学生联合会的行动

1919年5月6日,上海的报纸开始报道五四运动爆发、北京学生斗争的情形,上海各学校、各团体纷纷发出通电,一致声援北京学生的爱国行动。5月7日,江苏省教育会、世界和平共进会等50余个社会团体、2万余人在上海西门外公共体育场召开声援北京学生的国民大会,参会者手持写着"争还青岛""讨伐卖国贼""挽回国权"等口号的白旗,会后举行示威游行。"神州女校高小以上学生200多人和民生女校、中国女子体操学校的全体学生参加了大会。"③上海的女学生开始投入运动。博文女校学生的身影亦出现其中,学生走上街头宣传抵制日货。

5月8日、9日下午,上海各学校代表在复旦大学召开预备会,讨论组织学生联合会事宜。博文女校与上海女子中学等12所女子学校加入,到10日为止,加入学生联合会的已有44所学校。会后,各女校纷纷成立了学联分会。5月9日"国耻纪念日"这天,全市各学校停课一天,学生们整队到街头演讲,揭露帝国主义和卖国贼的罪行,抵制日货,提倡国货。五四运动期间,博文女校的师生非常

---

① 《博文女学卷土重来》,《民国日报》1920年8月19日。
② 《各学校之寒假礼》,《申报》1924年1月27日,第18版。
③ 上海市妇联妇运史编纂委员会编写:《上海妇女运动史(1919—1949)》,上海人民出版社1990年版,第46页。

图 10‑3　1919 年 5 月 7 日，上海各界人士在公共体育场召开声援北京五四学生运动的国民大会。

活跃，校长率领大家每天出外活动，不是参加反日大会，就是游行示威，有时还深入到居民中间，挨家挨户进行反日救国的宣传活动。

5月11日，上海学生联合会正式成立。入会的共有44所学校，"其中女校14所（当时全市共有61所女校），并都按学联章程成立了分会"①。由于北洋军阀政府继续镇压学生运动，并迫使北京大学校长蔡元培辞职，北京学生于5月19日罢课。上海学生立即响应。5月26日，上海公私立中等以上男女学校的学生2.5万人齐集在西门公共体育场，举行罢课宣誓典礼，誓词写道："吾人期合全国国民之能力，挽救危亡，死生以之，义不反顾。"会后举行游行示威，"步伐整齐、精神严肃，绝无凌乱之状。夹道观者，无不为之兴感"②。

罢课之后，上海学联发动各校学生进一步推动商界抵制日货。博文女校的学生将拍卖手工艺品所得的钱，作为活动经费，举行了救伤及看护练习。③

---

　　①　上海市妇联妇运史编纂委员会编写：《上海妇女运动史（1919—1949）》，上海人民出版社1990年版，第48页。
　　②　《申报》1919年5月27日。
　　③　上海市妇联妇运史编纂委员会编写：《上海妇女运动史（1919—1949）》，上海人民出版社1990年版，第50页。

5月31日，上海学联在公共体育场召开追悼郭钦光烈士大会。郭是北大学生，在五四运动中与军警斗争，呕血而死。会场上男女学生万余人从容驻立，学生联合会会长何葆仁、北京大学许德珩等分别进行了演讲、报告。在各女校唱追悼歌后，全场各校莅会者整队游行至南市，博文女校学生亦在其中。各队游行时，手持爱国会的白绫小旗，上绘一五色旗，旁注"爱国同胞勿用日货"字样。

追悼会后，学生们又向各商店宣传罢市。博文女校的教职员李果、程孝福、钟道英等女士，与勤业女校的朱剑霞作为代表晋谒商会长。李果副校长表示现在只有抱定牺牲主义：学界牺牲光阴、牺牲生命，商界也应该在获利上有所牺牲。① 在学生的积极努力下，上海商界于6月5日宣布罢市。

（二）博文女校与上海女界联合会

在五四爱国运动中，博文女校的师生参与创办了"上海女界联合会"这一重要的妇女运动组织。

1919年6月5日，博文女校等女学生在女子救国会全体干事率领下至街头演讲，6日下午，女子救国会干事陆蕴玉在霞飞路散发传单宣传被拘，在法租界捕房陆对翻译申以大义而获释。7月11日，钮永健夫人黄梅仙、博文女校副校长李果等发起成立上海女界联合会，址设博文女校，黄梅仙、李果分任会长、副会长。7月15日，上海女界联合会举行演讲，郑璧演讲《亡国铁路》，李果讲演《虎列拉（即霍乱病）之状况及预防法》，积极宣传爱国与科学。②

女界联合会于博文女校召开的第三次筹备会上，制定了该会的简章，"定名为中华上海女界联合会"，声明"本会以竭女子之知能，启发国民之自觉，提倡社会服务为宗旨"。同时确定"本会事务所暂假法租界贝勒路博文女校内"③，后女界联合会以"不宜久附属于博文"④为虑，于1919年9月15日迁入霞飞路358号。

上海女界联合会是"以上层知识妇女为主要成员"的爱国团体，与中华女子

---

① 《追悼郭烈士大会纪》，《申报》1919年6月1日。
② 胡瑞荣主编，上海市卢湾区志编纂委员会编：《卢湾区志》，上海社会科学院出版社1998年版，第547页。
③ 《女界联合会第三次筹备会》，《申报》1919年7月5日。
④ 《本会纪事》，《上海女界联合会旬报》1919年第4期。

救国会等一起,开展"爱国宣传、抵制日货、兴办平民教育"等活动,是一个"颇为活跃"[①]的妇女团体。该会的会员多是知识分子,具有新思想。"三罢"期间,女界联合会的成员经常举办家庭演讲会,内容有爱国教育、女子觉悟、家庭教育、儿童教育等。李果、程孝福等负责人也经常亲自参加演讲。她们还以各种形式同其他妇女团体联络友谊,交流情况,互相支持。

博文女校的副校长李果热心社会事务,担任上海女界联合会旬刊总编辑,她的"学识优长,富于爱国精神,久为女界所共知"。[②] 1919年5月,为商议山东问题应对办法,留日学生及京津学生均派代表来上海,联络各界进行国民大会。在5月15日的国民大会上海事务所集会上,李果进行了演说,应是响应会议主题,号召上海各界团结一致,与全国共同行动,同心御辱,以挽救国家之危亡。[③]

李果还参加了11月29日在松江召开的国民大会,到会者有各界联合会、商界联合会、女界联合会、学生联合会等团体,以及各男女学校代表。在这次集会上,刘清扬作为全国各界联合的女代表,李果作为上海女界联合会的代表,分别发表了演说。刘清扬述明援助闽人之理由,以及抵制日人之方法。李果则主张家庭演讲,唤醒国人迷梦,一致对外。二人演说时,风雨四合,"而与会各团体犹兀立不动"。后各团体代表均发表了演说,并赴市街中游行。女界联合会及与会各女校仍留下,请刘、李二人再次发表了演说。刘清扬的演说,鼓励妇女须及时自觉、自主。李果仍侧重阐述了教育的目的,"谓我侪须打破日本式之女子教育,勿仅仅以贤母良妻自居"[④],女子也应负起更多的社会责任。

李果因工作繁忙,外出演讲中又遇了风寒,不幸患肺病,于1920年1月26日逝世。上海各界人民还为她开追悼会,称赞她是妇女界的"指导良师,互助益友"。[⑤]

中国共产党在上海成立后,把妇女解放问题作为党的重要任务之一,立即改组了上海女界联合会,定名为"中华女界联合会","以拥护女子在社会上政治的

[①] 上海市妇联妇运史编纂委员会编:《上海妇女运动史(1919—1949)》,上海人民出版社1990年版,第54—55页。
[②] 《上海各界联合会职员会记》,《申报》1919年11月8日。
[③] 《国民大会欢迎学生代表记》,《申报》1919年5月17日。
[④] 《纪松江之国民大会,讨论对付闽案办法》,《申报》1919年12月1日。
[⑤] 上海市妇联妇运史编纂委员会编:《上海妇女运动史(1919—1949)》,上海人民出版社1990年版,第55页。

及经济的权利,反抗一切压迫为宗旨"①,并以该会名义创办《妇女声》半月刊,指导妇女运动。

1925年1月,为避免与各地女界联合会名称混淆,同时为更便于联络各国妇女协会团体,增强社会影响力,中华全国女界联合会改名为"中国妇女协会",黄绍兰等9人被推举为筹备委员。②

其后,博文女校亦未缺席近代中国历次重大的革命活动。如在国民革命军北伐期间,黄绍兰以博文女校校长身份,参与到上海妇女界慰劳伤病军士的筹备工作中。③ 在30年代的抗日浪潮中,黄绍兰代表博文女校参加了中华妇女救国大同盟,发表安内攘外意见书,希望国民政府:集中救国人才,实现全民政治;惩办不法贪污;修明内政;公开统一的外交;公开翔实的财政。④

黄绍兰领导下的博文女校师生经常参加各种社会进步活动,却被国民政府视为眼中钉,"而黄侃和黄绍兰均是国民党元老,与国民党上层人士关系甚为密切,所以,国民党政府也奈何不了她。直到1933年,国民党市党部才以'设备简陋'取消该校"⑤。

(三) 博文女校与中共"一大"

1921年7月23日,中国共产党第一次全国代表大会在上海召开。国内各地的党组织和旅日的党组织共派出13名代表出席。他们是:上海的李达、李汉俊,武汉的董必武、陈潭秋,长沙的毛泽东、何叔衡,济南的王尽美、邓恩铭,北京的张国焘、刘仁静,广州的陈公博,旅日的周佛海,以及由陈独秀指定的代表包惠僧。共产国际代表马林和尼克尔斯基出席大会。会场设在上海法租界望志路106号(今兴业路76号)李汉俊之兄李书城的住宅内。"到会的代表们,除原住在上海的人以外,都住在嵩山路一个三楼三底的博文女校里,因为当时正放暑假。"⑥

---

① 《附录:中华女界联合会改造宣言》,《新青年》1921年第9卷第5期。
② 见《全国女界联合会改中国妇女协会》,《申报》1925年1月5日。另,其他筹备委员为:朱其慧、康同璧、张默君、沈仪彬、王璧华、程婉珍、舒蕙桢、谈社英。
③ 《妇女界发起伤病军士慰劳会》,《申报》1927年11月21日。
④ 《妇女大同盟昨开大会》,《申报》1931年12月24日。
⑤ 薛理勇:《黄绍兰与博文女校》,载《海上旧闻》第2辑,文汇出版社2000年版,第141页。
⑥ 李达:《中国共产党的发起和第一次第二次代表大会经过的回忆》,中央音乐学院马列主义教研室中共党史组编:《中国共产党第一次全国代表大会(增订本)》,1979年,第34页。

关于博文女校是怎么被选作中共"一大"代表的住宿地的,学界至少存有三种说法。一说是李汉俊联系的,他的住处邻近博文女校,他的新嫂子薛文淑当时就在那里求学,应当了解学校放假校舍空置的情况,李汉俊又与女校长黄绍兰有同乡之谊,不难商量。二说是李达夫人王会悟(王还是上海女界联谊会理事、社会主义青年团团员)联系的,她当过黄兴夫人徐宗汉的秘书,而徐宗汉又是博文女校的董事长,缘此,王会悟与黄绍兰相熟,熟人好办事。三说是董必武与黄侃有同学之谊,当时黄侃任教于武昌高师,董必武通过黄侃致信黄绍兰,称北京大学的一些师生要利用暑假到上海旅游,希望能借博文女校小住,随后,再由李达(一说王会悟)出面,与黄绍兰晤谈商定租借女校之事。①

据包惠僧回忆,他们选定博文女校为代表住宿处后,付了两个月的租金,其实住了20天左右。"当时我们租这个房子是以北京大学暑假旅行团的名义租的。交房租是我同黄兆兰②校长接洽的。在暑假中仅有一个学生……很清静。我们住的是楼上靠西的三间前楼。"③"当时居住在博文女校的中共一大代表有毛泽东、何叔衡、董必武、陈潭秋、王尽美、邓恩明、刘仁静、包惠僧、周佛海等9人,他们全部住在该校的楼上。"④

1921年7月22日,即最后一位代表陈公博来上海的第二天,在博文女校楼上,代表们开过一次碰头会,按包惠僧回忆录的说法是"预备会",而陈潭秋说是"开幕式"⑤。包惠僧在他的回忆录中说,并不是全体代表都参加了这次会议,除包惠僧外,有李汉俊、张国焘、李达、刘仁静、陈潭秋、周佛海及毛泽东等。"李达也把王会晤带来了,我们在里间开会,她坐在外面的凉台上"。⑥

中共"一大"的"会议一般都在晚上进行,而不是白天"⑦,而清静的博文女

---

① 吴客:《博文女校:中共一大附会场还是代表们食宿地?》,东方网 http://history.eastday.com/h/hsmm/u1a8176490.html。
② 应为黄绍兰。——引者注
③ 包惠僧:《勘察上海革命历史博物馆的几点意见和几点回忆(摘抄)》,中央音乐学院马列主义教研室中共党史组编:《中国共产党第一次全国代表大会(增订本)》,1979年,第85页。
④ 中共上海市委党史研究室、中共一大会址纪念馆、上海毛泽东旧居编著:《毛泽东在上海》,上海书店出版社2003年版,第11页。
⑤ 陈潭秋:《中共第一次大会的回忆》,中央档案馆编:《中国共产党第一次代表大会档案资料(增订本)》,人民出版社1984年版,第112页。
⑥ 包惠僧:《勘察上海革命历史博物馆的几点意见和几点回忆(摘抄)》,中央音乐学院马列主义教研室中共党史组编:《中国共产党第一次全国代表大会(增订本)》,1979年,第85页。
⑦ 《关于中国共产党"一大"几个问题的探讨》,中央音乐学院马列主义教研室中共党史组编:《中国共产党第一次全国代表大会(增订本)》,1979年,第200页。

校,也为居住其中的代表们提供了思索和讨论的场所。毛泽东经常在居住的厢房内,低着头来回踱步,苦苦思索着中国革命的重大问题,连代表们经过窗前和他打招呼都不曾看到和听到。代表们在这里聚会、交流、讨论,"互相交换意见,报告各地工作的经验",①同时又规划、起草党纲和工作计划,在这里计划着中国的未来,活动时间之长,内容之重要,是不容忽略的。博文女校的活动,积极配合了兴业路的正式会议,其意义与历史价值是非常重要的。

博文女校作为中共"一大"的代表宿舍,有偶然性,也有一定的必然性。正如前文所述,博文女校是一所具有进步性的学校,学校从妇女教育入手,以爱国、救国为担当,校长和学生具有与男子共赴国难的勇气,更有从细微处着手、稳步推进的智慧。正是这些特质,才使得博文女校在作为中共"一大"代表住宿地上,具有了"政治安全"的含义。

从黄绍兰、徐宗汉、汤国梨到李果、王会悟,这些思想进步的女子引领着博文女校的社会活动。她们所代表的进步力量是中国妇女界中的翘楚,而近代上海亦为她们提供了施展才智与抱负的场所。同时,黄绍兰们的作为也为上海提供了更多进步的动力。这也正是代表着先进生产力的中国共产党诞生于上海的历史原因。博文女校参与了中国妇女革命运动的历程,见证着时代的发展进步。博文女校既是中国共产党第一次全国代表大会代表的住宿地,也为他们提供了讨论、思索的场所,可以说是中共"一大"的一个重要组成部分。但博文女校于中国近代革命史的意义,可以更广泛一点。与这所学校有着密切关系的人,不论是校长、老师,还是学生,都为了中国的新生作出过自己的努力。轰轰烈烈的革命大潮,是由无数细微的事、独立的人汇合、凝聚而成的,无数力量的汇聚,最终形成前进的力量,推动着中国革命的进步。

(作者单位 中共"一大"会址纪念馆)

---

① 李达:《中国共产党的发起和第一次第二次代表大会经过的回忆》,中央音乐学院马列主义教研室中共党史组编:《中国共产党第一次全国代表大会(增订本)》,1979年,第35页。

上海渔阳里街区与中共建党活动

陈安杰

1921年,中国共产党在上海成立,是近代中国革命史上划时代的里程碑,她改变了中国历史发展的方向。近代上海为中国共产党的创建提供了其他城市所不具备的政治地域环境、多元文化氛围以及精英人才资源,成为中国共产党在此创建的历史发展的必然选择,尤其是位于近代上海法租界独具特色的渔阳里街区①,其特殊的区位优势,成为先进知识分子从事建党活动的聚集地,见证了伟大政党的创建过程。

一、渔阳里街区是党团组织的创建中心,在此成立了上海马克思主义研究会、上海共产党早期组织和社会主义青年团

陈独秀为躲避北洋军阀在北京对他的追捕,不得不于1920年初返回上海。他入住法租界老渔阳里2号后不久,就开始着手组建党的组织。他以渔阳里街区为中心,先后组织成立了马克思主义研究会和上海共产党早期组织;同时,为了党组织的发展壮大,还成立了社会主义青年团,培养革命后备力量。

---

① 20世纪20年代前后,上海的环龙路和霞飞路之间建有两处里弄石库门建筑,被称为"渔阳里"。靠近环龙路(现为南昌路100弄)的里弄习惯叫"老渔阳里",靠近霞飞路(现为淮海中路567弄)的里弄叫"新渔阳里",笔者把二者统称为"渔阳里街区"。如果从更广的意义上而言,渔阳里街区包括了北至淮海中路(霞飞路)、南至南昌路(环龙路)、西至思南路、东至雁荡路的整个街区。本文重点围绕环龙路老渔阳里2号和霞飞路新渔阳里6号展开论述。

表 11-1　20 世纪 20 年代在渔阳里街区成立的党团组织情况简表

党团组织名称	创办时间	创办人及成员	地　　址
上海马克思主义研究会	1920 年 5 月	陈独秀为召集人,成员有李汉俊、李达、陈望道、沈玄庐、施存统、邵力子、戴季陶等	法租界环龙路老渔阳里 2 号
上海共产党早期组织	1920 年 8 月下旬	陈独秀为书记,成员有李汉俊、李达、沈玄庐、陈望道、俞秀松、施存统、杨明斋、陈公培、邵力子、沈雁冰、林祖涵、李启汉、袁振英、李中、沈泽民、周佛海等	法租界环龙路老渔阳里 2 号
社会主义青年团	1920 年 8 月 22 日	俞秀松为书记,团员有李汉俊、陈望道、叶天底、施存统、袁振英、金家凤、沈玄庐等	法租界霞飞路新渔阳里 6 号

1920 年 5 月,陈独秀邀请《民国日报》副刊《觉悟》的编辑邵力子,《解放与改造》的编辑张东荪以及《星期评论》社的李汉俊、戴季陶、沈玄庐、陈望道、施存统等人商讨成立"马克思主义研究会"。据陈望道回忆:"一九二〇年我到上海后,住在法租界三益里《星期评论》所在处,邵力子也在这里……大家住得很近(都在法租界),经常在一起,反复谈,越谈越觉得有组织中国共产党的必要,便组织了'马克思主义研究会'。这是一个秘密的组织,没有纲领,会员入会也没有成文的手续,参加者有陈独秀、沈雁冰、李达、李汉俊、陈望道、邵力子等,先由陈独秀负责。"①

图 11-1　《星期评论》社旧址
(自忠路 163 弄 17 号)

上海马克思主义研究会是中国出现最早的马克思主义革命团体之一,其成员基本由三部分组成:一是以李汉俊、李达为代表的留日学生;二是以陈望道、

---

① 《"一大"前后》(二),人民出版社 1980 年版,第 20 页。

施存统为代表的杭州第一师范的师生;三是以戴季陶、邵力子为代表的国民党部分成员。他们大多在渔阳里街区附近居住,经常在陈独秀的寓所召开座谈会。在研究会的成员中,陈独秀、李汉俊、李达、陈望道都有日本留学背景,所需马克思主义书籍主要从日本带回国内,相较于其他成员,对马克思主义的经典著作了解得更多。石川祯浩在他的著作中谈道,上海马克思主义研究会的李达、李汉俊、陈望道等先进知识分子在留学日本时对马克思主义产生极大的兴趣,"因而在回国时带回了许多日本的有关社会主义的文献"①。

在共产国际的推动下,以维经斯基(吴廷康)为代表的共产国际代表团来华帮助开展建党工作。1920年五六月间,在老渔阳里2号陈独秀的寓所召开了座谈会,商讨建党事宜。由于研究会成员并非都信仰马克思主义,情况较为复杂,有的后来甚至成了反对马克思主义的急先锋。比如戴季陶就曾表示研究社会主义的真正目的是为了预防中国实现社会主义,他自己承认始终是三民主义的信徒。张东荪也提出了退出的理由,"原以为这个组织是学术研究性质。现在说就是共产党正式成立前的预备组织,那他就不能不退出,因为他是研究系,他不打算脱离研究系"②。对此,李汉俊在一篇文章中写道:"与其与混杂分子组成一个庞大不纯的团体,不若由纯粹分子组成一个虽小而纯的团体。"③陈独秀作为马克思主义研究会的组织者和负责人,对建党坚定不移,这种信念没有因为一些成员的退出而动摇。

在共产国际代表维经斯基的帮助下,陈独秀、李汉俊、俞秀松、施存统、陈公培等人在环龙路老渔阳里2号开会决定成立共产党。据施存统回忆:"陈独秀、李汉俊、沈仲九、刘大白、陈公培、施存统、俞秀松,还有一个女的(名字已忘),在陈独秀家里集会,沈玄庐拉戴季陶去,戴到时声明不参加共产党,大家不欢而散,没有开成会。第二次,陈独秀、俞秀松、李汉俊、施存统、陈公培五人,开会成立共产党,选举陈独秀为书记。并由上述五人起草党纲。"④张申府回忆此事时这样说:"关于党的名称叫什么,是叫社会党,还是共产党,陈独秀自己不能决定,就写信给我,并要我告诉李守常。信写得很长,主要讲创党的事……当时建党究竟叫

---

① [日]石川祯浩:《中国共产党成立史》,袁广泉译,中国社会科学出版社2001年版,第65页。
② 茅盾:《复杂而紧张的生活、学习和斗争》,《新文学史料》1979年第2期。
③ 《自由批判与社会问题》,《民国日报》1920年5月30日。
④ 《"一大"前后》(二),人民出版社1980年版,第34页。

什么名字,这没有确定,征求我们的意见。我和守常研究,就叫共产党。"①

维经斯基在上海给俄共(布)中央远东局海参崴分局的一份工作汇报中这样写道:"我们主要从事的工作是把各革命团体联合起来组成一个中心组织。'益群书店'(指新青年社)可以作为一个核心把这些革命团体团结在它的周围……当地的一位享有很高声望和有很大影响的教授(陈独秀),现写信给各个城市的革命团体,以确定会议的议题以及会议的地点和时间。因此,这次会议可能在7月举行。我们不仅要参加会议筹备工作(制定日程和决议),而且要参加会议。"②时隔不久,维经斯基在上海召开"最积极的中国同志"会议,陈独秀、李达、李汉俊、沈玄庐等出席了会议,并在会上坚决主张建立中国共产党。这次会议为不久之后成立共产党早期组织奠定了基础。

上海共产党组织于8月下旬正式成立,取名为"中国共产党"。这是中国第一个共产党组织,其成员主要是马克思主义研究会的骨干分子,他们是陈独秀、李汉俊、沈玄庐、陈望道、俞秀松、施存统(时在日本)、杨明斋、李达。此外,其成员还包括邵力子、沈雁冰、李启汉、林祖涵、李中、沈泽民、周佛海、袁振英、李季等。开会地点在陈独秀的寓所——老渔阳里2号。会议推举陈独秀担任书记,并函约各地社会主义分子组织支部。其后,在北京、广州、武汉、长沙、济南先后建立共产党组织,此外,在日本和法国也成立了共产党组织。"上海的共产党早期组织通过写信联系、派人指导或具体组织等方式,积极推动各地共产党早期组织的建立,实际上起着共产党发起组的作用。"③各地共产党早期组织都与上海党的早期组织有关联。

上海党的早期组织建立后,为培养更多的革命青年投身革命活动,于1920年8月22日,在陈独秀和杨明斋的指导下,在渔阳里街区霞飞路渔阳里6号创立社会主义青年团,选派时年21岁的俞秀松任书记。青年团的主要任务是"接近劳动群众和研究共产主义和社会主义"④。

为实现党的事业后继有人和接续发展,上海共产党早期组织在成立之时就

---

① 苏若群主编:《亲历建党》,人民日报出版社2011年版,第36—37页。
② 黄修荣主编:《共产国际、联共(布)与中国革命档案资料丛书》第1卷,北京图书馆出版社1997年版,第28页。
③ 中共中央党史研究室:《中国共产党历史·第一卷(1921—1949)》(上卷),中共党史出版社2011年版,第52页。
④ 《中国社会主义青年团代表在青年共产国际第二次代表大会上的报告》,《青运史研究》1984年第3期。

已经考虑到革命青年的培养和教育,在上海党组织成立的同时,也相继成立了社会主义青年团。时隔不久,又创办了旨在培养革命青年干部的专门学校。

二、渔阳里街区是革命青年的教育中心,早期党组织通过在此创办外国语学社、成立教育委员会来加强对革命青年的培养

1920年3月,经共产国际批准,俄共(布)中央给远东局海参崴分局发去电报,要求派遣一个代表团前往中国,这个代表团的重要使命就是"同中国的革命组织建立联系"。列宁对这个代表团下达三项任务,其中有一项就是要求代表团物色一些中国的进步青年到莫斯科东方大学学习。很快组成了以维经斯基为负责人,杨明斋作为翻译的五人代表团。根据列宁的指示,代表团在中国有条不紊地开展工作。

上海共产党早期党团组织为了培养革命青年到苏俄学习,储备党的后备干部,1920年9月,在共产国际的帮助下创办了外国语学社,社址选在霞飞路新渔阳里6号。据当时在此学习的学生回忆:"外国语学社的牌子就挂在6号门墙上,是黑底白字还是白底黑字记不起了。字是魏碑体书写的。""弄堂口是有灯的,式样如何不详细了。记得弄堂口有一个烟纸店,包打听曾在店里监视我们。弄堂底的小铁门是不通行的,进出都从淮海路(当时叫霞飞路)走,我们多数从后门进出。"①

图11-2 外国语学社旧貌

图11-3 外国语学社
(淮海中路567弄6号)

---

① 共青团上海市委员会编:《渔阳里的故事》,上海教育出版社2004年版,第11页。

外国语学社是党组织创办的第一所旨在培养革命青年的学校,由杨明斋任校长,俞秀松任秘书。教师多是上海共产党早期组织成员,如讲授日语的李达,讲授法语的李汉俊,讲授英语的沈雁冰、袁振英等;此外,还有维经斯基的夫人库兹涅佐娃和王元龄讲授俄语,杨明斋也承担讲授俄语的授课任务。

表11-2 外国语学社任教教师情况简表

教师姓名	任教期间及前后时间段活动
杨明斋	上海共产党早期组织成员。1920年来华,创办中俄通讯社和外国语学社,出任社长、校长。1930年去苏联
李汉俊	上海共产党早期组织成员。出席党的"一大"。创办《劳动界》周刊,并任主编。1922年到武汉进行革命活动。1924年退党
李达	上海共产党早期组织成员。《共产党》月刊主编。出席党的"一大",当选为中央局宣传主任。1923年退党
俞秀松	上海共产党早期组织成员、上海社会主义青年团书记、外国语学社秘书。1921年7月出席在莫斯科召开的青年共产国际"二大"
沈雁冰	上海共产党早期组织成员,在外国语学社讲授英语。中国革命文艺的奠基人
王元龄	早年就读于哈尔滨中东铁路公司女子商务学校,担任外国语学社的俄语教师
袁振英	上海共产党早期组织成员。在外国语学社讲授英文。1920年底至广州从事活动。党的"一大"后退党
库兹涅佐娃	维经斯基的夫人,在外国语学社讲授俄语。1921年春回国,在伊尔库茨克远东书记处工作

学社在成立后,就在《民国日报》上连续公开刊登招生启事:"本学社拟分设英法德俄日本语各班,现已成立英俄日本语三班。除星期日外每班每日授课一小时,文法读本由华人教授,读音会话由外国人教授,除英文外各班皆从初步教起。每人选习一班者月纳学费银二元。日内即行开课,名额无多,有志学习外语者请速向法界霞飞路新渔阳里六号本社报名。此白。"[①]尽管外国语学社公开刊登了招生启事,但学生大多是通过各地共产党早期组织推荐进来的,也有一些是经人介绍的,学员来自全国各地,其中,湖南、浙江和安徽三省学员最多。

---

① 叶累、邱作健:《外国语学社》,《党史资料丛刊》第1辑,上海人民出版社1980年版,第174页。

学员的学习目标明确，就是在学社学好外语，到苏俄学习先进的革命理论，改造积贫积弱的旧中国。据当年外国语学社的学员萧劲光讲："我们的学习目的很明确，就是要到俄国去，学习革命道理，回来搞革命，改变落后黑暗的旧中国。所以，我们学习俄文，都很用功，很刻苦。"① 从1921年4月柯庆施从外国语学社寄出的家书中也能了解到学员的目标和志向，其中，有一封家书谈道："出国问题，儿终究想要做到。因为这种事情，与儿一生有绝大关系。"②

学员除了学习外语，还要求学习马克思主义理论知识。更重要的是学社特别重视学生的社会斗争实践，安排学生到工厂调查，参加工人罢工，到民众中散发传单，到工人夜校教书等，以多种形式宣传革命理论。据柯庆施讲，学院除学俄文外，还帮做些工作，比如帮助编辑《劳动界》和参加机器工会的工作。学员最多时有五六十人，这些学员当中包括刘少奇、任弼时、李启汉、李中、罗亦农、许之桢、萧劲光、柯庆施、蒋光慈、曹靖华等。

为加强对进步青年的教育和管理，上海早期党组织于1921年初在新渔阳里6号成立教育委员会，包惠僧担任这个委员会的主任，他后来回忆："我们到上海后，李汉俊在临时中央成立了一个教育委员会指定我负责，杨明斋任副教育委员，主要的任务是选择青年团的优秀分子去莫斯科留学。"③ 在此期间，青年团从外国语学社中选派了30多名学生分三批被送到苏俄学习，多数进入苏联莫斯科东方大学，在这些学员中很多人后来成为革命和建设的卓越领导者。

尽管法租界较之公共租界和华界政治氛围相对宽松，但早期党团组织在外国语学社所从事的革命教育活动还是引起了法租界的警觉，遂于1921年4月29日，被法租界巡捕房搜查。自此，外国语学社的活动受到严密监视，7月，早期党组织决定由张太雷等负责中国社会主义青年团的工作，提出在正式中央机关未成立之前，由上海机关代理中央职权。8月，外国语学社宣告结束。

外国语学社存在的时间尽管还不到一年，却为党组织培养了大批的革命干部和后备力量，推动了马克思主义的传播。

---

① 余世诚、张升善：《杨明斋》，中共党史资料出版社1988年版，第131页。
② 柯六六：《柯庆施就读上海外国语学社前后》，《江淮文史》2008年第6期。
③ 《包惠僧回忆录》，人民出版社1982年版，第32页。

三、渔阳里街区是马克思主义的传播中心,早期党组织通过在此成立出版社,创办革命期刊开展对马克思主义的宣传

俄国十月社会主义革命以后,马克思主义在中国得到广泛传播。正如报章所言:"一年以来,社会主义的思潮在中国可以算风起云涌了,报纸杂志的上面,东也是研究马克思主义,西也是讨论鲍尔希维主义,这里是阐明社会主义的理论,那里是叙述劳动运动的历史,蓬蓬勃勃,一唱百和,社会主义在今日中国,仿佛有雄鸡一唱天下晓的情景。"①在推动马克思主义宣传的各种报刊中,当属由陈独秀创办的《新青年》影响最大。1919 年前后,马克思主义的宣传中心在北京,但由于北洋军阀统治下的北京,社会动乱、管制森严,严密控制革命知识分子的思想和行动,马克思主义的宣传中心由北京转移到上海。1920 年,陈独秀由京返沪,由他任主编的《新青年》也随之迁回,编辑部就设在老渔阳里 2 号。自此,这里便成为马克思主义新的宣传中心。

陈返沪后,便邀请在上海宣传马克思主义的几位同仁商量《新青年》复刊之事。参与商谈的有《星期评论》的编辑李汉俊、沈玄庐以及《民国日报》副刊《觉悟》的编辑邵力子等人。时隔不久,李达从日本回国,也被邀请协助做编辑工作,并入住环龙路老渔阳里 2 号。5 月,陈望道被邀请加入编辑部。在上海复刊的《新青年》,大力宣传马克思主义,先后刊登了列宁的《民族自决》、《过渡时期的经济》、苏俄《劳动法典》等经典著作,成为宣传马列主义理论和思想的重要前沿阵地。

为方便先进知识分子更好地学习、研究和宣传马克思主义,1920 年夏,陈独秀倡导成立了社会主义研究社。由陈望道翻译的中国第一个中文译本《共产党宣言》,就是交由社会主义研究社出版的。其后,上海党的早期组织以社会主义研究社的名义,先后出版了李汉俊翻译的《马格斯〈资本论〉入门》和李达翻译的《唯物史观解说》等经典篇目,向热心读者,尤其是进步青年,较为系统地宣传了马克思主义。

1920 年 7 月,以维经斯基为负责人的五人共产国际代表团在法租界霞飞路

---

① 潘公展:《近代社会主义及其批评》,《东方杂志》第 18 卷第 4 号,1921 年 2 月 25 日。

新渔阳里6号成立了中俄通讯社(1921年1月起称华俄通讯社),由杨明斋任社长。为扩大信息宣传,还在北京设立了分社。据曾在通讯社工作过的刘仁静回忆,"一九二〇年,我找到了一个工作,就是在北京的'华俄通讯社'(也称中俄通讯社)里,把北京报纸上的消息译成英文,再有人把他译成俄文,通过电报发回莫斯科"①。通讯社的主要任务是向共产国际报道中国革命情况,发送来自共产国际和苏俄提供的消息。通讯社在推进马克思主义的宣传,扩大中国民众对苏俄革命斗争的了解方面,发挥了重要的教育宣传作用。上海早期党组织建立后,通讯社便有党组织领导,杨明斋继续主持通讯社的工作。

以《新青年》为依托,上海共产党早期组织成立了新青年社,这是中国共产党最早的公开出版发行机构。1920年9月在《新青年》上刊登了这样一则启事:"凡关于投稿及交换告白杂志等事(彼此交换杂志均以一册为限),均请与上海法租界环龙路渔阳里2号新青年社编辑部接洽。凡关于发行事件,请与上海法大马路自鸣钟对面新青年社总发行所接洽。八卷一号以前的事仍由群益书社负责。"②从这则启事不难看出,该出版社的编辑部就设在渔阳里街区老渔阳里2号陈独秀的寓所里。新青年社作为出版宣传机构,具体负责《新青年》的编辑、发行。《新青年》从第8卷第1号起,正式成为上海早期组织宣传马克思主义的理论刊物。

为进一步加大马克思主义理论的宣传,推动党组织的发展壮大,11月7日,上海共产党早期组织的机关刊物《共产党》月刊创刊,公开了党的旗帜。其主要撰稿人是陈独秀、李达、李汉俊、沈雁冰等,由李达任主编。该刊积极宣传马克思主义理论、列宁建党思想以及国际共产主义运动开展情况,同时,也对无政府主义等社会思潮进行猛烈的抨击,坚定对共产主义的追求和建立无产阶级国家的信念,成为各地共产党早期组织的必读刊物,推动了马克思主义的传播。

表11-3 渔阳里街区创办的出版社和期刊情况简表

名 称	起止时间	创办人	地 址
《新青年》	1915年9月15日—1927年7月25日	陈独秀任主编,编辑李汉俊、陈望道、李达等	法租界环龙路老渔阳里2号

---

① 《关于杨明斋生平事迹的调查》,《齐鲁学刊》1983年第4期。
② 《新青年社(本志特别启示)》,《新青年》第8卷第1号,1920年9月。

续 表

名　　称	起止时间	创办人	地　　址
《共产党》月刊	1920年11月7日—1921年7月7日	李达任主编,陈独秀、李达、施存统、沈雁冰等为主要撰稿人	法租界环龙路老渔阳里2号
社会主义研究社	1920年5月	成员有李汉俊、陈望道、邵力子、施存统、俞秀松、李达、沈玄庐、沈雁冰、杨明斋等	法租界环龙路老渔阳里2号
中俄通讯社	1920年7月创办,1921年1月改为华俄通讯社	负责人杨明斋	法租界霞飞路新渔阳里6号
新青年社	1920年9月创办,1921年4月被查封后迁往广州	负责人陈独秀	编辑部设在法租界环龙路老渔阳里2号,门市部在法租界大马路(今金陵东路)279号

渔阳里街区聚集了一大批先进知识分子在此进行革命活动,他们大多具有海外留学经历,在留学期间接触到马克思主义理论,并受其影响,逐渐成为马克思主义者。由于这些马克思主义者掌握了深厚的马克思主义理论知识,他们通过社会主义研究社、中俄通讯社、新青年社以及《新青年》《共产党》月刊等媒介广泛宣传马克思主义,推动了马克思主义在中国的传播。

四、渔阳里街区是工人运动的策划中心,早期党组织在此帮助工人阶级创办通俗刊物,创立工会组织,开展工人运动

上海的共产党早期组织积极致力于向工人阶级传播马克思主义,启发工人阶级的觉悟,开展工人运动。1920年8月15日,《劳动界》周刊创办,这是专门向工人阶级宣传革命理论的通俗读物。李汉俊任主编,陈独秀、李达、沈玄庐等为编辑,该刊的主要撰稿人有陈望道、邵力子、袁振英、柯庆施等,分设国内外劳动界、演说、时事、小说、诗歌以及读者投稿等栏目,地址在法租界环龙路老渔阳里2号。这是革命知识分子创办的第一个工人刊物,成为向工人进行宣传和组织工作的重要载体。李汉俊发表文章指出:"我们中国的工人比外国的工人还要

苦。这是什么道理呢？就因为外国工人略微晓得他们应该晓得的事情，我们中国工人不晓得他们应该晓得的事情。"①《劳动界》周刊深受工人的欢迎，发行量较大，还影响到其他城市，各地效仿上海也相继创办了工人刊物，如北京创办了《劳动音》，广州创办了《劳动者》。此外，上海党的早期组织还帮助工商友谊会创办通俗刊物《上海伙友》，陈独秀为这一期刊创刊写了《发刊词》，称赞店员伙友、工厂和矿山劳动者以及交通劳动者是阶级战争的三大军团。创刊前，陈独秀、俞秀松等人邀请"工商友谊会诸先生于 31 日在渔阳里 6 号'外国语学社'开会，面商《店员周刊》进行事宜"②。因此，《上海伙友》的创刊风格带有明显的红色印痕，倾向于宣传马克思主义。

陈独秀把《新青年》第 7 卷第 6 号开辟为劳动节纪念号，深入介绍各地劳动组织和劳动状况，启发工人阶级的思想觉悟。他发表公开谈话："以二十世纪政治眼光观之，北京市不能谓为有一市民。仅有学界运动，其力实嫌薄弱，此足太息者也。"③陈独秀结合北京的革命运动，已意识到仅靠学生和知识界的救国运动已远远不够，需要转向革命的工人运动，而上海恰是中国工人运动的中心。20 世纪 20 年代的上海，是人口接近 230 万的中国第一大城市，据当时上海劳动状况的调查，全国工人发展到 194.6 万人，其中上海有近 51.38 万人，占全国工人总数四分之一强。④

陈独秀深入劳工团体中调查研究，加强与工人组织的联系。他在出席由上海码头工人发起的"船务栈房工届联合会"成立大会上，发表了《劳动者底觉悟》的精彩演讲，称颂"社会上各项人只有做工的是台柱子"，他讲道："必有一班糊涂人说皇帝最有用最贵重，或是说做官的读书的最有用最贵重。我以为他们说错了，我以为做工的人最有用最贵重。"⑤1920 年的"五一"劳动节纪念活动，是中国革命知识分子走向工人运动的第一步。

上海机器工会和印刷工会是在上海成立最早的两家工会。1920 年 10 月 3 日，霞飞路渔阳里 6 号召开了上海机器工会发起会，陈独秀、杨明斋、李汉俊等人以嘉宾的身份出席了会议，陈独秀被邀请为暂设经募处的主任，李中等五人被推

---

① 《劳动界》第 1 册 1920 年 8 月 15 日。
② 《劳动界》第 7 册 1920 年 9 月 26 日。
③ 《民国日报》1920 年 2 月 23 日。
④ 《劳动状况调查》，《新青年》第 7 卷第 6 号。
⑤ 陈独秀：《劳动者底觉悟》，《新青年》第 7 卷第 6 号。

选为办事员。在早期共产党组织的帮助下,上海机器工会于11月21日正式成立。12月,上海印刷工会宣布成立。为更好地开展工作,两家工会还分别创办了他们的期刊《机器工人》《女友画报》。《共产党》月刊发表评论,认为这两个工会"办理得有精神有色彩"①。这说明党的早期组织高度重视工会在引导和推动工人运动中的作用。

图11-4 机器工会旧址

综上而论,渔阳里街区成为早期革命知识分子在上海从事建党活动的首选之地,其主要原因就在于这里优越的地理位置和相对宽松的政治氛围。20世纪20年代的上海市政格局,"为三治四界,即存在公共租界、法租界、华界三个不同的行政机构,华界又分南市与闸北两部分"②。渔阳里街区从属于法租界,是由法国政府控制的,较之英美控制的公共租界和北洋政府控制的华界,这里为中国先进知识分子留有相对宽松的政治活动空间。尽管租界是"中国受制于帝国主义的耻辱象征"③,早期革命知识分子忍受着二等公民的待遇,但正是租界的存

---

① 《共产党》第6号,1921年7月7日。
② 熊月之:《中共"一大"为什么选在上海法租界举行——一个城市社会史的考察》,《学术月刊》2011年第3期。
③ 苏智良、江文君:《中共建党与近代上海社会》,《历史研究》2011年第3期。

在,促使近代上海的政治格局呈现鲜明的特色,从而使得统治上海的北洋军阀在政治控制方面留有少许间隙,为政治性团体组织逃避北洋军阀专制统治客观上提供了可能。早期革命知识分子能够在渔阳里这一街区立足,并广纳群儒创立党团组织,培养革命干部、传播马克思主义、开展工人运动,也正是利用了渔阳里街区的区位优势。渔阳里街区作为中国先进知识分子开展建党活动的物理空间,在中国革命史上留下了浓墨重彩的一笔。在那个风雨激荡的年代,海内外先进知识分子齐聚渔阳里街区,开展党的创建活动,为党的诞生做了大量的前期准备工作,最终促成了中共"一大"的召开,宣告了中国共产党的成立。在创建伟大政党的过程中,渔阳里街区发挥了无可替代的作用。

(作者单位　中共上海市松江区委党校)

政治社会化语境中的宣讲与运动
——以20世纪20年代的上海大学为中心

丰箫 丰雪

20世纪20年代的中国,当各地军阀混战不断时,新文化运动如火如荼地进行着,孙中山和于右任等一些国民党人尝试探求教育救国的道路。国共两党接手东南高等专科师范学校,创办了后来与黄埔军校相提并论的上海大学。20世纪80年代以来学术界对上海大学历史进行概括和梳理[①],叙述、分析与上海大学相关的人物。[②]

叶文心教授指出,上海大学包括两个完全不同的部分:一是正规的学校体制;一是将街道与教室相链接的非正式空间。上海大学教授的演讲使得上海大学进一步成为社会和政治的关注中心。[③] 上海大学正是通过这种正规和非正规兼有的方式教育了上大的师生,影响了社会和政治,体现出强烈的"政治社会化"特点。"政治社会化"是当代政治学的一个重要理论,国内学界研究多集中于相关理论的述评、对于政治文化的传播维系作用、共产党的抗日民主根据地活动,

---

① 黄美真、张云、石源华:《上海大学史略》,《复旦学报(社会科学版)》1981年第2期;盛祖绳:《二十年代初创时期的上海大学》,《上海大学学报(社会科学版)》1988年第2期;黄美真、石源华、张云主编:《上海大学史料》,复旦大学出版社1984年版;程杏培、陶继明编著:《红色学府》,上海大学出版社2002年版;《20世纪20年代的上海大学》编委会编:《20世纪20年代的上海大学》,上海大学出版社2014年版;与上海大学有关的史料,为我们研究上海大学提供了详尽的资料。

② 刘昶:《上海大学社会学系早期的教授们》,《社会》1999年第2期;孙杰:《邓中夏与二十年代初的上海大学——纪念邓中夏同志逝世五十周年》,《上海大学学报(社会科学版)》1988年第2期;张元隆:《上海大学与现代名人(1922—1927)》,上海大学出版社2001年版;张元隆:《中共早期领导人与上海大学》,《中国浦东干部学院学报》2011年第6期;等等。

③ Wen-hsin Yeh, *The Alienated Academy Culture and Politics in Republican China, 1919 - 1937* [Cambridge (Massachusetts) and London: Harvard University Press, 1990], p.149.

以及新政时期政治社会的途径。① 20世纪20年代的上海大学的演讲和学生活动具有鲜明的特色,不但为政治人的推出和实现起到推动作用,而且也影响了社会历史的发展,本文即从政治社会化的视角解析其政治社会化的方式和作用。

一、上海大学与政治社会化

1924年瞿秋白发表《现代中国所当有的上海大学》,指出:"切实社会科学的研究及形成新文艺的系统——这两件事便是当有的上海大学之职任,亦就是上海大学所以当有的理由。"②他期望20世纪20年代的上海大学成为南方的新文化运动中心,推动新文化运动在南方的发展。③ 从新文化运动的主题来看,无论是前期两大主题之一的"民主",还是后期的"马克思主义",都属于政治的范畴,都是中国早期先进知识分子对于政治现代化的一种探索和宣传。传统中国的政治文化是中华民族在长期的传统社会中所形成的一套稳定的政治态度、政治信仰和政治情感体系。从某种意义上说,新文化运动是一种彻底区别于传统政治文化的新型政治文化的塑造过程。"政治社会化是政治文化形成、维系和改变的过程。"④新文化运动正是这样一种政治社会化的过程。

政治社会化包含两方面的内容和含义:其一,强调政治生活领域的个人通过教育或者其他媒介获得一定的政治认知、政治情感和政治态度,从而渐渐成为一个政治人的运动过程;其二,政治系统"给每个人灌输政治系统流行的价值","通过教育社会成员遵循系统的规则,履行其应承担的角色"。⑤ 政治社会化意味着自上而下地通过政治共同体对于自身政治合法性的论证和宣传;自下而上地通过剧烈变革社会从而实现政治文化的重塑。北洋政府并没有改变旧中国积弱积贫的局面,国家首脑和政府机关更换频繁,派系冲突不变,更多活动体现了

---

① 如:李祥兴、程晓敏:《论抗战时期陕甘宁边区的冬学运动与政治社会化》,《学术论坛》2011年第3期;詹永媛:《从政治社会化视角论抗日民主根据地的教育》,《广西师范大学学报(哲学社会科学版)》2005年第3期;孙景珊:《抗战时期陕甘宁边区民众政治社会化的路径分析》,《社科纵横》2011年第10期;吴磊、徐永志:《"清末新政"时期政治社会化的途径及其作用》,《天中学刊》2009年第2期;等等。
② 瞿秋白:《现代中国所当有的上海大学》,《民国日报》1923年8月2—3日。
③ "我们和平伯(笔者注:作家、古典文学研究家俞平伯)都希望上大能成南方的新文化运动中心",详见黄美真、石源华、张云编:《上海大学史料》,复旦大学出版社1984年版,第13页。
④ 加布里埃尔·A.阿尔蒙德,小G.宾厄姆·鲍威尔著:《比较政治学:体系、过程和政策》,曹沛霖等译,上海译文出版社1987年版,第91页。
⑤ 迈克尔·罗斯金等:《政治科学》,华夏出版社2001年版,第142页。

前一层面的内容和含义。上海大学在中国共产党和国民党左派的领导下,通过以两党党员为主的教师和青年学生①的共同努力,自下而上地推动政治文化的"除旧布新",促进了近代中国的政治社会化。

上海大学内部包含各种政治社团和组织,如国民党的区分部、共产党和社会主义青年团的基层组织、少数国家主义派,以及专业的学术团体和各省籍的同乡会等。许多社团是围绕政治议题而存在的,是各种政治活动的组织基础。上海大学的诸多教师是共产党和国民党的理论家,经常在报刊发表先进性的言论,有些甚至是报刊的编辑,比如曾任代校长的邵力子就是国民党中央机关报《民国日报》的主编,瞿秋白主编共产党中央的理论刊物《新青年》和《前锋》。上海大学的一些课程明显具有政治特征。如安体诚讲授"科学社会主义十讲",李季讲授"通俗资本论""马克思传",肖朴生主讲"辩证唯物主义与历史唯物主义"等。② 上海大学这种包容性保证了各种政治社会化途径的协调,使政治社会化得以高效进行。

在政治社会化内容上,上海大学内部存在着显著的冲突。社会学系更多的是共产党员和国民党左派,英国文学系较多的是国民党右派,而中文系则介于二者之间。黄仁被害事件发生后,社会学系与英文系的政治派别斗争日趋激化。社会学系学生反对英文系主任何世桢,英文系学生反对社会学系主任瞿秋白,结果何世桢和瞿秋白双双辞去系主任职务。③ 师生不同派别的斗争也与校外斗争互相激化:"这是一个统一战线的组织形式,但内部思想斗争很激烈"④。

学校、社团、传媒等都是政治社会化的重要途径,学校凭借对于政治文化塑造的正式性、系统性、有效性成为政治社会化的基本途径。阿尔蒙德和鲍威尔评价道:"在政治社会化中,学校系统显然是最系统化的强有力的影响因素之

---

① 根据上海大学社会学系吴广(后改名吴君如)记叙,时上海大学共产党和国民党左派占绝对优势。吴君如:《第一次国共合作期间共产党创立的革命学校——上海大学》,中国人民政治协商会议广东省广州市委员会文史资料委员会编:《广州文史资料》第27辑,广东人民出版社1982年版。不得不提的是上海大学的社会学系,在当时没有一所大学的哪一个专业像上海大学的社会学系这样汇聚了那么多的马克思主义者,那么多共产党理论家——瞿秋白、蔡和森、邓中夏、恽代英、萧楚女、任弼时、李汉俊等。屈新儒:《关西儒魂——于右任别传》,人民文学出版社2002年版,第173页。
② 《上海大学教职员名单》,上海档案馆,D10-1-32。
③ 陈铁健:《从书生到领袖——瞿秋白》,上海人民出版社1995年版,第95页。
④ 《关于上海建党、上海大学、萧山"农村学校"等情况的回忆——杨之华访谈录》,王来棣:《中共创始人访谈录》,明镜出版社2008年版,第18页。

一。"①20世纪20年代的上海大学作为近代中国历史背景下的一所特殊高等学校,在政治社会化过程中发挥了极强的作用。

二、上海大学的演讲与政治社会化

"政治社会化的内容与民族传统文化的亲和性程度越高,则政治社会化的功能发挥就越充分"。② 中国传统的政治文化与现代政治文化截然不同:一方面低度的亲和性阻碍了中国的政治社会化,使一般的政治社会化途径丧失功用,比如家庭、传统学校;另一方面,两者激烈的冲突,激发了新文化运动中先进知识分子,尤其是马克思主义者,对先进的政治思想进行不遗余力地宣讲。两种政治文化激烈的冲突以及振聋发聩的宣讲引发人民尤其是青年对社会进行思考。

1923年4月起,上海大学有计划地举办星期演讲会。共产主义者李大钊讲过"演化与进步""社会主义释疑""劳动问题的根源",著名国民党人杨杏佛讲过"从社会方面观察中国政治之前途",文学家郭沫若讲过"文化的社会之使命",新文化运动领袖胡适讲过"科学与人生观",等等。这些演讲虽然涉及各个学科,包含不同思想流派,但大都是围绕政治的议题,并偏重于马克思主义。1924年,上海大学以上海学生联合会的名义组织讲习会,面向社会宣讲。开讲两星期后,报名前往听讲者络绎不绝,天气虽热,但"前往听讲者仍甚踊跃"。所讲题目具有极强的政治性和社会性,如第二周为邵力子讲中国宪法史,瞿秋白讲俄国的新经济政策,戴季陶讲三民主义,叶楚伧讲中国外交史,李春蕃讲帝国主义,刘一清讲五权宪法等。③ 姜长林回忆说:"参加这次讲学会后,思想境界提高了许多","我本人就是在这次夏令讲学会以后入党的"。④ 在这些演讲中,进步、阶级、民主、国家等新式概念以通俗化的形式在学生和广大群众中传播开来,同时这些演讲凭借其直观性和互动性深刻地影响了受众的政治价值和政治立场。

李大钊在"演化与进步"的演讲中,称"演化是天然的公例",我们必须"立足在演化论和进步论上"。李大钊吸收了清末以来在中国广为传播的进化论思想,

---

① [美]加布里埃尔·A.阿尔蒙德、小G.宾厄姆·鲍威尔著:《比较政治学:体系、过程和政策》,曹沛霖等译,上海译文出版社1987年版,第107页。
② 王宗礼:《论政治社会化及其功能发挥》,《甘肃社会科学》2000年第5期。
③ 《上海夏令讲学会消息》,《民国日报》1924年7月22日。
④ 王家贵、蔡锡瑶编著:《上海大学(1922—1927)》,上海社会科学出版社1986年版,第112页。

但并未由此获得资产阶级式的民主政治主张,而是在此基础上将其引向马克思主义的道路,"像马克思创造一种经济的历史观","我们知道这种经济的历史观,系进步的历史观",并论证了其科学性。这种与当时民主思想有着千丝万缕联系,却又与其从根本上相异化的马克思主义理论,在演讲中逐渐获得了知识分子的关注和认可。①

上海大学校长于右任的一次关于"帝国主义"的演讲,集中体现了国民党左派及部分上海大学教师对于帝国主义的立场和认识。于右任指出:"帝国主义是资本主义发展到最高程度的一期,也是将要崩坏的一期,其这个时期内财政资本占重要势力,并且依靠侵略殖民地和半殖民地维持现状。"②这一定义深深打下了十月革命以来苏俄对于马克思主义发展的烙印,反映了当时先进群体中对于苏俄政治模式的倾向。虽然演讲中存在对于"专利"在帝国主义发展中作用的过度推崇等不足,但其对于马克思主义理论的理解和运用却是炉火纯青。这种以深入浅出的语言宣传马克思主义、抨击帝国主义的演讲在上海大学还有很多,是政治社会化中对于民族独立和自由最强有力的呐喊。

在"除旧布新"的这场政治社会化中,上海大学对传统政治文化和封建主义进行了猛烈的批判。一些关于女性解放的演讲是这种猛烈批判的典型代表。在中国几千年的封建社会下,封建纲常思想成为社会的行为准则。在这一套准则下,女性的身份极其卑微,成为男性的附庸。因此对于女性解放的宣讲无疑是对传统政治文化的一记重拳。

上海大学的一些演讲积极宣传女性解放的思想。比如在1924年夏令讲学会中,教育学家陈望道曾发表"妇女问题"的演讲。③ 上海大学的教师还到其他学校进行有关女性解放的演讲,在更广阔的范围内推动女性解放。1923年高冠吾参加南京花衣街群贤女学校的演讲会:"女性云者在今日尚可说,若在数十有年后则闻之者且将笑之矣。"高冠吾敏锐地预见到女性解放是大势所趋。要实现这种解放,女性需要打破陈旧思想,"须知人之生于世也,绝非仅为衣衣食食而已",要积极投身社会中,并且要自立自强,"凡力所能行之事,皆宜与男子并行,

---

① 《演化与进步之演讲》,《申报》1923年4月16日。
② 于右任:《于右任先生讲演录(续)》,《国民新报》1926年第34期。
③ 《上海夏令讲学会简章》,《民国日报》1924年7月1—2日。

不可坚执旧说、自失人格"。①

上海大学的女学生还积极投身到对于妇女解放的宣传中,积极到校外进行宣讲。上海大学女同学会甚至组织了演讲联系会,"为要练习口才,对外宣传的准备"。拥有先进知识和思想的女大学生有责任,"唤起一般未觉悟的女同胞"。② 这样,上海大学的女学生就由原先的女性群体政治社会化的对象成为这场这一群体政治社会化的主导者,她们深入到街头、工厂的演讲无疑是最为有效的直接的政治文化传播方式。在演讲中,上海大学的女生作为女性群体的一员,其新时代女性的风貌,本身就是对于传统妇女群体政治文化习惯的巨大冲击。她们通过演讲这一形式推动了广大女性群体的思想解放。

三、上海大学的学生运动与政治社会化

青年时期是人生观和价值观形成的关键时期。青年人拥有充沛的精力,勇于创新,敢于思考和行动。众多有志于救亡图存、追求真理的青年来到了上海大学。他们来自全国各地,有的甚至是从海外侨居的菲律宾、新加坡、印尼、日本等地归来的。李锦荣回忆,"我们抱着热爱祖国、要求进步和追求真理的愿望回国读书,在敬仰上海大学高举革命旗帜的情况下进上海大学学习"。③ 汇聚于上海大学的先进青年学生自然成为推动新型政治文化的主力。如果说上海大学的演讲提供了这种新型政治文化的启蒙以及学生运动的理论和思想基础,那么青年学生将其落实到实践中组织学生运动则是推动政治社会化的强有力杠杆。

上海大学这所学校作为政治社会化途径具有对其他途径的包容性,并形成了一种机制:党派通过其党员(教师)向青年学生灌输先进政治文化,然后领导学生参与学生运动并使其与工人运动结合,这些运动还得到报刊的宣传和声援。"个体的社会交往是个体学习政治文化的根本条件。"④青年学生凭借这有包容性的政治社会化机制,实现了有效、稳定、持续的与各革命先进阶层的社会交往。学生在政治运动中得到极大的锻炼和成长,同时扩大了运动的规模声势,其对于

---

① 《群贤女学校之讲演会 高冠吾讲女性问题 童禹君讲新家庭之组织》,《申报》1923 年 11 月 10 日。
② 《上大女同学会消息》,《民国日报》1925 年 12 月 3 日。
③ 王家贵、蔡锡瑶编著:《上海大学(1922—1927)》,上海社会科学出版社 1986 年版,第 114 页。
④ 王宗礼:《论政治社会化及其功能发挥》,《甘肃社会科学》2000 年第 5 期。

独立、自由、民主精神的追求自然取得了深远影响。

1924年11月,冯玉祥发动北京政变,后电邀孙中山北上共商国是。孙中山发表对时局的声明,主张废除不平等条约和召开国民会议。中国共产党中央发出通告,要求各级党组织推动各地人民团体组织国民会议促成会,并广泛宣传。1924年11月28日,上海大学代理校长邵力子召集教职员和学生全体会议讨论孙中山对于时局的主张,并一致赞成召集预备会议产生国民会议的建议。① 上海大学推动教育界投入国民会议中,成立了上海国民会议促成会,邵力子任主席,上海大学教师恽代英和上海大学学生林钧、刘一清、杨之华等人被选为委员和候补委员,上海大学师生构成了上海国民会议促成会的领导骨干。② 由上海大学促成并领导的上海国民会议促成会,掀起了一场广泛的政治运动。"政治现代化最基本的方面就是要使全社会的社团得以参政。"③虽然这场国民会议促成运动没有取得实在的政治成果,但是这样一种由中国共产党等各种政治力量努力推动的、各界广泛参与的政治运动,对于处在政治现代化进程中的国民而言,是一种比较正式的政治参与,是一种生动而深入的政治教育。

上海大学的女生冲破封建思想,追求自己的自由和解放,并投入到解放更多女性的运动中。在1924年至1925年的国民会议运动中,上海大学等13个团体倡导成立了上海女界国民会议促成会,上海大学社会学系的学生张琴秋、周复光等被选为委员。④ 女界促进会,对于女性基本政治权力——选举权和被选举权——的争取,在中国是具有开创性的。政治社会化的一个重要方面是政治体系中各种政治角色的形成。女界促进会组织演讲队,到上海各处演讲,发动女性参加政治运动,产生了很大的影响。由上海大学的女生组成的女界促进会对于基本政治权力的诉求,反映了当时先进女性群体对于其公民角色的自觉和自信。

1925年5月15日,日本纱厂资本家枪杀共产党员顾正红,北洋政府却封锁消息。5月24日,在参加顾正红追悼会的途中,上海大学朱义权、江锦维等四位

---

① 《上海大学主张国民会议宣言》,《民国日报》1924年12月3日。
② 王家贵、蔡锡瑶编著:《上海大学(1922—1927)》,上海社会科学出版社1986年版,第26页。
③ [美]塞缪尔·P.亨廷顿著:《变革社会中的政治秩序》,王冠华等译,生活·读书·新知三联书店1989年版,第34页。
④ 《女界国民会议促成会之发起 发起者有十三女团体》,《申报》1924年12月5日。

同学散发传单,宣讲顾正红烈士被杀真相,遭到巡捕的拘捕,①成为顾正红惨案以来第一批被捕的学生。5月30日,上海大学的学生同其他学校的学生以及群众汇聚于关押学生的上海老闸捕房演讲示威。英国巡捕向人群开枪,造成十余人死亡,包括作为游行队伍联络员的上海大学学生何秉彝,另有重伤和轻伤数十人。②之后上海学生联合会负责人上海大学学生刘一清率领学联向捕房交涉,并积极推动了上海总商会的罢市。"城市是国内反对派的中心;中产阶级是城市反对派的集中点;知识分子是中产阶级反对派内部最活跃的集团;而学生则是知识分子内最有内聚力也是最有战斗力的革命者。"③在这场群众运动中,青年学生发挥了主导作用,上海大学的学生则是先锋队、领导骨干等多重角色的统一。此后,"五卅运动"演变为一场声势浩大、席卷全国的政治运动,并使得反帝反封建为题中之义的政治社会化剧烈蔓延,对于后期的国民革命运动的发展等诸多历史事件产生了直接的影响。

作为国共第一次合作下由中国共产党实际控制下的红色高等学府,上海大学对于宣传马克思主义,推进中国反帝反封建乃至促进革命的政治社会化过程都起了巨大作用。上海大学师生演讲和学生运动,推动了崭新的政治文化在上海乃至全国的传播和影响。这些宣讲和运动体现了20世纪初无数先进中国人对于中国出路的探索性举措,这种探索并没有因为上海大学的关闭而停止。"历史是认真的,经过许多阶段才把陈旧的形态送进坟墓。"④在国共双方合作的框架下,在此获得先进政治思想和街头运动历练的一批革命者投入到旷日持久的斗争中,完成一个政治人的转化过程,同时对于国共双方力量的成长和壮大起到非同一般的作用。在旧的政治文化和新型政治文化的交替中,上海大学的宣讲和运动对于人们的认知乃至思想和行为的改变起着重大作用,进而影响或塑造了新的政治文化。

(作者单位　上海大学)

---

① 《学生被捕案候日领堂期审讯》,《申报》1925年5月26日。
② 《为何秉彝惨遭英人枪杀泣告全国同胞》,《民国日报》1925年6月6日。
③ [美]塞缪尔·P.亨廷顿著:《变革社会中的政治秩序》,王冠华等译,生活·读书·新知三联书店1989年版,第265页。
④ 《马克思恩格斯选集》第1卷,人民出版社1995年版,第5页。

李达与人民出版社

白华山

1921年，中共"一大"代表李达在中共中央的支持下，创办了中国共产党历史上第一个出版机构——人民出版社。这不仅是中国出版史上的一件大事，更是马克思主义早期传播史上一个里程碑。本文通过对李达创办人民出版社过程的考察，试图揭示李达对于党的出版事业以及马克思主义在中国的传播所作出的重大贡献。

一、人民出版社创办的时代背景

1917年俄国十月革命的胜利，迅速引起中国的先进分子对马克思列宁主义的浓厚兴趣和热烈向往。十月革命帮助中国的先进分子用无产阶级的世界观作为观察国家命运的工具，重新考虑中国的革命问题。在十月革命的鼓动下，以李大钊为代表的一批先进分子，很快接受并开始研究马克思主义思想。马克思主义在中国的传播推动了革命运动的开展，最后导致了五四运动的爆发。随着革命运动的发展，马克思主义的影响也越来越广泛了。在广大青年群众中，科学社会主义创始人的名字，成为最受爱戴的名字，全国开始出现了一个学习和宣传马克思主义思想的热潮。五四运动后，宣传新思想、新文化的进步团体和出版物，雨后春笋般地出现。仅在"五四"后的一年间，全国新出版的刊物竟有400多种。这些社团和出版物，虽然思想倾向不同，但都或多或少介绍和宣传过马克思主义的思想，马克思、恩格斯著作的译述也随之而日渐增多起来。

马克思主义的广泛传播，推动了革命运动的发展，而各地共产主义组织的活动,又促进了马克思主义和中国工人运动的进一步结合,使建立中国共产党的条件进一步成熟。1921年7月,全国各地的共产主义小组在上海召开了中国共产党第一次代表大会,正式宣告中国共产党的成立。之后,研究马克思主义的人不断增加。但是,除了上海的社会主义研究会于1920年4月出版过陈望道翻译的《共产党宣言》外,只有少数报刊登载过马克思、恩格斯和列宁的少量著作或著作的章节和片段。对于这一时期马克思主义在中国传播的情况,包惠僧后来这样回忆道:"我们对于学习马列主义知识是太少了,我们多数同志几乎是先当了共产党员才学习马列主义,我们主要的读物是《共产党宣言》、《新青年》杂志,李汉俊译的《资本论浅说》、《共产党》月刊,考茨基著的《唯物史观》,李季译的《社会主义史》、《马克思传略》,巴枯宁、克鲁泡特金、托尔斯泰的著作及传记。"[1]因此,当时想研究马克思主义、探寻真理的人,特别是青年学生,出现了严重的所谓"知识荒"。为了解决急于学习而又缺少这类书籍的矛盾,他们经常集中在一起,其中懂得外文的人负责翻译马克思主义经典著作,大家共同探讨与学习。但是许多人只能从一些报刊上看到马克思、恩格斯和列宁的个别著作,或者只能看到当时报刊上发表的转述文章和引述的只言片语,因此,对马克思主义不可能有比较完整准确的理解,分不清马克思主义和非马克思主义、反马克思主义思想的界限,不能树立起坚定的马克思主义信念。再加之中国共产党成立之初理论准备不足,当时党员的马克思主义理论水平普遍不高,迫切需要用马克思主义武装起来,以便加强全党的团结,提高党的战斗力。

1921年党的"一大"通过的决议正式指出:"一切书籍、日报、标语和传单的出版工作,均应受中央执行委员会的监督。每个地方组织均有权出版地方通报、日报、周报、传单和通告。一切出版物,不论中央的或地方的,均应在党员的领导下出版。任何出版物,无论是中央的或地方的,都不得刊登违背党的原则、政策和决议的文章。"[2]为了加强对马克思列宁主义理论的宣传,中共中央决定秘密创建自己的出版机构。因为李达长期从事马克思主义理论的宣传,并且长期从事编辑工作,先后任中华书局、《新青年》杂志的编辑,并一直担任着《共产党》月刊的主编,在编辑出版方面有着十分丰富的经验,所以具体工作就落在中共"一

---

[1] 包惠僧:《共产党第一次全国代表会议前后的回忆》,中国社会科学院现代史研究室、中国革命博物馆党史研究室选编:《"一大"前后》(二),人民出版社1980年版,第313页。
[2] 《中国共产党第一个决议》,《"一大"前后》(一),人民出版社1980年版,第12页。

大"上被选为中央宣传主任的李达身上。李达在上海的寓所成都南路辅德里625号(今老成都北路7弄30号),就是人民出版社的社址。这是一座一楼一底的青红砖相间砌成的石库门房屋,建筑面积74平方米,底层是客堂。楼上前楼为李达的书房兼卧室,后面亭子间即编辑部,楼下是客厅。"这里虽然挺简陋,但周围民居成片,门户相仿,侧身一闪而入,不易被密探的目光锁定,便于隐蔽;一旦遇到意外情况,因前后有门,独进独出,四通八达,可以迅速撤离",①所以无论从地理环境还是从秘密斗争的角度来看,李达的寓所都非常适合作出版社的办公场所。

二、李达对于创建人民出版社的贡献

中共"一大"召开后,李达开始积极谋划人民出版社的创建工作。参加中共"一大"的北京代表刘仁静,是代表中年龄最小的一位,当时只有19岁,意气风发,积极性很高,会议结束后他没有离开,而是主动留下来协助李达创办人民出版社。② 针对当时了解马克思主义只能通过报上的小文章,却找不到大部头的中译本阅读的情况,党内产生了必须把宣传马克思主义的工作重点放到出版重点书籍上去的想法。③ 正是在这种思想的指导下,李达在《新青年》第9卷第5号登载出《人民出版社通告》,说明该社成立的宗旨和任务,指出:"近年来新主义新学说盛行,研究的人渐渐多了,本社同人为供给此项要求起见,特刊行各种重要书籍,以资同志诸君之研究。本社出版品的性质,在指示新潮底趋向,测定新潮底迟速,一面为信仰不坚者祛除根本上的疑惑,一面和海内外同志图谋精神上的团结。各书或编或译,都经严加选择,内容务求确实,文章务求畅达,这一点同人相信必能满足读者底要求,特在这里慎重声明。"④ "各书或编或译,都严加选择""内容务求确实,文章务求畅达",这是李达编书的标准,显示了他在传播马克思主义过程中重视读者、讲究传播艺术和注重宣传效果的思想。

这个《通告》还公布了该社当年的出版计划,准备出:"马克思全书"15种,计

---

① 夏雨:《中国共产党的第一个人民出版社》,《文史杂志》2011年第3期。
② 包惠僧:《共产党第一次全国代表会议前后的会议》,《"一大"前后》(二),第321页。
③ 刘威立:《刘仁静》,河北人民出版社1997年版,第90页。
④ 《人民出版社通告》,《新青年》第9卷第5号,1921年9月1日。

有王仁编《马克思传》,袁湘译《工钱劳动与资本》,李定译《价值价格与利润》及《哥达纲领批判》,陈佛突译《共产党宣言》,孔明译《法兰西内乱》,李漱石译《资本论入门》《经济学批评》《革命与反革命》,刘英译《剩余价值论》,吴智译《自由贸易论》,钱润译《神圣家族》,黄式遵译《哲学之贫困》,胡琰译《犹太人问题》,张玖思译《历史法学派之哲学的宣言》;"列宁全书"14 种;"康民尼斯特丛书"(即"共产主义丛书")11 种;其他 9 种,包括恩格斯的《空想的科学的社会主义》。从计划出的"马克思全书"看,内容包括了马克思主义哲学、政治经济学、科学社会主义三个组成部分的内容,既有马克思、恩格斯思想成熟后的著作,又有他们的早期著作。由此可以看出,李达计划出的这套"马克思全书",是力图使革命者能全面研究马克思主义的三个组成部分,了解马克思主义是怎样产生、怎样成熟,又怎样不断完善的。加上"列宁全书",又可了解到在新的历史条件下,列宁是怎样发展马克思主义的。这在当时是一个前所未闻、别开生面的出版计划。

1921 年 11 月,中共中央发布的第一份中央文件中,对宣传工作作了重要规定,要求:"中央局宣传部在明年七月以前,必须出书(关于纯粹的共产主义者)二十种以上。"[①]由于中央宣传部就李达一个人,人民出版社也仅李达一个人负责,中共中央的要求实际上也就是对李达的要求。

但是,必须看到,在当时的条件下出版马克思主义著作是极为困难的,最主要的一个原因是帝国主义和国内反动势力对进步书刊的查缉。1921 年春,设在上海的《新青年》杂志社曾遭捕房查抄封闭,被迫迁移到广州。当时正在排印的《新青年》第 8 卷第 6 号,"所有稿件尽被辣手抓出"[②],所以只得重编,推迟出版。《共产党》月刊也受到袭击,这年 4 月出版的该刊第 3 号被迫开天窗,首篇文章的头一页没有原文,印着"此面被法捕房没收去了"一行醒目大字。李达亲身经历了这些事,有了经验教训,在办人民出版社时就更加机智警觉了。人民出版社本来设在上海成都南路辅德里 625 号,为了避免敌人注意,他有意把社址写成"广州昌兴新街二十六号",即《新青年》杂志社的社址。出版的书的封面上标为"广东人民出版社印行",书的译者和编者一般不用真名。[③]

对于当时的编辑出版活动,李达后来曾回忆说:中央工作部"并无工作人

---

① 中央档案馆编:《中共中央文件选集》第 1 册,中共中央党校出版社 1982 年版,第 26 页。
② 《编辑室杂记》,《新青年》第 9 卷第 1 号,1921 年 5 月 1 日。
③ 《李达画传》,人民出版社 2010 年版,第 43 页。

员,只有宣传工作方面雇了一个工人做包装书籍和递书籍的工作"①。因出版工作都是秘密的,再加上人力、物力和经费的困难,李达就亲自担任编辑、校对、发行各项工作,有时还亲自译稿和撰稿。他在后来写的自传中说:"我虽是宣传主任,而实际只是一个著作者兼编辑。"②据说李达为了搞好出版工作,经常通宵达旦地工作,肚子饿了就啃几个冷馒头充饥,有时忙碌起来,甚至数日伏案工作,不出房门。③尽管受到种种条件的限制,人民出版社在上海难以按计划出书,但李达还是克服了种种困难,出版了一定数量的马列主义著作。至1922年6月底,人民出版社实际共出书12种,其中"马克思全书"2种,有马克思、恩格斯的《共产党宣言》,马克思的《工钱劳动与资本》;"列宁全书"5种,有列宁的《劳农会之建设》、《讨论进行计划书》(即《论策略书》)、《共产党礼拜六》(即人民出版社通告中的《共产党星期六》)、《劳农政府之成功与困难》,此外还有《列宁传》;"康民尼斯特丛书"5种,即《共产党底计划》(布哈林)、《俄国共产党党纲》、《国际劳动运动之重要时事问题》和《第三国际议案及宣言》、《俄国革命纪实》(托洛茨基)。以上12种各印3000份。④人民出版社当时出版的马克思、恩格斯和列宁的著作,除《共产党宣言》属于重排外,其余都是在国内首次出版。这些书中,大部分是研究马克思主义的专著,它们的出版,对于提高人们的马克思主义认识水平和推动党的思想理论建设,发挥了重要作用。

1922年7月,中国共产党第二次全国代表大会在上海南成都路辅德里625号即李达的寓所内召开,会议借此进一步研究了马克思列宁主义著作的出版问题。同年9月,人民出版社新出版的图书还有:马克思的《资本论入门》,列宁的《国家与革命》,以及《劳动运动史》《两个工人谈话》《太平洋会议与吾人之态度》《李卜克内西纪念》等。李达亲自创办的《共产党》月刊第6号,也改由人民出版社来发行。⑤1923年,人民出版社和广州《新青年》杂志社合并,继续出版马克思

---

① 李达:《中国共产党的发起和第一次、第二次代表大会经过的回忆》,见《"一大"前后》(二),第3页。
② 《李达自传》,载中国革命博物馆党史研究室编:《党史研究资料》第2辑,四川人民出版社1981年版,第7页。
③ 高万娥:《李达对中国共产党早期宣传工作的重大贡献》,载中共中央党史研究室第一研究部、中共湖南省委党史研究室等编:《李达与中国共产党的创建和马克思主义在中国的传播——纪念李达同志诞辰120周年学术研讨会论文集》,人民出版社2013年版,第147页。
④ 《中共中央执行委员会书记陈独秀给共产国际的报告》(1922年6月30日),中央档案馆编:《中共中央文件选集》第1册,第28—29页。
⑤ 陈有和:《与党同行的人民出版社》,《北京党史》2011年第3期。

主义和各种革命书籍。同年11月,合并后的两社又归并到中国共产党新办的出版社——上海书店,专门经销马克思主义著作等革命书刊和印行党的所有对外宣传刊物。

三、李达离开人民出版社的原因

李达在1922年中共"二大"上辞去了中央宣传主任职务,应毛泽东的邀请,到长沙任湖南自修大学校长。李达的离开,导致人民出版社随之停办。李达离开党中央,乃至脱离党组织,一个最直接的原因是他与陈独秀的意见不合。在党务工作中,担任宣传工作的李达与担任中央局书记的陈独秀,在国共合作的方式上产生了意见分歧。李达后来回忆说:1923年,"暑假时,我去到上海,会见陈独秀,谈起这个问题,他是主张党内合作的,似乎已经由他决定了。他问我的意见怎样。我回答说,我是主张党外合作的。我的理由还未说完,他便大发牛性,拍桌子,打茶碗,破口大骂,好像要动武的样子,幸亏在座有一两位同志劝住了。我心里想,像这样草寇式的英雄主义者,做我的领袖,前途一定无望。但他在当时已被一般党员尊称为'老头子',呼'老头子'而不名。我当时即已萌发了脱党的决心"[①]。在第一次国共合作的形式上,李达和陈独秀产生了强烈的分歧,李达不愿放弃自己的主张,这是李达离开党中央乃至后来脱党的最直接原因。

李达坚持离开党中央,据他本人后来讲述,他要专心于马克思主义的研究,不愿分心于他务。在1922年党的"二大"选举时,李达表示根据他一年来在中央工作的经验,还是专门从事写作比较适宜些,而且准备到湖南去教书,请求不再担任宣传工作。当时李达主张对马克思学说多做研究,同时也要求自己努力研究马克思学说和中国经济状况,以求对革命理论有一个彻底的了解。但是当时党内大多数人注重实际,不注重研究。这一情况与李达的主张相矛盾,所以李达想要离开党中央,甚至脱离党组织,一心研究马克思学说。在他看来,专做理论的研究与传播,即算是对党的贡献,在党与否,仍是一样。[②]

当然,后来李达脱离党组织,与当时中共领导的工人运动遭受挫折也有很大

[①] 《李达自传》,载中国革命博物馆党史研究室编:《党史研究资料》第2辑,四川人民出版社1981年版,第9页。

[②] 中共党史人物研究会编:《中共党史人物传》第11卷,陕西人民出版社1983年版,第11页。

的关系。1922年"二七惨案"的发生使得工人运动转入低潮,许多小资产阶级知识分子出身的人纷纷脱离中国共产党,这种情形对当时身患肺病的李达产生了或多或少的影响。李达对于自己后来脱离党组织的原因有一个总结,他说,"小资产阶级意识非常浓重""革命斗争性很薄弱",以致思想与实践脱节,这是他当年离开党组织的总的原因。① 李达脱党后,仍与党内同志保持密切关系,仍然接受党的任务,潜心研究马克思主义,为中国革命的胜利和新中国的诞生作出了贡献。

总的来说,李达在创建中共历史上第一个出版社——人民出版社——的过程中是积极而又务实的,在党还处于秘密状态的条件下,他凭一己之力,孜孜屹屹、宵衣旰食,努力工作,让人民出版社在短短一年时间里,出版十数种马克思列宁主义方面的理论著作,这些书籍对于提高人们的马克思主义理论水平和推动党的思想理论建设发挥了重要的作用。尽管人民出版社存在时间不长,但它却对马克思主义在中国传播作出了十分重要的贡献,对此,蔡和森在1926年撰的《中国共产党史的发展(提纲)》中指出:"人民出版社……为我党言论机关,出版了很多书籍,对思想上有很大的影响。"②

对马克思主义理论的传播和宣传,是李达倾注一辈子心血的事业,他对这份事业的坚守,在他创建人民出版社的过程中得到极大的体现。哪怕在他离开党中央、离开人民出版社,甚至脱离党组织的情况下,他都始终坚持着自己的信念,从来没有间断过对马克思主义的宣传和研究,正如李达后来在自己的回忆中所说:"(第二次全国党代表大会时)气象有些新鲜,那些青年团员学会唱国际歌,行动也很敏捷,带来了一些新的作风。他们看到我们国内这些党员俨然是学者式样,他们就送我们一个绰号,叫做'学究派'。这是确实的,我还觉得对于马列主义的研究是太不够了,还需要继续努力研究下去。"③

毛泽东曾把李达称为"理论界的鲁迅",史学家侯外庐称其为"普罗米修斯式的播火者",这些称号对于把马克思主义传播和宣传作为人生志业的李达来说,是恰如其分的。

(作者单位 东华大学)

---

① 湖南省党史资料征集委员会编:《湖南党史人物传记资料选编》第2辑,中共湖南省委党史资料征集研究委员会1984年印行,第29页。
② 转引自夏雨:《中国共产党的第一个人民出版社》,《文史杂志》2011年第3期。
③ 《李达同志回忆》,转引自苏智良主编:《中共建党与上海社会》,上海人民出版社2011年版,第166页。

《共产党宣言》的汉译传播与中共建党

张姚俊

《共产党宣言》(以下简称《宣言》)是马克思和恩格斯于1847年11月受共产主义者同盟第二次代表大会的委托,为同盟起草的纲领。1848年2月,《宣言》第一次以单行本的形式在伦敦出版。作为国际共产主义运动的第一个纲领性文献,《宣言》是马克思主义诞生的重要标志。"这部著作以天才的透彻而鲜明的语言描述了新的世界观,即把社会生活领域也包括在内的彻底的唯物主义、作为最全面最深刻的发展学说的辩证法,以及关于阶级斗争和共产主义新社会创造者无产阶级肩负的世界历史性的革命使命的理论。"①

《宣言》是发行量最大、影响范围最广的马克思主义经典著作之一。恩格斯在《宣言》1888年英文版序言中就指出:"现在,它无疑是全部社会主义文献中传播最广和最具有国际性的著作,是从西伯利亚到加利福尼亚的千百万工人公认的共同纲领。"②虽然,《宣言》传入中国的时间稍晚,但其在中国的翻译与传播却深刻地影响了中国近现代历史的发展进程,为中国共产党的创建提供了重要的思想和理论基础。近年来,学术界对于《宣言》汉译和传播过程进行了广泛而深入的研究,③不过关于《宣言》汉译传播与中共建党之间的因果联系的探究则相

---

① 中共中央编译局编译:《列宁全集》第26卷,人民出版社1988年版,第50页。
② 马克思、恩格斯著,中共中央编译局编译:《共产党宣言》,人民出版社1997年版,第11页。
③ 此项研究的具体进展可参见陈红娟:《新世纪以来〈共产党宣言〉在中国翻译传播研究评述》,《中共党史研究》2015年第2期。

对薄弱。①

本文将在简略梳理1921年前《宣言》在中国的汉译传播情况的基础上,着重阐析在中国共产党创建的过程中,以上海为中心,汉译《宣言》在思想和理论方面为建党起到了重要的推动作用。

一、中共建党前的《共产党宣言》汉译传播述略

《宣言》的传播是与工人运动的蓬勃发展密不可分的。尽管,恩格斯称《宣言》"是从西伯利亚到加利福尼亚的千百万工人公认的共同纲领",但在他作出这一结论的1888年,国人尚不知马克思、恩格斯是何许人,更不消说马克思主义了。当时的中国正处于近代工业化的萌芽阶段,无产阶级尚未形成独立的政治力量,中国还不具备马克思主义传播的社会条件。

1899年2月至4月出版的《万国公报》刊载了英国传教士李提摩太节译、蔡尔康撰文的《大同学》,文中多次提到马克思及其学说,还援引《宣言》里的一句话:"马克思之言曰:'纠股办事之人,其权笼罩五洲,突过于君相之范围一国。'"②这是《宣言》第一次被介绍到中国,只不过《大同学》是泛泛罗列欧美各派社会主义思潮,并非专门阐述马克思主义。李提摩太之所以引介马克思学说,主要是将其纳入他所提出的"安民"策略之内,成为他宣扬"新学"的一部分。③

1903年3月,上海广智书局出版了福井准造著、赵必振翻译的《近世社会主义》。这是中国系统介绍社会主义学说的第一部译作,《宣言》《资本论》《哲学的贫困》等马克思主义重要文献都名列其中。书中四处提及《宣言》,称《宣言》"以其共产的意见,发为公论,以布于天下,而为一大雄篇"④。

---

① 相关的直接成果主要有:林英:《〈共产党宣言〉对中国共产党创立前后的影响》,《安顺师专学报》2001年第4期;沙健孙:《〈共产党宣言〉中译本的出版与中国共产党的创建》,《中国社会科学报》2010年8月17日;高放:《从〈共产党宣言〉到〈中国共产党宣言〉——兼考证〈中国共产党宣言〉的作者和译者》,《中国人民大学学报》2011年第3期。
② 《万国公报》第121册,1899年2月,第13页。转引自杨金海、胡永钦:《〈共产党宣言〉在中国的翻译、出版和传播》,《〈共产党宣言〉研究》(《马克思主义研究资料》第2卷),中央编译出版社2013年版,第533页。此句可译为:"资产阶级,由于开拓了世界市场,使一切国家的生产和消费都成为世界性的了。"
③ 方红、王克非:《〈共产党宣言〉在中国的早期翻译与传播》,《外国语文》2011年第6期。
④ [日]福井准造著:《近世社会主义》第2编,赵必振译,广智书局1903年版,第13页。转引自杨金海、胡永钦:《〈共产党宣言〉在中国的翻译、出版和传播》,《〈共产党宣言〉研究》(《马克思主义研究资料》第2卷),第537页。

同年 10 月,幸德秋水著、中国留日学生组织"中国达识译社"译的《社会主义神髓》一书,由《浙江潮》编辑所在日本东京出版。其在第六章中粗略论及《宣言》为"详论阶段战争之由来及其要终,并谓万国劳动者同盟以来,社会主义俨然成一科学,非若旧时之空想狂热也"①。

1905 年 11 月 26 日的同盟会机关报《民报》第 2 号上,刊登了朱执信撰写的《德意志社会革命家小传》,此文第一次扼要介绍了《宣言》的写作背景、基本思想和历史意义,还摘译了《宣言》的五段文字和第二章的"十大纲领"全文。这是中国人首次著文介绍《宣言》,并直接翻译其部分内容。此后,宋教仁、叶夏声、廖仲恺等也先后在《民报》撰文,介绍《宣言》及共产主义运动。

1908 年 1 月,在日本东京出版的无政府主义团体"社会主义讲习会"机关刊物《天义报》第 15 卷刊载了民鸣翻译的恩格斯 1888 年为《宣言》英文版撰写的序言全文。该报第 16 至 19 卷合刊号上发表了《宣言》第一章的译文《绅士与平民》(即《资产者与无产者》)和刘师培写的《〈共产党宣言〉序》。后者概述了《宣言》诞生的经过,这是中国人第一次为《宣言》所作的译序。1908 年《天义报》停刊,《宣言》其他各章译文未能继续发表。②

纵观 19 世纪末 20 世纪初《宣言》的汉译传播情况,一方面,这部著作对当时各派政治力量都产生过影响,尤其对孙中山领导的资产阶级革命派的影响最甚,但各派对它的理解和撷取有所不同,资产阶级革命派主要是抱着预防资本主义流弊的主观愿望来提倡社会主义和马克思主义,③无政府主义派虽不赞成马克思主义,但认为包括《宣言》在内的一些马克思恩格斯著作是西方流行的社会主义入门读物,不得不加以关注和研究;另一方面,当时对《宣言》的译介皆为一鳞半爪,且刊载译文的出版物多于国外发行,对国内影响甚微。

---

① 杨金海、胡永钦:《〈共产党宣言〉在中国的翻译、出版和传播》,《〈共产党宣言〉研究》《马克思主义研究资料》第 2 卷,第 537 页。
② 胡永钦、狄睿勤、袁延恒:《马克思恩格斯著作在中国传播的历史概述》,中共中央编译局马恩室编:《马克思恩格斯著作在中国的传播》,人民出版社 1983 年版,第 243 页。有学者认为民鸣翻译的《宣言》全译本是存在的,只是尚未寻见,其历史地位暂不能完全确定。(参见金建陵:《寻访最早的〈共产党宣言〉中文译本》,《档案与建设》2002 年第 2 期。)此外,也有学者认为我国最早的《宣言》中文全译当是署名"蜀魂"的中国留日学生所为。1907 年,蜀魂把堺利彦所译《宣言》日文单行本译为中文,并在东京由社会主义研究社出版。但蜀魂译本迄今仍未寻到,没有确切证据证明该译本确实出版发行过。(参见陈红娟:《新世纪以来〈共产党宣言〉在中国翻译传播研究评述》,《中共党史研究》2015 年第 2 期。)
③ 高军等主编:《五四运动前马克思主义在中国的介绍与传播》,湖南人民出版社 1986 年版,第 7 页。

值得注意的是,上海是这一时期国内《宣言》汉译传播的重镇。无论是《宣言》通过《万国公报》首次被介绍给国人,还是第一部系统介绍包括《宣言》在内社会主义学说的译作《近世社会主义》的出现,都发生在上海。这无疑为《宣言》今后在中国的广泛传播,起到积极的预热作用。

随着1917年俄国十月革命的胜利,以及五四运动的兴起,以李大钊为代表的一批先进分子,很快接受并开始研究马克思主义革命思想。《宣言》在中国的翻译、研究和传播由此进入一个崭新阶段。

1919年4月6日,《每周评论》第16号发表了成舍我(署名舍)节译的《宣言》第二章的最后几段文字,包括"十大纲领"全文。同年5月5日至8日,由李大钊主编的北京《晨报》副刊连载河上肇著、渊泉译的《马克思的唯物史观》一文,《新青年》第6卷第5号予以全文转载;文章摘译了《宣言》第一章,首句被译为"一个妖怪,徘徊欧洲——共产主义的妖怪"。是年5月的《新青年》第6卷第5号刊载了刘秉麟的《马克思传略》,文章简要介绍了《宣言》的成因及"其书大旨",并称赞《宣言》"书中一语,正如枪弹之一射。就其全书言之,几无一语,不经千次之呼吁"①。

1919年9月、11月出版的《新青年》第6卷第5、6号连载了李大钊的《我的马克思主义观》②。文章的第五、六部分介绍和简要分析了马克思主义的"唯物史观""阶级竞争说"和"经济论",并摘译了《宣言》部分章节。该文在传播马克思主义方面发挥了重大的启蒙作用,影响深远。

1919年11月,北京《国民》杂志第2卷第1号刊载了北京大学经济系学生李泽彰从英文版译出的《宣言》第一章全文,译名是《马克斯和昂格斯共产党宣言》。据许德珩回忆,译者已将《宣言》全文译出,限于篇幅,原拟分期发表,但在第一篇译文发表后,因受胡适威胁和利诱,李泽彰取回了译稿,《国民》杂志未再刊载。③

此外,在五四运动前后,还有许多介绍评论《宣言》的文章。如1919年4月

---

① 陈家新:《〈共产党宣言〉在中国的翻译和版本研究》,《中国国家博物馆馆刊》2012年第8期。
② 《我的马克思主义观》第1—7节刊于《新青年》第6卷第5号(即"马克思研究号"),第8—11节刊于《新青年》第6卷第6号。《新青年》第6卷第5号的出版时间刊面标明的是1919年5月,实际出版拖期,当为是年9月。参见侯且岸:《〈我的马克思主义观〉:中国共产党理论史的奠基之作》,《中共党史研究》2011年第6期。
③ 胡永钦、狄睿勤、袁延恒:《马克思恩格斯著作在中国传播的历史概述》,中共中央编译局马恩室编:《马克思恩格斯著作在中国的传播》,第250页。

20日《每周评论》第18期上王光祈(署名若愚)的《无政府共产主义与国家社会主义》等。值得一提的是,1919年8月19日至21日,张闻天在《南京学生联合会日刊》上连载了《社会问题》一文。该文不仅翻译了《宣言》的"十大纲领",而且指出实行社会主义的方法要依据各国的国情而定,即"至于进行的方法,各国不同,若是很进化的国家,以下条例很适用的"。可见,如何将《宣言》的原理运用于中国社会改造的实践此时已纳入先进知识分子的视野之内。①

1920年3月,"北京大学马克斯学说研究会"在李大钊的倡导下成立。据研究会书记罗章龙回忆,"为了开展思想意识形态的斗争,我们努力翻译和介绍马克思主义的书籍,宣传马克思主义"②。当时,研究会成立了一个翻译室,下设英文、德文、法文三个翻译组,罗章龙兼任德文翻译组组长。"我们最先翻译的一本书是《英马鲁埃·康德传》,接着我们翻译了《共产党宣言》,以后又试译《资本论》。""《共产党宣言》原著理论深邃,语言精练。但要达到以上三条标准③殊为不易。我们先是就原著反复通读,并背诵一些精辟的段落,不懂的地方就集体研究。然后直译,但译出来后仍自觉不能完全满意。后来,我们在必要的地方试加了一种解释性的文字,使读者明白文章的含义。"④1923年,担任中共北方区委负责人之一的罗章龙在编印《京汉工人流血记》一书时,就曾利用了马克斯学说研究会翻译的《宣言》,择其名言,以革命语录形式附在书中空白处。⑤

1920年初,应《星期评论》编辑部邀请,陈望道在浙江义乌老家潜心翻译《宣言》。他借助《宣言》日文版,并参照英文版,于当年四五月间完成译校。后因原拟连载译文的《星期评论》停刊,在共产国际代表维经斯基的资助下,陈望道译《宣言》由陈独秀等以社会主义研究社的名义在上海出版单行本,是为国内第一部公开出版的汉译马克思主义经典著作。

《宣言》中文首译本第一版共计印行1 000册,开本比现今的小32开略小,封面印着红底的马克思半身坐像,画像上方印有"社会主义研究小丛书第一种""马格斯安格尔斯合著,陈望道译"等字样。内页用五号铅字竖版直排,无扉页及

---

① 杨金海、胡永钦:《〈共产党宣言〉在中国的翻译、出版和传播》,《〈共产党宣言〉研究》(《马克思主义研究资料》第2卷),第542页。
② 罗章龙:《椿园载记》,生活·读书·新知三联书店1984年版,第88页。
③ 即信、达、雅。——笔者注
④ 罗章龙:《椿园载记》,第89页。
⑤ 罗章龙:《椿园载记》,第260页。

序言,亦不设目录,风格简洁。稍有缺憾的是,书名被错印成"共党产宣言",文中也有 20 余处讹字。同年 9 月,在勘误之后,《宣言》中文首译本印行第二版,其封面的马克思坐像底色改为蓝色。

从 1917 年到 1920 年,从摘要介绍到节译,再及通篇翻译,《宣言》的汉译过程可谓一波三折。这一方面与《宣言》非比寻常的翻译难度有关。就连作者恩格斯本人也毫不讳言《宣言》翻译之难[①];另一方面也是因为在马克思主义指导下所进行的十月革命,对中国产生了划时代的影响。接受了马克思主义的中国先进分子不再把它当作单纯的学理来探讨,而是把它视为观察国家命运、解决民族独立和人民解放问题的重要工具。于是,探索中国出路的知识分子纷纷翻译《宣言》,使其出现了多种节译、多个版本,最终才由陈望道完成最能反映《宣言》思想精髓又琅琅上口的版本。

综上所述,1917 年之后,上海在《宣言》汉译传播方面的中心地位,非但没有削弱,反而因《宣言》中文首译本的出版而愈发巩固。《宣言》的汉译成果为中共建党提供重要的思想和理论基础,这是下文将要展开论述的问题。

二、汉译《共产党宣言》为中共建党提供重要的思想基础

中共党史上有一段关于"南陈北李,相约建党"的佳话,形象地说明了陈独秀与李大钊在建党过程中所起的倡导、推动和组织作用。由中共中央党史研究室编撰的《中国共产党历史》也开门见山地指出:"最早酝酿在中国建立共产党的是陈独秀和李大钊。通过对马克思主义的学习和传播,通过对俄国十月革命经验的学习,通过中国工人运动的实践,他们逐步认识到,要用马克思主义改造中国,走十月革命的道路,就必须像俄国那样,建立一个无产阶级政党,使其充当革命的组织者和领导者。"[②]

作为中国共产党的主要奠基人之一,李大钊撰写的《我的马克思主义观》是国内较为系统地介绍和分析马克思学说的开山之作,在中国共产党理论史上具

---

① 恩格斯曾表示:"说实在的,《宣言》的翻译一直使我害怕——它使我想起在一切文献中最不好翻译的这部文献上所白白耗去的艰苦时刻。"(《马克思恩格斯全集》第 36 卷,人民出版社 1974 年版,第 361 页。)

② 中共中央党史研究室编:《中国共产党历史·(第一卷)1921—1949》(上卷),中共党史出版社 2011 年版,第 57 页。

有特殊地位。① 李大钊认为唯物史观在整个马克思学说中具有极为重要的价值,因此,他在文中以唯物史观为基点,并围绕唯物史观来展开对马克思学说的分析。李大钊进而以为,马克思"因为没有专书论这个问题,所以人都不甚注意"。有鉴于此,他节译了《宣言》(文中译为《共产者宣言》)、《哲学的贫困》和《政治经济学批判》(文中译为《经济学批评》)序言的部分内容加以论证。单就字数而言,《宣言》的节译量为最,这也从一个侧面说明在马克思诸多著作中,《宣言》对于李大钊的影响之大。李大钊对《宣言》赞誉有加:"自马氏与昂格思合布《共产者宣言》,大声疾呼,檄告举世的劳工阶级,促他们联合起来,推倒资本主义,大家才知道社会主义的实现,离开人民本身,是万万做不到的,这是马克思主义一个绝大的功绩。无论赞否马氏别的学说的人,对于此点,都该首肯。"②

当然,也不得不承认,李大钊对《宣言》等的节译,并非取自这些文献的原版,而是以日本马克思主义研究先驱者河上肇的译本为蓝本的,在文章里他就明确标明:"译语从河上肇博士"。

陈独秀接受《宣言》虽较李大钊稍晚,但他也完全赞同并接受了《宣言》的主张。"马格斯底《共产党宣言》的第一页到最末页都是解释阶级战争的历史及必要的讲义!"③在陈独秀世界观转变的标志性著作,即1920年发表于《新青年》第8卷第1号上的《谈政治》一文中,他第一次明确接受了《宣言》的基本思想,特别是其中的阶级斗争和无产阶级专政的理论,表明他已经转变为一个马克思主义者。④ 1920年11月,他在《共产党》月刊发刊词《短言》中宣称:"我们只有用阶级战争的手段,打倒一切资本阶级,从他们手(中)抢夺来政权;并且用劳动专政的制度……建设劳动者的国家以至于无国家,使资本阶级永远不至发生……一切生产工具归生产劳动者所有,一切政权归劳动者执掌,这是我们的信条。"⑤

1920年8月,随着陈望道翻译的《宣言》中文首译本的出版,《宣言》汉译滞

---

① 侯且岸:《〈我的马克思主义观〉:中国共产党理论史的奠基之作》,《新视野》2011年第6期。
② 李大钊:《我的马克思主义观》,《新青年》第6卷第5号。
③ 陈独秀:《陈独秀文章选编》(中),生活·读书·新知三联书店1984年版,第184页。
④ 姜金林:《〈共产党宣言〉对马克思主义中国化早期探索的影响——以陈独秀为个案》,《湖北社会科学》2010年第6期。
⑤ 任建树:《陈独秀大传》,上海人民出版社1999年版,第223页。

后的问题得到了彻底改观。《宣言》中文首译本问世后,在先进知识分子群体中引起了强烈的反响,第一版 1 000 册即刻售罄。当时,首译本借用"社会主义研究社"的名义公开出版发行,而很多渴望购书的读者又苦于找寻不见这家"社会主义研究社",于是纷纷投书询问首译本的发行问题。是年 9 月 30 日,原《星期评论》杂志编辑沈玄庐在《民国日报》副刊《觉悟》刊登了题为"答人问《共产党宣言》底发行所"的公开信,他在信中称:"这本书底内容,《新青年》、《国民》——北京大学出版、《晨报》都零零碎碎地译出过几本或几节的。凡研究《资本论》这个学说系统的人,不能不看《共产党宣言》。"

图 14-1　1920 年 8 月第一版　　　图 14-2　1920 年 9 月第二版
　　《共产党宣言》封面　　　　　　　　《共产党宣言》封面

可以说,《宣言》中文首译本的正式出版,大大推动了《宣言》在国内的传播进程,对中国早期共产主义者的成长起了十分重要的启蒙作用,成为中共建党的重要思想基石之一。毛泽东、周恩来等人的思想成长历程即可十分清晰地反映出此点。

1936 年 7 月,毛泽东曾对在陕甘宁边区采访的美国著名记者埃德加·斯诺坦露自己思想成熟的心路历程:"我第二次到北京期间,读了许多关于俄国情况的书。我热心地搜寻那时候能找到的为数不多的用中文写的共产主义书籍。有三本书特别深地铭刻在我的心中，建立起我对马克思主义的信仰。我一旦接受了马克思主义是对历史的正确解释以后，我对马克思主义的信仰就没有动摇过。这三本书是：《共产党宣言》，陈望道译，这是用中文出版的第一本马克思主义的书；《阶级斗争》，考茨基著；《社会主义史》，柯卡普著。到了一九二〇年夏天，在理论上，而且在某种程度的行动上，我已成为一个马克思主义者了，而且从此我也认为自己是一个马克思主义者了。"①从毛泽东的话里不难发现，在他成为一个马克思主义者的过程中，对其思想转变影响至大的，就是《宣言》。

1941年9月13日，毛泽东在延安向中央妇委和中共中央西北局联合组成的妇女生活调查团发表讲话时，再度谈及《宣言》中文首译本在他马克思主义信仰形成期间的陶染："记得我在1920年，第一次看了考茨基著的《阶级斗争》、陈望道翻译的《共产党宣言》和一个英国人作的《社会主义史》②，我才知道人类自有史以来就有阶级斗争，阶级斗争是社会发展的原动力，初步地得到认识问题的方法论。"③

尽管学术界普遍认为毛泽东在第二次到北京期间所读到的并非陈望道所译的《宣言》，而是由北京大学马克斯学说研究会罗章龙主持翻译的《宣言》译本或《国民》杂志刊载的、李泽彰翻译的《马克思和昂格斯共产党宣言》（抑或两者皆有之），④但这并不妨碍《宣言》对毛泽东在思想成长道路上发挥重要的指引作用。在毛泽东的两次谈话中，他都确认无误地称自己读的是陈望道翻译的《宣言》，这至少说明一个问题：毛泽东最早读到的《宣言》译本无论是北京大学马克斯学说研究会的油印本，还是李泽彰的节译篇，在当时的环境下大抵不过是浏览，真正能令他捧书研读的只有陈望道翻译的《宣言》中文首译本，至少在1930年3月华岗翻译的《宣言》全译本出版前是如此。这也就可以解释毛泽东为何在多次回忆

---

① ［美］埃德加·斯诺著：《西行漫记》，董乐山译，生活·读书·新知三联书店1979年版，第131页。
② 即柯卡普著《社会主义史》。——笔者注
③ 《毛泽东文集》第2卷，人民出版社1993年版，第379页。
④ 学术界主要是依据毛泽东第二次赴北京的时间（1919年12月18日至1920年4月11日）来判定。由于陈望道的《宣言》中文首译本第一版于1920年8月出版，当时毛泽东不可能读到陈望道的译本。根据罗章龙的回忆，"我们译的《共产党宣言》中文本油印出来了。由于当时不便公开，同时译文不尽准确，只在内部传阅学习。在以后公开发行的《共产党宣言》之前，在北京见到的油印本，可能就是这个版本。"（罗章龙：《椿园载记》，第90页。）具体可参见房世刚：《青年毛泽东读〈共产党宣言〉漫议》，《党的文献》2013年第2期。

中只提陈望道的译本,而不论及其他译本。

另须说明的是,关于毛泽东读书转变世界观的问题,有学者持不同观点,即毛泽东谈话中提到的《宣言》《阶级斗争》和《社会主义史》这三本书中,真正有可能直接影响毛泽东世界观转变的,只有《宣言》一书。① 这一点从毛泽东1939年的一段论述中也可以得到印证:"《共产党宣言》,我看了不下一百遍,遇到问题,我就翻阅马克思的《共产党宣言》,有时只阅读一两段,有时全篇都读,每阅读一次,我都有新的启发。"②

青年周恩来同样是在《宣言》等马克思主义著作的影响下,成为马克思主义者的。他曾说:"在这个时期③,我的思想已从赞成革命走向社会主义。但是由于我出身于封建家庭,我开始的社会主义思想是乌托邦的。不过因为我自小吃过苦,懂得生活之艰难,所以很短时间内,即转变到马克思的唯物主义了。这一时期,在国内曾看到《共产党宣言》,在法国又开始读到《阶级斗争》(考茨基)与《共产主义原理》,这些著作对我影响很大。"④1920年1月29日,周恩来等天津各界代表20余人因抵制日货、抗议军警暴行而被捕。经过半年多的斗争,7月17日,天津地方当局释放了周恩来等人。其后,周恩来来到上海,准备留法勤工俭学。11月11日,他搭乘法国邮轮"波尔多号"离沪赴法,踏上了追寻革命真理的旅程。据此,周恩来在国内读到的《宣言》应该就是陈望道译本。

李大钊、毛泽东、周恩来等人的文章和自述都清晰地表明,他们在以《宣言》为代表的马克思主义著作的启发和熏陶下,掌握了认识问题的方法论,思想发生了巨大变化,最终确立了对马克思主义的坚定信仰,走上了革命道路。因此,1949年7月时任中央军委副主席的周恩来在中华全国文学艺术工作者代表大会上,对前来与会的陈望道说:"陈望道先生,我们都是你教育出来的!"此话不无道理。

---

① 参见王兴国:《毛泽东世界观转变时间新探》,中共中央文献研究室编:《毛泽东百周年纪念:毛泽东生平和思想研讨会论文集》,中央文献出版社1994年版。王兴国认为,柯卡普的《社会主义史》并不是一本马克思主义著作,而是站在费边主义的立场所写的书。毛泽东要从这样一本书中得到马克思主义的信仰是不可能的。但该书为毛泽东了解社会主义运动及其发展历史,提供了丰富的素材,这一点给他留下了深刻的印象,以后便多次提到它。考茨基的《阶级斗争》(即《爱尔福特纲领解说》)存在严重缺点,只字不提无产阶级专政,并极力鼓吹议会道路,否定暴力革命;中译本出版于1921年1月。不论就其在中国出版的时间还是其内容来看,都没有也不可能在毛泽东世界观转变中发挥关键性的作用。
② 中共中央文献研究室编:《缅怀毛泽东》上册,中央文献出版社1993年版,第400—401页。
③ 指1920年11月周恩来赴法勤工俭学前后。——笔者注
④ 中共中央文献研究室二室编:《周恩来自述》,解放军文艺出版社2002年版,第4页。

三、汉译《共产党宣言》为中共建党奠定重要的理论基础

如果说,汉译《宣言》为中共建党提供重要的思想基础主要体现在早期中国共产党人马克思主义观的形成上的话,那么,汉译《宣言》对中共建党的理论贡献则是:在其直接影响下,中国共产党的早期组织制定出了《中国共产党宣言》。

1920年8月,在陈独秀的主持下,上海的共产党早期组织于法租界老渔阳里(今南昌路100弄)2号《新青年》编辑部正式成立,当时取名为"中国共产党"。这是中国第一个共产党组织,陈独秀任书记。在中共"一大"召开前,先后参加该组织的有陈独秀、俞秀松、李汉俊、陈公培、陈望道、沈玄庐、杨明斋、施存统(后改名施复亮)、李达等。①

"第一次世界大战后受苏俄影响陆续诞生的各国共产党,为表明其产生的必然性与活动目的,模仿马克思、恩格斯的《共产党宣言》,写成了各国的《共产党宣言》。"②上海的共产党早期组织也是循着这一普遍的历史规律,在《宣言》的直接影响下,1920年11月,制定了《中国共产党宣言》。

《中国共产党宣言》是中共创建史上的重要文件之一,共分为三个部分:共产主义者的理想、共产主义者的目的、阶级争斗的最近状态。它重申了《宣言》开宗明义揭示的阶级社会是阶级斗争历史的原理,指出"阶级争斗从来就存在人类社会中间,不过已经改变了几次状态,因为这是以生产工具的发达为转移的"③。文件坚信《宣言》所阐明的资本主义必然灭亡和共产主义必然胜利的规律以及无产阶级是资本主义掘墓人的结论,强调无产阶级努力的发展和团聚"会使资本主义寿终正寝的"。遵循《宣言》的指引,文中宣告中国要建立革命无产阶级的政党——共产党——领导劳苦大众,开展阶级斗争。文中较为系统地概述了《宣言》指明的共产党奋斗目标:要将生产工具收归社会共有共用,要消灭私有财产制度和阶级,要使国家政权消亡,要按照共产主义者的理想创造一个新社会,为

---

① 中共中央党史研究室:《中国共产党历史·第一卷(1921—1949)》(上卷),中共党史出版社2011年版,第59页。
② [日]石川祯浩著:《〈中国共产党宣言〉与一九二一年中共三月会议关系考》,王士花译,《中共党史研究》2000年第5期。
③ 中共中央党史研究室、中央档案馆编:《中国共产党第一次全国代表大会档案文献选编》,中共中央党校出版社2015年版,第22页。

此首先就要组织阶级斗争,用强力打倒资本家的国家,要从资本家手里获得政权并把政权放在工农大众手里,要由无产阶级民主选举出来的最优秀的代表来制定建设共产主义的办法,发展生产事业等。①

《中国共产党宣言》第一次亮出了"中国共产党"的名称;第一次把马克思主义最重要的纲领性文献《宣言》的核心思想和俄国社会主义革命与建设的指导思想——列宁主义——的核心思想结合在一起,以最简明的概括与表述,展示给早期的中国共产主义者;②同时,也是第一次比较系统地表达了早期中国共产主义者的理想和主张。

根据《中国共产党宣言》中译本③的译者说明,"这宣言的内容不过是关于共产主义原则的一部分,因此没有向外发表,不过以此为收纳党员之标准"。④ 也就是说,《中国共产党宣言》当时并没有刊载于任何报刊或在任何场合公开发表过,只是供中共早期组织的成员内部学习,也使要争取并发展其入党的对象对党的宗旨有具体的了解和明确的认识。它在北京、广州、济南、长沙、武汉等地共产党组织中的散发与传播,有助于提高早期共产党员和接近共产党人士的思想觉悟、政治水平和理论素养。

《中国共产党宣言》为1921年7月中国共产党第一次全国代表大会的筹备召开和中国共产党的正式建立,起了促进和奠基作用。出席中共"一大"的13位代表大都读过这份宣言,在"一大"上通过的中国共产党的第一个党纲,看来是吸收了这份宣言的基本思想与要点,从某种意义上说,就是以《中国共产党宣言》为蓝本,结合中国实际情况,作了更具体的发挥和更切实的规定。⑤

历史实践证明,《宣言》的汉译传播不仅深刻影响了以李大钊、毛泽东为代表的一批先进知识分子,帮助他们从激进的民主主义革命者转变为坚定的共产主义战士,也从根本上指导了中国共产党早期组织的理论建设,为中共建党奠定了

---

① 高放:《从〈共产党宣言〉到〈中国共产党宣言〉——兼考证〈中国共产党宣言〉的作者和译者》,《中国人民大学学报》2011年第3期。
② 同上。
③ 此份文件的中文原件已散失,现存的是1921年根据中国共产党提交给共产国际的英文稿转译而来,1957年苏共中央从共产国际中国代表团的档案中选出移交给中共中央的。关于译者,学术界有两种不同的说法:普遍观点是张国焘翻译的,也有认为是张太雷所译。
④ 中共中央党史研究室、中央档案馆编:《中国共产党第一次全国代表大会档案文献选编》,第21页。
⑤ 高放:《从〈共产党宣言〉到〈中国共产党宣言〉——兼考证〈中国共产党宣言〉的作者和译者》,《中国人民大学学报》2011年第3期。

较为扎实的理论基础。因此,《宣言》的汉译传播是中共创建的重要的思想和理论基石。

与此同时,在研究和探讨《宣言》汉译传播与中共建党问题时,不能忽略上海作为《宣言》汉译传播中心的这一史实,特别是陈望道翻译的《宣言》中文首译本在沪公开出版后,更加巩固了上海的这一中心地位。陈望道的译本进一步推动了马克思主义在中国的传播,有效促进先进知识分子群体树立马克思主义信仰,促成中共早期组织在理论建设方面取得进展,从而为中共建党厚植思想和理论基础。这也是上海作为党的诞生地的重要旁证。

(作者单位　上海市档案馆)

中共建党经费来源简析

江文君

  1921年7月,中国的先进知识分子在上海缔造了一个崭新的政党——中国共产党。中国共产党诞生于作为国际大都会的上海,此一事实构成了马克思主义理论与中国社会相结合的本土根源。由于帝国主义的侵入,上海的现代性得以发展,它综合了本土的社会影响力、习俗以及常常却不尽然来自西方的外部影响力。这种现代性汇集和包容各类新生事物,集中体现在新的生产力与生产关系以及新社会阶级(如工人阶级)的萌生与成长,从而为历史注入了新的动力。由此产生的变革观念,直接催生了中国共产党的创建。然而,在此过程中,苏俄金援到底起到了多大作用,中共建党经费的来源问题是怎样的,是否如对手所称"中共是卢布党"?本文试图对此加以探究。

一、建党经费的源头:共产国际资助陈独秀上海建党

  1915年9月15日,陈独秀主编的《青年杂志》月刊由上海群益书社出版;从1916年9月1日第2卷第1号起该刊又改名为《新青年》。这份杂志的创刊揭开了新文化运动的序幕。在创刊号上,陈独秀发表《敬告青年》一文,开宗明义地指明建设新文化的基石:科学与人权(民主)。他号召青年们须有世界视野,声言"各国之制度文物,形式虽不必尽同,但不思驱共国于危亡者,共遵循共同原则之精神,渐趋一致,潮流所及,莫之能违。于此而执特别历史国情之说,以冀抗此潮流,是犹有锁国之精神,而无世界之智识。国民而无世界智识,共国将何以图存

于世界之中？"①由此可见，《新青年》杂志旗帜鲜明地宣扬求知识于世界，这反映了"五四"时期的一种普遍趋向，即自觉地将中国之命运与世界大势联系在一起，探寻中国问题的外在解决。对"五四"一代而言，比起国家来，有更高的世界主义标准。"以一国比于世界，则亦为较小之群"；"所谓国民者，亦同时为全世界人类之一分子……勿提倡利己的国家主义"②。在《新青年》等杂志的引领下，思想解放的新浪潮席卷全国。这一思想启蒙运动，就社会层面而言，它实际上又是一种前所未有的动员与招聚。到1917年，《新青年》的发行量已由最初的每期1 000份增加到15 000至16 000份。③ 依托着上海作为全国文化中心和舆论市场的优势地位，《新青年》将思想启蒙的理念逐渐传布到神州大地。譬如，《青年杂志》从第1卷第2号开始列出"各埠代派处"，计有49个城市与省份的76家书局。④ 启蒙作为生意的成功，显系得益于上海发达的印刷出版网络所提供的广阔市场。特别需要指出的是，由于经济、社会、文化等多种因素的综合作用，民国时期的上海，成了全国吸引归国留学生最为集中的城市。还有1916年至1921年，在军阀统治下，北京等地经济凋敝、政治黑暗，使得大批文化人汇集上海。

  俄国十月革命的爆发，给彷徨无助的中国知识分子带来新的希望与视野。使知识人从中找到方向感、认同感与归宿感，"坚冰已经打破，航路已经开通，道路已经指明"。⑤ 在新文化运动的早期阶段，西方被热切地当成一个绝对的、无可置疑的榜样，唯一可能的行为标准来接受。然而，其他一些事态的发展则阻碍了对"德先生"和"赛先生"的追求。第一次世界大战在欧洲战场上进行的屠杀，使西洋文明顿失光泽。以至陈独秀失望地声称："现在还是强盗世界。"⑥而源自西方的马克思主义则被当作"一面寻找未来方向的镜子"。先进的知识分子们日益相信马克思主义的理想——一个以人类和谐为特征的世界性的共产主义社会。

  20世纪20年代初，正处于内战中的苏俄与共产国际开始大力向中国开展工作。1919年3月，在鄂姆斯克秘密举行的俄共（布）第二次西伯利亚代表会议

---

① 陈独秀：《敬告青年》，《青年杂志》1915年第1卷第1号。陈独秀本人深受法国文化的影响。《青年》杂志封面上印着"La Jeunesse"，即法文"青年"的意思。
② 蔡元培：《国民杂志序》，《国民》1919年第1卷第1期。
③ 汪原放：《回忆亚东图书馆》，学林出版社1983年版，第32页。
④ 《各埠代派处》，《青年杂志》1915年第1卷第2号。
⑤ 列宁：《十月革命四周年》，《列宁全集》第33卷，人民出版社1957年版，第38页。
⑥ 陈独秀：《为山东问题敬告各方面》，《每周评论》1919年第22号。

决定,在"远东建立西伯利亚区委情报宣传局",职责为"与东方和美国的共产党人建立联系,组织交换情报工作,进行口头和书面宣传"等。6月18日,俄共(布)西伯利亚区委的负责人加蓬考虑到在东方开展革命运动的需要,提议在区委下"设一个有远东各国人民(包括中国)的代表参加的东方局",主要任务是"与远东各国的革命力量建立密切的联系和帮助这些国家建立共产党组织"。1920年1月,俄共(布)远东地区领导人在给俄共(布)中央的报告中也称"他们打算与中国的革命者建立经常联系"①。

随后,苏俄方面数次向中国派遣使者,试图与具有初步马克思主义信仰的中国知识分子进行接触。在维经斯基来华前后,先后有布尔特曼、波波夫、阿格辽夫、波塔波夫等人来华。② 共产国际方面频繁地遣使来华,反映了共产国际对东方问题的重视,亦表明从事东方工作的各个组织在行动上的不一致、不协调和互不通气。这种各自为政和缺乏周详的计划表现在"共产国际、中央、外交人民委员部、远东局派出自己的工作人员(这些人不是都胜任其使命的)执行独立的任务,没有总的计划,不了解当地情况"③。另近年来俄国学者的考证,亦表明围绕着对华工作的主导权,苏俄内部各机构有着复杂的权力斗争。俄国学者潘佐夫的研究表明,共产国际对华工作在早期受托洛茨基不断革命思想的影响,有着一种鼓动世界革命的倾向,并且毫不考虑他国具体国情,认为世界革命自我实现的宏伟进程不可阻遏,其他国家的革命乃俄国十月革命的自然延伸。④ 在这样的背景下,1920年4月,经共产国际同意,由俄共(布)远东局符拉迪沃斯托克(海参崴)分局所派遣的维经斯基一行五人来到中国,同中国进步人士建立联系,同时考察可否在上海建立共产国际东亚书记处。

1920年2月中旬,陈独秀在李大钊等人的帮助下离京,只身出走上海,"途中则计划组织中国共产党事"⑤。此次迁移意义重大,"实开后来十余年的政治

---

① 中国社会科学院现代史研究室、中国革命博物馆党史研究室选编:《"一大"前后》(三),人民出版社1984年版,第153—154页。
② [日]石川祯浩著:《中国共产党成立史》,袁广泉译,中国社会科学出版社2006年版,第74—76页。
③ 参见《关于俄共(布)中央西伯利亚局东方民族处的机构和工作问题给共产国际执委会的报告(摘录)》(1920年12月21日),载《联共(布)、共产国际与中国国民革命运动(1920—1925)》,第56页。
④ M. Persits, "A New Collection of Documents on Soviet Policy in the Far East in 1920-1922", *Far Eastern Affairs*, No. 5 (1997). Alexander Pantsov, *The Bolsheviks and the Chinese revolution, 1919-1927* (Honolulu: University of Hawaii Press, 2000).
⑤ 高一涵:《李守常先生事略》,《民国日报》1927年5月24日。

与思想的分野"。① 胡适(他明确将《新青年》群体归于自由主义)亦在此信中对新文化运动的分化与转向唏嘘不已,"以后中国共产党的创立及后来国中思想的左倾,《新青年》的分化,北大自由主义者的变弱",皆起于此。而"独秀离开北大之后,渐渐脱离自由主义者的立场,就更左倾了"。然而,沈雁冰则认为,早在陈独秀出走上海前,他已与北大的自由派教授意见分歧,以至"陈独秀一怒之下,说《新青年》本来是他创办的,他要带到上海去"。② 由此可见,陈独秀在与北大的自由派友人分道扬镳后,作为一个初步具有马克思主义信仰的知识分子,来到上海寻找志同道合的革命同人,并着手将新文化运动转化为走向行动的社会革命。来到上海后,陈独秀"乃转向工农劳苦人民方面"③。他到中华工业协会、中华工会总会等劳工团体进行调查,深入了解小沙渡和码头工人的罢工情况。5月,陈独秀郑重推出《新青年》的劳动节纪念号,专门讨论工人问题。英国驻沪领馆的情报显示:"这里还有一些其他具有半政治性质的工会,如上海电器工界联合会、工商友谊会和上海船务栈房工界联合会,它们似乎或多或少处于陈独秀的影响之下。陈独秀过去曾任北京大学教员,是一个知名的社会主义者。"④另一份文件亦指出:"陈独秀在上海工商友谊会的组建上发挥了重要作用,并担任该会出版的《上海伙友》周刊的编辑。他还同上海船务栈房工界联合会有联系。由于其布尔什维克倾向,如果陈成功地确立起对这些劳工组织的支配地位的话,那么就非常可能会给当局制造很大麻烦。"⑤松沪护军使更致电北洋政府指责陈独秀组织机器工会,称"社会党陈独秀来沪,勾结俄党与刘鹤林在租界组织机器工会,并刊发杂志,鼓吹社会主义,已饬军警严禁"。⑥ 显然,陈独秀在上海卓有成效地组织劳工运动,使得英国当局认定他已经是一个享有很高声望、国际知名的社会主义者,并且对上海的劳工运动有着举足轻重的影响力。

来到上海后,陈独秀着手重组《新青年》杂志。他以陈望道、李汉俊等倾心马

---

① 胡适:《致汤尔和》(1935年12月22日),载《胡适文集》第7卷,人民文学出版社1998年版,第143页。
② 吴少京主编:《亲历者忆——建党风云》,中央文献出版社2001年版,第176页。
③ 《辩诉状》(1933年),《陈独秀著作选》第3卷,上海人民出版社1993年版,第315页。
④ Dispatch no.35 dated 4th February 1921 from the British consulate-general at Shanghai to the British Legation in Peking, forwarding the Shanghai Intelligence Report for the three months ending 31st December 1920. FO 228/3291.
⑤ Dossier 120C Shanghai Intelligence Bureau Minutes of Meeting, October 1920. FO 228/3214.
⑥ 《淞沪护军使向北洋政府发电指责陈独秀组织机器工会》,《申报》1920年10月16日。此处的"淞沪护军使"一职在政府公报中明确为"松沪护军使"。

克思主义的文化人为基础,组成编辑《新青年》的上海同人群体。在这一过程中,他也渐渐与《星期评论》主编戴季陶、《民国日报》编辑邵力子等人建立密切联系。① 荷兰学者方德万(Hans J. van de Ven)亦认为,以陈独秀为中心聚起了一个对马克思主义深感兴趣的上海知识分子小圈子,后来的上海发起组即从这个知识分子小群体中产生。② 陈独秀与戴季陶、李汉俊等上海文化人过从甚密,他们组成了一个研究会性质的同人圈子。陈独秀曾对戴季陶评价颇高,按张国焘的回忆,陈曾称赞戴季陶"对马克思主义信仰甚笃,而且有过相当的研究"。③ 加之戴季陶的寓所在新渔阳里6号前楼,与陈独秀是近邻,由此可见,两人关系之密切。陈望道亦回忆,"陈独秀也从北京被赶到上海。我们几人是被赶拢来的……大家住得很近(都在法租界),经常在一起,反复的谈,越谈越觉得有组织中国共产党的必要,便组织了'马克思主义研究会'……参加者有陈独秀、沈雁冰、李汉俊、陈望道、邵力子等,先由陈独秀负责"。④ 以这个小圈子为基础成立的同人沙龙性质的马克思主义研究会,频繁开展座谈宣传马克思主义与苏俄经验。陈独秀的寓所兼《新青年》编辑部——环龙路老渔阳里2号(今南昌路100弄2号)——也成了革命者的中心场所。胡适在晚年曾自述,陈独秀"在上海失业,我们乃请他专任《新青年》杂志的编辑。这个'编辑'的职务,便是他唯一的职业了。在上海陈氏又碰到了一批搞政治的朋友——那一批后来中国共产党的发起人"。"自1920年1月以后,陈独秀是离开我们北京大学这个社团了。他离开了我们'新青年'团体里的一些老朋友;在上海他又交上了那批有志于搞政治而倾向于马列主义的新朋友。"⑤通过这样一个人际网络的构建,以陈独秀主编的《新青年》杂志(包括其他新文化运动的同人刊物)为中心,初步形成了一个倾心马克思主义的上海知识分子同人群体,从而为共产党的建立奠定了成员基础。

诚如胡适所述,北京同人此时聘陈独秀在上海专任《新青年》编辑,并每月从编辑部用度中划拨编辑费100元作为陈氏的收入。1920年12月,陈独秀赴广州前,特致函北京同人,言及"弟日内须赴广州,此间编辑事务已请陈望道先生办

---

① 《亲历者忆——建党风云》,第87页。
② Hans J. van de Ven, *From Friend to Comrade: The Founding of the Chinese Communist Party, 1920-1927* (Oakland: University of California Press, 1991), p. 59.
③ 《亲历者忆——建党风云》,第87页。
④ 《亲历者忆——建党风云》,第168—169页。
⑤ 唐德刚注译:《胡适口述自传》,安徽教育出版社2005年版,第201、211页。

理,另外新加入编辑部者,为沈雁冰、李达、李汉俊三人。弟在此月用编辑部薪水百元,到粤后如有收入,此款即归望道先生用"。[1] 由此可见,直至1920年底,陈独秀本人在上海仍主要依靠北京同人提供的这份收入支用。

1920年5月,维经斯基携带着李大钊的介绍信,赴上海会见陈独秀。通过这番接触,双方达成了合作意向,由共产国际提供资助,在上海正式展开建党大业。随后,经陈独秀的介绍,维经斯基和戴季陶、李汉俊、张东荪等一起座谈苏俄革命和中国社会的改造问题。与会者认为可将《新青年》《星期评论》《时事新报》结合起来,建立一个全新的革命联盟。诚如维经斯基在1920年6月的信函中所述,"我们主要从事的工作是把各革命团体联合起来组织成一个中心组织。'群益书店'可以作为一个核心把这些革命团体团结在它的周围"[2]。另一则史料也显示,"上海处为俄共(布)西伯利亚州局东方民族处远东工作的临时中心","中央委员会派出的全权代表通过上海处与中央保持联系"[3]。并且"当地的一位享有很高声望和有很大影响的教授(陈独秀),现写信给各个城市的革命者,以确定会议的议题以及会议的地点和时间"[4]。显然,早在维经斯基来沪前夕,以《新青年》杂志为中心的同人群体正在积极酝酿深远的变革并急于付诸实施。而维经斯基的到来,则给予了建党大业以不可或缺的外部帮助和支持,使之成为现实。维经斯基利用东方民族处提供的活动经费,在上海成功地展开了工作,包括"在上海成立了革命局,由5人组成(4名中国革命者和我),下设三个部,即出版部、宣传报道部和组织部"[5],出版部有自己的印刷厂,可以印刷小册子。

在陈独秀的领导与策划下,1920年6月中旬,中国共产党上海发起组在《新青年》编辑部正式成立,这是中国大地上出现的第一个共产主义组织。最初发起组只有五名成员,他们是陈独秀、李汉俊、俞秀松、施存统、陈公培。后来陆续参加的有陈望道、沈玄庐、李达、杨明斋、沈雁冰、邵力子、李启汉、沈泽民、袁

---

[1] 《陈独秀致李大钊钱玄同等》(1920年12月),载水如编:《陈独秀书信集》,新华出版社1987年版,第305页。

[2] 《维经斯基给某人的信》(1920年6月),载《联共(布)、共产国际与中国国民革命运动(1920—1925)》,第28页。

[3] 《守则》(不早于1920年7月27日),《中共首次亮相国际政治舞台档案资料集》,上海人民出版社2017年版,第17页。

[4] 《维经斯基给某人的信》(1920年6月),载《联共(布)、共产国际与中国国民革命运动(1920—1925)》,第28页。

[5] 《维经斯基给俄共(布)中央西伯利亚东方民族处的信》(1920年8月17日),载《联共(布)、共产国际与中国国民革命运动(1920—1925)》,第31页。

振英、林伯渠、李中、周佛海等。正如共产国际代表利金所指出的,"上海小组具有领导作用,不仅因为它是中心组,而且也因为有陈独秀同志参加"。① 包惠僧的回忆亦确认,同年夏天"在上海成立临时中央,推陈独秀为临时中央的书记","中央主要的工作是宣传鼓动,编印《新青年》杂志及新青年丛书,并与各地支部或小组取得联系(我记得当时没有小组这个名词,凡经中央组织起来的地方都叫支部)"②。李达也认为,"上海的组织事实上成为一个总部,而各地的组织是支部了"③。

共产国际的往来信函亦强调了上海发起组的领导作用:"事实上我们上海的那个三人小组——革命委员会——才是领导机关。这个革命委员会目前领导着中国六个省的中国共产主义组织和规模相当的五个中国青年团组织。这些组织掌握着四种周刊,其中的《共产党》是起领导作用的,还有两家报纸。"④ 马林在1922年向共产国际的工作汇报中,也高度肯定上海发起组的中心地位:"维经斯基同志在上海工作期间,在陈独秀同志领导下组成一个中国共产党人小组。陈几年来一直编辑《新青年》杂志。这个小组划分为7—8个中心,在全国的人数也不过50—60人。"⑤ 在上海发起组成立的同时,共产国际为了在中国、朝鲜、日本等东亚国家直接进行实际活动,于1920年5月在上海成立东亚书记处。该处所设"中国科"的主要任务之一,即"成立共产主义组织,在中国进行党的建设工作"。⑥ 共产国际代表维连斯基在给共产国际的报告就汇报道:"设于上海的组织中心——共产国际东亚书记处,乃为在东亚(中国、朝鲜、日本)直接进行实际活动而存在。该书记处由中国、朝鲜、日本这三个支部组成(每个支部据代表会议或代表大会选举三或五人组成)。书记处全会应派出人员组成一个委员会,由

---

① 《利金就在华工作情况给共产国际执委会远东部的报告(摘录)》(1922年5月20日),载《联共(布)、共产国际与中国国民革命运动(1920—1925)》,第88页。
② 中国社会科学院现代史研究室、中国革命博物馆党史研究室选编:《"一大"前后》(二),人民出版社1980年版,第312页。
③ 《李达自传》,载中国革命博物馆党史研究室编:《党史研究资料》第2辑,四川人民出版社1981年版,第2页。
④ [俄]K.B.石克强整理:《俄罗斯新发现的有关中共建党的文件》,李玉贞译,《百年潮》2001年第12期。
⑤ 《向共产国际执行委员会的报告》(1922年7月11日),载《共产国际、联共(布)与中国革命文献资料选辑(1917—1925)》,北京图书馆出版社1997年版,第226页。
⑥ 《维连斯基-西比里亚科夫就国外东亚人民工作给共产国际执委会的报告(摘录)》(1920年9月),载《联共(布)、共产国际与中国国民革命运动(1920—1925)》,第39页。

三人加上两名俄国人。"①而稍后不久,苏俄给其赴上海代表的指令中更指出:"所有在中国的机关均由上海领导,哈尔滨不在符拉迪沃斯托克领导范围内,由上海中心领导。"②

中共上海发起组成立后,即开启了马克思主义中国化的进程。在共产国际的支持下,上海发起组开展了卓有成效的马克思主义启蒙与宣传工作。首先便是通过《星期评论》杂志社,由陈望道翻译《共产党宣言》。1920年2月,陈望道受戴季陶之邀,翻译《共产党宣言》。5月中旬,陈望道携翻译完稿的《共产党宣言》,应邀到上海任《星期评论》社编辑。6月6日《星期评论》周刊被迫停刊。6月28日,陈望道委托俞秀松把《共产党宣言》中文译稿交给陈独秀。是年8月,《共产党宣言》中文全译本出版。关于《共产党宣言》中译本的发行机构,既往论述都沿用社会主义研究社的说法。然而,揆诸史实,关于社会主义研究社是否实有其事仍有待商榷。譬如,上海《民国日报》一则伪装巧妙的出版广告描述:"社会主义研究社,我不知道在哪里。我看的一本是陈独秀先生给我的;独秀先生是到新青年社拿来的,新青年社在'法大马路大自鸣钟对面'。"③从中似可推测,社会主义研究社与新青年社之间必然有着密切的渊源。另外,学者任武雄认为社会主义研究社可能是陈望道所说的上海马克思主义研究会。④日本学者石川祯浩则依据施存统的口供,认为社会主义研究社乃得到维经斯基赞助的"社会主义大学校",亦是维经斯基报告中所指的"革命局"出版部。⑤这亦可旁证《共产党宣言》的出版发行得到了苏俄方面的资助。

二、中共建党经费扑朔迷离的历史脉络

关于共产国际经济资助问题,历史脉络扑朔迷离,极其复杂,有待商榷。据俄国学者舍维廖夫的研究,"《新青年》杂志从一九二〇年秋天开始接受共产国际

---

① 《威廉斯基-西比利亚科夫致共产国际执行委员会的信》(1920年9月1日),《中共首次亮相国际政治舞台档案资料集》,上海人民出版社2017年版,第37页。
② 《俄共(布)西伯利亚州局东方民族处给其赴中国代表的指令》(不晚于1920年11月),《中共首次亮相国际政治舞台档案资料集》,上海人民出版社2017年版,第75页。
③ 玄庐:《答人问共产党宣言底发行所》,《民国日报》1920年9月30日。
④ 任武雄:《中共创建史上若干问题的探索》,《史志研究》2000年第3期。
⑤ 《中国共产党成立史》,第162页。

的资助并逐步转变为共产主义刊物"①。然而,资助的规模及持续时间等依然迷雾重重。文献显示,直至1920年底,苏俄对华工作仍严重缺乏经费。以至于苏俄方面在电报中急切地询问:"眼下这必须收到您等翻译出来的材料。近几天我们会派遣信使带上珠宝去卖。若收不到您的报告,拟定指令之事就很难进行。"②1920年9月30日,东方民族处曾允诺"近几天我们会派遣信使,带上珠宝去卖",并在10月23日再次致电维经斯基称"钱已经寄出"。在随后的信函中亦询问维经斯基:"是否已经收到我们责成优林带去的两千美元?"然而直到该年12月21日报告仍称:"缺少经费,至今东方民族处未从中央机关得到一个美元或其他货币,而没有钱就无法在东方工作。为了弄到钱,民族处不得不到黑市上购买罗曼诺夫货币和苏维埃货币。但最近没有任何俄国货币上市,民族处失去了这唯一的经费来源。确实,从西伯利亚局得到一些贵重物品(钻石),已拿到东方去出售,并答应给10万美元。但出售钻石要花很长时间,而答应给的钱至今未兑现。"③而且"下一班信使受阻,因为一方面蒙古事件突然发生,另一方面——西伯利亚州局答应提供的外汇和共产国际应给的英文书刊都没有到达"④。更令人担忧的是,"由于远东工作已经全部转归'共产国际'远东书记处管辖,而迄今为止所有的人都想伸手,情况混乱,互相掣肘"⑤。到1921年1月21日,共产国际远东全权代表舒米亚茨基在信函中称:"中国共产主义组织经费一度支绌,今年1月份后半个月,工作出现停滞。为使之重新启动并得以改善,我不得不采取大胆的办法,举借贷款和使用其他手段,这才挽回了局面,报纸和出版工作才得以维持下来(如布哈林和普里奥勃拉任斯基的《共产主义ABC》用中文印行了两万册)。"⑥可见,苏俄方面对华工作严重缺乏经费,承诺的经费(包括售卖钻石所得款项和10万美元)皆未能兑现,以致相关工作不得不举借贷款来维持。而且依据近年来在日本新发现的警视厅施存统口供,施存统指称上海

---

① 《"一大"前后》(三),第159页。
② 《俄共(布)西伯利亚州局东方民族处致吴廷康的电报》(1920年9月30日,伊尔库茨克),《中共首次亮相国际政治舞台档案资料集》,上海人民出版社2017年版,第49页。
③ 《俄罗斯新发现的有关中共建党的文件》,《百年潮》2001年第12期。
④ 《俄共(布)西伯利亚州局东方民族处就本部组织与活动向共产国际执行委员会的报告》(1920年12月21日,伊尔库茨克),《中共首次亮相国际政治舞台档案资料集》,上海人民出版社2017年版,第85页。
⑤ 《舒米亚茨基致科别茨基的信摘录》(1921年1月21日),《中共首次亮相国际政治舞台档案资料集》,上海人民出版社2017年版,第93页。
⑥ 《俄罗斯新发现的有关中共建党的文件》,《百年潮》2001年第12期。

发起组"(社会主义大学校)初与上海之俄国过激派代表①有关系,每月接受宣传费用约一千元,干部等亦每人每月接受三十元报酬;然前年②以降关系断绝,现已不再接受该代表任何资助"③。包惠僧亦回忆,武汉党组织成立时(1920年阴历九月中旬),"刘伯垂由上海带回临时中央给的一二百元,建立机关的一切费用都是从这笔钱中开支的。除此外,武汉支部建立后,上海临时中央还每月寄二百元作为活动经费,共寄了两三个月,这钱是共产国际给的,后来就没有了"④。

综上所述,共产国际给予上海发起组的资助,主要是在印刷与开展宣传活动方面,先是赞助宣传费用,后通过又新印刷所给予承印帮助。譬如,维经斯基的报告中就指出:"这个星期,8月22日我们的出版处就要用中文出版《劳动界》。拟作为月刊出版,印两千份,每份一分钱。由我们自己的印刷厂承印。"在上海,除了中共上海发起组外,与之并行的还有一个朝鲜革命委员会。印刷厂是共享的。⑤另一则史料则表明,"上海革命委员会有三个处:出版处、情报鼓动处、组织处。出版处在上海有自己的印刷所,而在北京,则由于一些工会的协助,用着北京大学的印刷厂"⑥。然囿于经费匮乏,这种资助的规模、稳定性和持续性都是值得存疑的。到1920年10月底,苏俄最后一次汇款给上海的维经斯基,随后维经斯基和陈独秀也因经济短缺相继离沪,自此经济资助隔绝,上海发起组(临时中央)亦不再接受俄方任何资助,完全依靠自筹经费(包括新青年社的盈利收入)。据李达回忆,"这时候党的经费是由在上海的党员卖文章维持的"⑦。可见,从1920年5月维经斯基与陈独秀见面,直到同年10月底,苏俄最后一笔汇款为止,苏俄金援历时不过半年即告罄。

自主创业的上海发起组在陈独秀的领导下,通过写信联系、派人指导或具体组织等方式,推动建立各地的共产党组织,是名副其实的"临时中央","是中国共

---

① 大概是维经斯基。——引者注
② 原文如此。——引者注
③ 《中国共产党成立史》,第162、369页。
④ 中国革命博物馆党史研究室编:《党史研究资料》第1辑,四川人民出版社1980年版,第67—69页。
⑤ 《吴廷康致俄共(布)西伯利亚局东方民族处的信》(1920年8月17日,上海),《中共首次亮相国际政治舞台档案资料集》,上海人民出版社2017年版,第30—31页。
⑥ 《俄共(布)西伯利亚州局东方民族处就本部组织与活动向共产国际执行委员会的报告》(1920年12月21日,伊尔库茨克),《中共首次亮相国际政治舞台档案资料集》,上海人民出版社2017年版,第83页。
⑦ 《"一大"前后》(二),第9页。

产主义组织中央局"。陈独秀对建党工作颇为重视,亲自负责武汉、广州、长沙和济南的建党工作。1920年6月,毛泽东率驱张请愿团到沪,陈独秀与他交谈了马克思主义,8月即请毛泽东在湖南建党,并定期提供资助。包惠僧忆及武汉小组是在上海临时中央的直接资助下建立的,并强调"我们同上海的关系较为频繁,密切"①。从1920年秋到1921年上半年,北京、武汉、长沙、济南、广州等地陆续成立共产主义小组,并在日本和法国的中国留学生和侨民中也建立了组织,各地小组以上海为中心保持密切联系。根据张国焘的说法,在"一大"召开前,"计算(全国)六个小组共有57同志",而且"一次大会以前经费是自筹的,上海新青年社原来有2 000元,营业赢利计4 000元,汉俊设法筹措一些,湖南等处,每月由中央津贴二三十元。(广东不在内)北京因与俄同志接近,募了一些捐款。一次大会以后,中央则由国际津贴"。②

另据《张国焘关于中共成立前后情况的讲稿》(手稿本),"在1920(年)冬汉俊曾写了一本小册卖给商务书馆,得了300元"。此番论述可旁证陈望道、李达等人回忆上海发起组的经费主要依靠上海的党员卖文维持这一说法确系实情。关于广东小组的情形,讲稿中提及"当时小组是与无政府联合的。开办群报,公博、平山编辑,陈炯明每月津贴400元"。

另外还提及新青年社原有(股本)资金2 000元,其资金来源颇可深究。譬如,1920年7月2日,正在为新青年社独立发行而招股的陈独秀致函高一涵,言辞恳切地称:"兴文社已收到的股款只有一千元,招股的事,请你特别出点力才好。"③信中还提到:"适之兄曾极力反对招外股,而今《新青年》编辑同人无一文寄来,可见我招股的办法,未曾想错。文稿除孟和夫人一篇外,都不曾寄来。长久如此,《新青年》便要无形取消了,奈何!"④可见新青年社之原始股本金中有一半有明确来由,系招外股所得,尚余1 000元股款之来源因史料缺乏存疑。然而,共产国际档案则坚称《新青年》得到了苏俄资助,譬如,共产国际代表在1921年4月的报告中陈述:"我从上海动身前,中国共产党人在积极筹备召开共产党

---

① 包惠僧:《回忆武汉共产主义小组》,载中国革命博物馆党史研究室编:《党史研究资料》第1辑,四川人民出版社1980年版,第69页。
② [俄]K.B.舍维廖夫提供:《张国焘关于中共成立前后情况的讲稿》(手稿本),《百年潮》2002年第2期。
③ 欧阳哲生:《新青年编辑演变之历史考辨》,《历史研究》2009年第3期。
④ 同上。

全国代表大会,会上要选举产生中央委员会。迄今党的实际领导权还在中央机关刊物《新青年》杂志编辑部手里。这个杂志是由我们资助在上海用中文出版的,主编是陈独秀教授,当地人称他是'中国的卢那察尔斯基',即天才的政论家和善于发动群众的宣传员。"① 另外,《新青年》从第8卷第1号起,封面正中绘制了一个地球,从东西两半球上伸出两只强劲有力的手紧紧相握。据沈雁冰回忆,这一设计"暗示中国革命人民与十月革命后的苏维埃俄罗斯必须紧紧团结,也暗示全世界无产阶级团结起来的意思"。② 可见,《新青年》杂志在上海的编辑、印刷和出版得到了苏俄方面的资助。然而,苏俄方面是否提供了《新青年》原始股本2 000元的余下部分即1 000元股款,则不得而知。

到1920年底,苏俄经费断绝后,此时共产党之主要经费为自筹,经济来源主要依靠上海发起组开办的新青年社创收所得。与此同时,上海的临时中央以《新青年》编辑部为财政依托,不仅通过各种创收手段自筹经费,而且还给予全国各地的党组织经济资助,陈独秀亦颇为重视独立自主地进行革命,他多次表示:"革命是我们自己的事,有人帮助固然好,没有人帮助我们还是要干,靠别人拿钱来革命是要不得的。"③"要靠中国人自己组织党,中国革命靠中国人自己干,要一面工作,一面革命。"④

在各地共产党小组相继成立的基础上建立一个全国性政党的构想已在上海发起组中逐渐酝酿。5月,上海发起组委托包惠僧到广州找陈独秀,请他回沪或将上海发起组迁往广州,但陈独秀认为广州到处是无政府主义,政治环境不利,地理位置也不适合,不便于各地联系,因此仍属意上海。6月初,上海发起组与刚抵沪的共产国际代表尼克尔斯基、马林商谈后,认为建党的条件业已成熟,应及早召开全国代表大会,宣告党的成立。上海发起组在与陈独秀、李大钊商议以后,发函给各地共产主义小组,请每地派两位代表赴上海开会(每位代表附寄路费100元,回去时又每人送50元)。按照包惠僧的回忆,路费是由马林也就是共产国际提供的,"钱由马林拿出来,张国焘用"。⑤ 毛泽东对这一段建党活动的回

---

① 《索科洛夫-斯特拉霍夫关于广州政府的报告》(1921年4月21日),载《联共(布)、共产国际与中国国民革命运动(1920—1925)》,第59页。
② 茅盾:《我走过的道路》(上),第191页。
③ 《包惠僧回忆录》,人民出版社1983年版,第7页。
④ 《"一大"前后》(二),第39页。
⑤ 《"一大"前后》(二),第377页。

忆则是:"苏联共产党是由马克思主义的小组发展成为领导苏维埃联邦的党。我们也是由小组到建立党,经过根据地发展到全国,现在还是在根据地,还没有到全国。我们开始的时候,也是很小的小组。这次大会发给我一张表,其中一项要填何人介绍入党。我说我没有介绍人。我们那时候就是自己搞的,知道的事也并不多,可谓年幼无知,不知世事。"[1]在这些组织中的50多名早期共产党员,其中有不少是1920年入党的,毛泽东就是其中的一位。中央档案馆保存的关于中共"八大"档案中,有一份毛泽东亲自填写的中共"八大"代表登记表,这个登记表上关于入党时间的一栏中,清清楚楚填写的是1920年。这就是说,毛泽东的入党时间是1920年。

三、结论

由此可知,中共建党经费来源的历史脉络纷繁复杂。首先,建党经费的源头起自苏俄,从1920年5月,苏俄代表维经斯基与陈独秀见面,主要由苏俄出资赞助中共建党,其间陈本人亦利用私人网络筹措了部分资金(如新青年社的原始股本中即有一半由此而来),然而,到同年10月底苏俄方面最后一笔汇款为止,苏俄金援历时不过半年即告罄。此后,从1920年底一直到1921年7月"一大"建党前夕,中共早期组织依靠着上海临时中央的自主创收,自筹经费,勉力建构、维持着全国的共产党网络。最后,则由共产国际直接资助"一大"召开的差旅费用。

1921年7月23日,中国共产党第一次代表大会在法租界望志路106号(今兴业路76号)召开。参会代表共13人,有上海的李达、李汉俊,北京的张国焘、刘仁静,长沙的毛泽东、何叔衡,武汉的董必武、陈潭秋,济南的王尽美、邓恩铭,广州的陈公博,留日小组的周佛海,陈独秀指派的代表包惠僧。此外,有共产国际代表马林、尼科尔斯基。陈独秀和李大钊因故未出席会议。大会由张国焘主持,选举陈独秀、张国焘、李达组成中央局,陈独秀为书记,李达、张国焘分管组织和宣传工作。全会最后通过了中国共产党党纲。中国共产党正式成立。

值得一提的是,中国共产主义运动诞生于五四新文化运动的澎湃激情之中。对这一历史过程加以辨析,即可体察,新文化运动是如何从上海发端乃至席卷全

---

[1] 《中国共产党第七次全国代表大会的工作方针》,《毛泽东文集》第3卷,人民出版社1996年版,第291页。

国,为中国共产党的创建提供了思想上的准备,最终构成中国共产党在上海诞生的文化起源。中国共产党的创建为新文化运动画上了一个完美的句号。就此而论,近代中国的启蒙与革命(救亡)实是一个不可分割的连续统一体;在某种意义上,革命乃启蒙之子。就世界范围的影响而论,因共产党创建所引发的中国革命,实乃18世纪启蒙思想之世俗希望所激起的现代革命历史上最持久的一场革命。驱动这场革命运转的是人们内心最深层的情感渴望,革命代表了最美好的希望和设想。经济方面的诸多愿望、社会方面的诸多渴求,均通过革命斗争获得释放,而近代社会的诸多方面亦已被这一释放的力量所深深改变。阶级关系、社会制度、土地所有制、商业习惯、知识以及心灵生活的精神与形式,所有这一切都已被革命的变革之手所触动,所有这一切——正如所料想的那样——以进步的形式呈现出来。

(作者单位　上海社会科学院)

90 年前的上海：
远东共产主义运动的中心[①]

姚 霏 苏智良

20 世纪 20 年代初，正在经历工业化、现代化和国际化转型的上海，因其优越的地理位置、便捷的内外交通、对境外人士无出入限制的高度国际化以及宽松的政治氛围、发达的文化传播机制和良好的人力资源，成为远东共产主义运动当之无愧的中心。

一、苏俄和共产国际苦心经营的远东基地

十月革命之后，俄共（布）与稍后成立的共产国际开始积极向远东地区开展工作。当时的苏俄人员在中国有三个活动中心：哈尔滨、北京和上海。哈尔滨是俄国陆路进入中国的门户，是俄人传统的聚集区，但并非中国的政治经济中心，影响有限。北京虽是首都，但北洋军阀政府对苏俄迟迟不予承认且极力防范所谓"过激主义"思想渗入，苏俄人员与中国社会主义者接触不易。而上海却因租界的特殊地位和环境，一直作为远东人员信息交汇的中心。同时，又因在内战期间（1918—1920），苏俄与东亚国家联络的主要纽带——海参崴——与上海之间已建立联系，且上海法租界已聚集了 5 000 多名俄侨，其中不乏支持布尔什维克并秘密从事共产主义运动者。俄共（布）和共产国际几乎毫不犹豫地选定上海作为在远东发起共产主义运动的基地。

1919 年 8 月，成立不久的共产国际开始积极推动远东地区的革命。当时在

[①] 本课题由上海市普通高校人文社会科学重点研究基地上海师范大学中国近代社会研究中心项目（SJ0703）和上海市重点学科中国近现代史（S30404）资助。

莫斯科的维连斯基①和在西伯利亚的加蓬②分别向俄共(布)中央政治局提交关于在东亚民族中开展共产主义工作的建议书,并得到批准。9月,维连斯基从莫斯科来到伊尔库茨克俄共(布)中央西伯利亚局,又于1920年2月前往海参崴俄共(布)中央远东局,负责具体指导俄共(布)和共产国际与中国等国革命者建立联系和开展革命宣传工作。为避免政出多头,在维连斯基的建议下,1920年5月,共产国际东亚书记处在上海成立,下设中国科、朝鲜科和日本科,维连斯基任临时执行局主席。中国科的使命之一就是"成立共产主义基层组织,在中国进行党的建设工作"③。东亚书记处在上海的建立,标志着共产国际已完全将上海作为远东革命的活动中心。

1920年7月,俄共(布)中央西伯利亚局东方民族处成立,下设地区科(中国科、日本科、朝鲜科、蒙藏科)、总务科、宣传出版科、联络科和情报科,并设有上海分部。同年到达中国的共产国际代表维经斯基从东方民族处那里获得了领导中国工作的权力。④ 1920年8月17日,维经斯基写给东方民族处的信中谈道:"我在这里逗留期间的工作成果是在上海成立了革命局。"⑤从维经斯基的这封信和东方民族处12月给共产国际执委会的工作报告,可知上海"革命局":由五人组成,其中三人为维经斯基、陈独秀和李汉俊;下设出版部、宣传报道部和组织部;出版部有自己的印刷厂,印刷包括《共产党宣言》在内的一些小册子;组织部主要在学生中做工作,并准备召开十个地方工会和行会的代表会议。⑥

---

① 维连斯基(1882—1942),1920年任俄罗斯联邦驻远东全权代表、工农红军总参谋部学院政治委员,1922年任俄罗斯联邦驻中国外交使团成员,1922年秋起从事新闻工作,1927年被开除出联共(布),1942年遭镇压,后恢复名誉。

② 加蓬(1891—1982),时任苏俄外交人民委员部派驻伊尔库茨克全权代表,兼任俄共(布)中央委员会西伯利亚局东方民族处副主任。

③ 《维连斯基-西比里亚科夫就国外东亚人民工作给共产国际执委会的报告(摘要)》,中共中央党史研究室第一研究部编:《联共(布)、共产国际与中国国民革命运动(1920—1925)》,北京图书馆出版社1997年版,第38—39页。

④ [俄]K.B.石克强整理:《俄罗斯新发现的有关中共建党的文件》,李玉贞译,《百年潮》2001年12期。

⑤ 《维经斯基给俄共(布)中央西伯利亚局东方民族处的信(1920年8月17日)》,中共中央党史研究室第一研究部编:《联共(布)、共产国际与中国国民革命运动(1920—1925)》,北京图书馆出版社1997年版,第31页。

⑥ 《维经斯基给俄共(布)中央西伯利亚局东方民族处的信(1920年8月17日)》,中共中央党史研究室第一研究部编:《联共(布)、共产国际与中国国民革命运动(1920—1925)》,北京图书馆出版社1997年版,第31—35页;《关于俄共(布)中央西伯利亚局东方民族处的机构和工作问题给共产国际执委会的报告(摘录)》,中共中央党史研究室第一研究部编:《联共(布)、共产国际与中国国民革命运动(1920—1925)》,北京图书馆出版社1997年版,第53页。

为了加强理论宣传工作,维经斯基组建了华俄通讯社。据包惠僧回忆:"华俄通讯社是维经斯基到中国来首先建立起的工作部门,由杨明斋负责。"①该社设在霞飞路新渔阳里6号,在北京、广州、哈尔滨有分社。据维经斯基的工作报告称,华俄通讯社为中国31家报纸提供信息,内容主要从俄国远东报纸以及《每日先驱报》、《曼彻斯特卫报》、《民族》周刊、《新共和》周刊、《纽约呼声报》、《苏俄通讯》等报的文章翻译而来。② 华俄通讯社介绍十月革命,传播马克思主义,使中国出现了与英国路透社等西方通讯社相抗衡的另一种声音。据统计,从1920年7月至1921年7月,华俄通讯社先后在《新青年》、上海《民国日报》等报刊上发表了140多篇报道。《申报》从1921年1月到1922年1月,共刊用华俄通讯社各类稿件近70篇,每月少则两三篇,最多的时候有8篇。1921年,苏俄塔斯社也在礼查饭店建立上海分社。上海成为共产国际指导远东共产主义运动的舆论中心之一。

为了加快在远东地区开展革命运动的步伐,1920年8月,共产国际执委会委员、民族和殖民地问题委员会秘书马林被任命为共产国际驻中国代表,前往上海。1921年6月,马林抵达上海,同期到达的还有共产国际远东书记处代表尼克尔斯基。上海作为远东共产主义运动中心的地位日益确立。

二、朝鲜革命力量壮大和博弈的舞台

在远东,最初的共产主义组织是由朝鲜人发展起来的。朝鲜与苏俄邻近,1910年日本吞并朝鲜后,流亡在俄境内的朝鲜志士受十月革命的影响,组织起共产主义性质的团体。1918年1月,旅居伊尔库茨克的南万春等发起成立了伊尔库茨克共产党韩人支部。同年6月,原在中国东北地区从事反日复国斗争的李东辉在伯力建立韩人社会主义者联盟,后于1919年4月与其他组织在海参崴成立韩人社会党,成为远东民众组织的第一个隶属共产国际的政党。9月,李东

---

① 《包惠僧谈维经斯基》,《维经斯基在中国的有关资料》,中国社会科学出版社1982年版,第439页。
② 《维经斯基给俄共(布)中央西伯利亚局东方民族处的信(1920年8月17日)》,中共中央党史研究室第一研究部编:《联共(布)、共产国际与中国国民革命运动(1920—1925)》,北京图书馆出版社1997年版,第32页。

辉从海参崴来到上海。①

自朝鲜被日本占领后,上海逐渐成为朝鲜革命和复国志士的大本营。"三一运动"后,大批朝鲜爱国志士流亡到中国,一部分独立运动人士于 1919 年 4 月在上海成立大韩民国临时政府。初到上海的李东辉当即担任大韩民国临时政府国务总理,韩人社会党总部也迁至上海。1920 年 3 月 1 日,700 多名朝鲜人和上百名中西来宾参加了在上海举行的韩人独立节纪念会。李东辉等大韩民国临时政府领导人进行了演说。李汉俊代表中方致辞,"贵我两国有不可离之密接关系,而容易行共同动作",表示支持朝鲜独立运动,还期望中朝共同进行社会主义革命。②

1920 年 5 月,在维经斯基的帮助下,韩人社会党部分成员组成朝鲜共产主义小组,领导人为尹玄和金万谦。陈独秀与李汉俊也曾代表中国革命者与朝鲜共产主义小组进行联络。③

1920 年底,共产国际 26 位执行委员之一的朴镇淳在共产国际"二大"后抵达上海,开始实施"二大"关于东亚革命的计划,尤其是在朝鲜侨民中发展成员,建立革命组织。这一时期,韩人社会党政治处负责人李胜万来到上海,并担任了大韩民国临时政府主席。李胜万与李东辉之间的冲突激化,最终迫使李东辉辞去总理之职。1921 年 1 月,朴镇淳在上海召集部分朝鲜共产主义小组成员开会商议加入共产国际的条件,宣布成立朝鲜共产党。④ 朝鲜共产党于同月召开第二次代表大会,并发表宣言抨击日本吞并朝鲜、对朝鲜进行殖民统治的暴行,指出民族解放运动只是社会革命的一个阶段,但民族解放运动是社会革命的前提,为实现民族解放,必须建立武备,主张以苏俄十月革命为榜样,在朝鲜建立苏维埃政府。大会通过新的党纲:消灭私有生产方式和自由竞争,代之以集中公共的生产分配方式,实施国民义务教育,男女皆有义务从事劳动,为解放妇女实行改造家庭、公共幼稚园、公共食堂、浴池等措施。大会还通过新的党章,选举李东辉为党的责任委员。

---

① Suh Dae-sook, *Documents of Korean Communism* (Princeton: Princeton University Press, 1970), p.8.
② 《民国日报》1920 年 3 月 3 日。
③ [韩]金秀英:《东亚共产主义运动中的组织集中化和国际主义因素之消亡》,《中国共产党创建史学术研讨会论文集》,2011 年 6 月,第 36、37 页。
④ *Conditions of Admission to the Communist International Approved by the Second Comintern Congress*, in Jane Degras, *The Communist International: Documents, 1919 - 1943 vol. 1* (New York: Oxford University Press, 1956), p.172.

1921年5月,朴镇淳撇开共产国际远东书记处,自行联络召开了包括朝鲜、中国、日本在内的远东共产党代表大会。这次会议共有13人参加,其中中国人2人、日本人1人,其余均为朝鲜人,代表中国出席的有国民党社会主义者黄介民。朴镇淳的独断行动使远东书记处极为愤怒,当即在伊尔库茨克举行朝鲜共产党代表大会,宣布解散上海的朝鲜共产党,重建新的朝鲜共产党,并在上海设立支部。新党的上海支部负责人有尹玄、楚统昊、金万谦等原朝鲜共产主义小组成员。①

作为20世纪初朝鲜革命活动中心的上海,见证了朝鲜革命力量的壮大和博弈。

三、日本共产主义运动的海外中转站

日本是早期中国人接受马克思主义的重要中转站。1902年4月,日本社会主义研究会会长村井知至的《社会主义》中文版由上海广智书局出版,这是中国系统介绍马克思和马克思主义的第一本中文译著。而中国共产党早期组织的创始人和马克思主义宣传家,如陈独秀、李大钊、李达、李汉俊、施存统、周佛海、戴季陶、陈望道、杨匏安等,都有留日经历,并利用日本的资料文献深化中国知识分子对马克思主义的理解。但在20世纪20年代前后,中国留学生和中共旅日早期组织成员成为日本社会主义者与共产国际联系的桥梁,上海成为日本共产主义运动的海外中转站。

李汉俊留学日本期间,曾与后来发起日本共产党的堺利彦、高津正道等著名社会主义者接触。② 回到上海后,据1919年来上海《星期评论》社工作的杨之华回忆,李汉俊曾带她"去日本、朝鲜的进步朋友家",并"和日本、朝鲜的共产党方面都有联系"。③ 1920年初,在上海有40—50名日本社会主义者,今天已经没有史料帮助我们确认他们的身份,但仅李汉俊接触的人物就有日本进步人士宫崎龙介、平贞藏、山崎作三郎、芥川龙之介、村田孜郎和泽村幸夫,前两者是追随社

---

① [韩]金秀英:《东亚共产主义运动中的组织集中化和国际主义因素之消亡》,《中国共产党创建史学术研讨会论文集》,2011年6月,第37—39页。
② 日本警方1921年4月报告,李汉俊同"堺利彦、高津正道、山崎今朝弥等有交往"。转引自[日]石川祯浩注,刘传增译:《中共创立时期施存统在日本的档案资料》,《党史研究资料》1996年第10期。
③ 《杨之华的回忆》,《"一大"前后》(二),人民出版社1980年版,第25—26页。

会主义的新人社成员。①

施存统也与日本社会主义者堺利彦、高津正道、山崎今朝弥颇有往来,多次把他们的著作、宣传社会主义的杂志以及其他印刷品介绍到国内,并与他们一起筹备发行秘密出版物。1921年4月,施存统曾在上海与日本社会主义者讨论即将在上海召开的秘密会议。这次秘密会议即由朴镇淳发起的日、朝、中社会主义者为同共产国际联络和接受资金于1921年5月在上海举行的远东共产党代表大会。据称当时在上海的日本社会主义者与朝鲜共产主义者有着紧密联系。最终,日本侨民近藤荣藏出席了朴镇淳主持的会议。

1921年6月29日,日本东京警视厅总监给日本外务省亚细亚局局长的"外秘乙第995号"机密文件以"在上海的中国共产党的行动"为标题,其中提到:"在上海的中国共产党于明30日在上海法租界贝勒路,欲召开同党大会。该大会参加者的各地代表有北京、上海、广州、苏州、南京、芜湖、安庆、镇江、蚌埠、济南、徐州、郑州、太原、汉口、长沙等各学生团体及其他联合会会员,日本人亦有参加,眼下在探查中。"②日本警察不仅对国内社会主义者的活动进行严厉监视,对海外特别是上海的共产主义活动也予以了高度关注。

1921年夏秋之际,张太雷带着共产国际驻上海代表马林的使命,秘密赴日与日本社会主义者接触,传达了请日本方面派人参加远东各国共产党及民族革命团体大会的邀请。③10月13日,顺利完成任务的张太雷和日本社会主义者德田球一同行启程回上海。④张太雷的日本之行促成了共产国际与日本社会主义的联系,加速了1922年日本共产党的创建进程。几乎同时,1921年10月20日,携带日本共产主义活动经费的共产国际代表格莱也在上海与共产国际远东局办事机构的日本共产党信使、早稻田大学学生重田要一会面,一同

---

① 韩国国会图书馆编:《韩国民族运动史料:中国篇》,1976年版,第25页。[日]宫崎龙介:《寄自新装的民国》,日本《解放》第1卷第7号(1919年12月);[日]芥川龙之介:《上海游记》,《芥川龙之介全集》第5卷,日本岩波书店1977年版;[日]石川祯浩著:《中国共产党成立史》,袁广泉译,中国社会科学出版社2006年版,第13、30页。
② [日]石川祯浩:《施存统と中国共产党》,日本《东方学报》,京都,第68册,第346页。
③ 《马林给共产国际执行委员会的报告(1922年7月11日)》,转引自李玉贞主编:《马林与第一次国共合作》,光明日报出版社1989年版,第67—68页。
④ [日]石川祯浩:《施存统と中国共产党》,日本《东方学报》,京都,第68册,第349、350页。[日]高屋定国、辻野功译,コミンテルン编:《極東勤労者大會——日本共産党成立の原点》,日本合同出版社1970年版,第8页。

前往日本。①

可见,上海作为日本共产主义运动海外中转地的特殊地位。

四、中国共产主义事业的起航地

20 世纪初,宽松的政治文化环境和发达的印刷出版业,使上海成为中国共产主义思想的摇篮和共产主义运动的港湾。1920 年 2 月,陈独秀带着组织中国共产党的计划来到上海,进一步促成上海成为远东共产主义运动的中心。

上海是工人阶级集中的城市,1919 年"六三运动"中,上海工人阶级发挥过巨大的战斗力。来到上海后,陈独秀将研究和动员的方向转向工农大众。② 他到中华工业协会、中华工会总会等劳工团体进行调查,深入了解小沙渡和码头工人的罢工情况。5 月,陈独秀郑重推出《新青年》的劳动节纪念号,专门讨论工人问题。据英国驻沪领事馆情报显示,还有一些具有半政治性质的工会,如上海电器工界联合会、工商友谊会和上海船务栈房工界联合会,或多或少处于陈独秀的影响之下。③ 陈独秀在上海卓有成效地组织劳工运动,使得英国当局认定他已经是一个享有很高声望、国际知名的社会主义者,并且对上海的劳工运动有着举足轻重的影响力。同时,陈独秀着手重组《新青年》杂志。他以陈望道、李汉俊等倾心马克思主义的文化人为基础,组成编辑《新青年》的上海同人群体。他还与《星期评论》主编戴季陶、《民国日报》编辑邵力子等人建立密切联系,并以之为基础成立马克思主义研究会,频繁开展座谈宣传马克思主义与苏俄经验。④ 以《新青年》杂志为中心,初步形成了一个倾心马克思主义的上海知识分子同人群体,从而为中国共产党的建立奠定了成员基础。

1920 年 5 月,维经斯基携李大钊的介绍信,赴上海会见陈独秀。通过这番

---

① 日本《每日新闻》1921 年 12 月 3 日。

② 《辩诉状》(1933 年),《陈独秀著作选》第 3 卷,上海人民出版社 1993 年版,第 315 页。

③ *Dispatch no.35 dated 4th February 1921 from the British consulate-general at Shanghai to the British Legation in Peking*, forwarding the Shanghai Intelligence Report for the three months ending 31st December 1920. FO 228/3291.

④ 李涛编:《亲历者忆——建党风云》,中央文献出版社 2001 年版,第 87、168—169 页。荷兰学者方德万(Hans J. van de Ven)亦认为,以陈独秀为中心聚起了一个对马克思主义深感兴趣的上海知识分子小圈子,后来的上海发起组即从这个知识分子小群体中产生。参见 Hans J. van de Ven, *From Friend to Comrade: The Founding of the Chinese Communist Party, 1920–1927* (Oakland: University of California Press, 1991), p.59.

接触，双方达成了合作意向，由共产国际提供资助，在上海正式展开建党大业。1920年6月中旬，上海的中国共产党早期组织在《新青年》编辑部正式成立，这是中国大地上出现的第一个共产主义组织。正如共产国际代表利金指出的："上海小组具有领导作用，不仅因为它是中心组，而且也因为有陈独秀同志参加。"① 李达也认为"上海的组织事实上成为一个总部，而各地的组织是支部了"②。

8月，上海中共早期组织以社会主义研究社的名义出版了《共产党宣言》等书。同时，创办了宣传马克思主义、介绍和推广工人运动经验的《劳动界》周刊。嗣后，《新青年》杂志从第8卷第1号开始独立发行，仍由陈独秀主编，主要讨论社会主义问题。自此，作为新文化运动核心刊物的《新青年》成为上海中共早期组织的中央机关刊物和中国第一份马克思主义杂志。随后，上海中共早期组织又创办半公开的刊物《共产党》，介绍马克思主义理论和基本知识，推动建党工作。依托上海发达的文化网络以及便捷的交通条件，《新青年》《劳动界》等杂志影响日众，迅速传遍神州大地。除此之外，为了团结、教育、培养进步青年，1920年8月22日，上海的中共早期组织建立了社会主义青年团。同时，为了扩大社会影响力，又于9月创办外国语学社，这是中共第一所干部学校。因此，俄共代表费奥多尔在报告上海之行时感叹道，"上海是中国社会主义者的活动中心，那里可以公开从事宣传活动。那里有许多社会主义性质的组织，出版300多种出版物（报纸、杂志和书籍），都带有社会主义色彩"；在上海"他们出版一些极其左倾的报纸、杂志和书籍"。③

上海中共早期组织在陈独秀的领导下，通过写信联系、派人指导或具体组织等方式，推动建立各地的共产党组织，是名副其实的临时中央，是中国共产主义组织的中央局。④ 陈独秀亲自负责武汉、广州、长沙和济南的建党工作。1920年6月，毛泽东率驱张请愿团到沪，陈独秀与他交谈了马克思主义，8月即请毛泽东

---

① 《利金就在华工作情况给共产国际执委会远东部的报告（摘录）（1922年5月20日）》，中共中央党史研究室第一研究部编：《联共（布）、共产国际与中国国民革命运动（1920—1925）》，北京图书馆出版社1997年版，第88页。
② 《李达自传》，中国革命博物馆党史研究室编：《党史研究资料》第2辑，四川人民出版社1981年版，第2页。
③ 《刘江给俄共（布）阿穆尔州委的报告（1920年10月5日）》，中共中央党史研究室第一研究部编：《联共（布）、共产国际与中国国民革命运动（1920—1925）》，北京图书馆出版社1997年版，第45页。
④ 《利金就在华工作情况给共产国际执委会远东部的报告（摘录）（1922年5月20日）》，中共中央党史研究室第一研究部编：《联共（布）、共产国际与中国国民革命运动（1920—1925）》，北京图书馆出版社1997年版，第86页。

在湖南建党。包惠僧忆及武汉小组是在上海临时中央的直接资助下建立的,并强调同上海的关系较为频繁密切。① 从1920年秋到1921年上半年,北京、武汉、长沙、济南、广州等地陆续成立了早期组织,并在日本和法国的中国留学生和侨民中也建立了组织。在各地中共早期组织相继成立并以上海为中心保持着密切联系的基础上,建立一个全国性政党的构想已逐渐酝酿成型。5月,上海中共早期组织委托包惠僧到广州找陈独秀,请他回沪或将上海中共早期组织迁往广州,但陈独秀认为广州到处是无政府主义,政治环境不利,地理位置也不适合,不便于各地联系,仍属意上海。很快,便有了中共"一大"在上海的召开。

中国共产党的成立,是中国社会历史发展的必然结果,而上海以其得天独厚的地理、政治和文化环境,成为中国共产主义运动的起航地。

五、拥有远东独特地位的上海

上海之所以能成为远东共产主义运动的中心,与20世纪20年代中国在远东的特殊地缘政治有关。共产国际"二大"后,与远东国家的革命运动建立联系成为共产国际最重要的课题。在远东各国中,日本尚不具备爆发革命的直接条件;朝鲜则处于日本的殖民统治之下,且国家太小,影响有限;只有中国是世界人口和资源大国,其一举一动影响到整个远东的局势。当时的中国处在几个帝国主义国家的争夺下,是帝国主义殖民统治的薄弱环节,日益加剧的内部纠纷又孕育了爆发苏维埃革命的火种。如果能推进中国革命并取得胜利,就能打破帝国主义对苏俄的包围和封锁,改变苏俄孤立的国际处境。因此,在西欧无产阶级革命低落的情况下,中国革命就具有了接替西方、支援苏俄革命和打击帝国主义的作用和意义。

而在当时的中国,东部沿海的上海,以其优越的地理位置、便捷的内外交通和对境外人士无出入限制的高度国际化,成为吸引远东共产主义运动于此汇聚的重要条件。继伊尔库茨克、海参崴之后,新的远东共产主义运动中心呼之欲出。当然,上海得以成为远东共产主义运动中心,还取决于以下条件:

首先,20世纪初的上海具备开展共产主义运动所必需的宽松的政治氛围。

---

① 包惠僧:《回忆武汉共产主义小组》,中国革命博物馆党史研究室编:《党史研究资料》第1辑,四川人民出版社1980年版,第69页。

上海开埠于 1843 年。1845 年,英国殖民者依据《土地章程》设立英租界,1848 年美租界建立,英美租界于 1863 年正式合并为公共租界。与此同时,法租界也于 1849 年宣告建立。两大租界在 19 世纪余下的半个世纪内不断越界筑路、渗透扩张,逐步完善各自的市政管理机构。这样,上海出现了"一城三市(政府)"的格局。租界既是中国受制于帝国主义的耻辱象征,又使生活在其中的民众得以在外国势力的庇荫下免受军阀或专制政府的骚扰,并躲避连绵不断的天灾人祸。到 20 世纪 20 年代,以租界为特征的上海成为中西文明共存、竞争、融合、多元的世界性大都会。正是这样多轨异质的政治环境,为多元的政治思想和革命活动提供了舞台。以法租界为例,宽松、自由的社会环境使其成为各类革命活动的理想地点。1919 年成立的大韩民国临时政府在法租界中长期开展活动;生活在法租界中的俄侨为维经斯基等人在上海的活动提供了掩护;而直到 1922 年底,上海共产党的绝大部分活动都在法租界内运作。与租界外其他地区严酷的政治环境相比,法租界是一个较为开放、自由、讲究法治理念,尤其是"提供政治避难"的区域。① 这是上海能成为远东共产主义运动中心的主要原因。

其次,20 世纪初的上海具备共产主义运动所需的发达的文化传播机制。

近代上海是中西文化交汇的窗口,也是中国现代新文化的中心。从 1912 年至 1926 年,上海出版的图书占全国的 70%。② 20 世纪初的福州路文化街聚集着 300 家大小不等的出版公司和书店。③ 文化的"工业化"初步奠定了上海作为近代中国文化与舆论中心的地位。到 1917 年,《新青年》的发行量已由最初的每期 1 000 份增加到 15 000 至 16 000 份。④ 依托着上海文化和舆论中心的优势地位,《新青年》将思想启蒙的理念传布到神州大地。可以认为,近代上海发达的媒介网络为马克思主义的早期传播提供了便利条件。早在 19 世纪末的上海,由西洋传教士主持的《万国公报》就首次介绍了马克思的主张。⑤ 十月革命爆发后的第

---

① Wen-hsin Yeh, *Provincial Passages: Culture, Space and the Origins of Chinese Communism* (Oakland: University of California Press, 1996), pp.212 - 214.
② "国史馆"中华民国史文化志编纂委员会编:《中华民国史文化志》初稿,台北"国史馆"1997 年版,第 166 页。
③ Christopher A. Reed, *Gutenberg in Shanghai: Chinese Print Capitalism, 1876 - 1937* (Hong Kong: Hong Kong University Press, 2004), p.17.
④ 汪原放:《回忆亚东图书馆》,学林出版社 1983 年版,第 32 页。
⑤ 《万国公报》1899 年第 123 期。

三天，上海《民国日报》第一个报道了这个重要消息。① 而在"五四"前后最早介绍宣传社会主义思潮(包括马克思主义)的《新青年》《觉悟》《时事新报·学灯》《星期评论》，除《新青年》的编辑部一度在北京(发行部则在上海)外，其余三种都是上海的刊物。1920年2月，《新青年》杂志复归上海，既标志着新文化运动本身的转向，也意味着上海成了马克思主义学说在中国引介和传播的主要中心。透过近代上海的印刷出版网络，源自西方的马克思主义思想更加深入地传播开来，由此培育出中国的马克思主义者。

再次，20世纪初的上海具备共产主义运动开展的人力基础——觉醒的工人阶级和先进的知识分子。

开埠以后的上海迅速由一座江南县城一跃成为中国的经济首都。1865—1936年，上海对外贸易占全国的45%—65%。金融产业也在外资的引导下逐渐壮大，民国初便成为全国的金融中心。而随着现代制造业的产生，到1922年，上海近代工业门类增加到32个。② 伴随工业化的进程，城市人口亦快速增长。到1920年，上海人口达到229万，排名第二的天津人口为77.5万，尚不足上海的一半。③ 工业化与城市化的深入发展使上海的社会结构出现分化，新的城市社会阶级逐渐崛起。上海是中国工人阶级的发祥地，生机勃勃的工业无产阶级随着工业化的深入而发展壮大。依据1920年《新青年》第7卷第6号"上海劳动状况"的资料，全国工人队伍发展到194.6万人，其中上海有513 768人，占全国工人总数四分之一。随着以上海工人为主体的中国工人阶级的壮大和阶级觉悟的提高，阶级斗争亦表现得愈加公开化，从而为中国共产党的成立奠定了阶级基础。

同时，文化繁荣与政治气氛自由的上海成为新型文化人的向往之地。诚如鲁迅所言："北京虽然是'五四运动'的策源地，但自从支持着《新青年》和《新潮》的人们风流云散以来，一九二〇至二二这三年间，倒显着寂寞荒凉的古战场的情景。"④ 相形之下，上海的政治文化环境要宽松得多，中外联系广泛，再加上文化事业发达，自然成为先进知识分子的集聚中心。受过教育且无所依附的知识分

---

① 《民国日报》1917年11月10日。
② 龚骏：《中国都市工业化程度之统计分析》，商务印书馆1931年版，第30—32页。
③ 李竞能主编：《天津人口史》，南开大学出版社1990年版，第82页。
④ 鲁迅：《现代小说导论(二)》，《中国新文学大系导论集》，上海良友图书公司1945年版，第132页。

子成为最有热情推动社会变革的行动者。而俄国十月革命的爆发,给彷徨无助的中国知识分子带来新的希望与视野,加速先进知识分子投身到远东共产主义事业中去。

(作者单位　上海师范大学)

马克思主义早期传播与近代上海文化①

陈 晔

上海对中国共产党而言,意义非比寻常,上海不仅是早期中国马克思主义的传播中心,更是中国共产党的诞生地。中国共产党早期的重大事件与事业都与上海有着千丝万缕的联系②,上海的《万国公报》最早提到马克思和恩格斯,宣传马克思主义的核心刊物《新青年》在上海创刊,《共产党宣言》中文全译本首先在上海问世。上海文化的开放性,使得上海和马克思主义结下不解之缘。

一、马克思主义在上海传播

上海是马克思主义在中国传播的起点③。1899年林乐知主编、美华书馆印刷的《万国公报》中的一篇译文,第一次提到马克思④。1915年9月15日,陈独秀主编、上海群益书社印刷的《青年杂志》创刊,1916年9月1日出版第2卷第1号时更名为《新青年》。1917年1月因陈独秀任北京大学文科学长,编辑部迁往北京。《新青年》从第4卷第1号起改为白话文,采用新式标点。俄国十月革命后,《新青年》成为五四运动的号角,成为宣传马列主义、反帝反封建思想的坚强

---

① 本项目由上海海洋大学海洋科学研究院开放课题基金资助(课题编号:A1-0203-00-300107)。
② 杨国华:《马克思主义在上海早期传播的历史经验》,《中国浦东干部学院学报》2015年第2期。
③ 马克思主义在中国早期"传入"与"传播"的主要区别在于:一是内容的零散与系统之别;二是初步具有马克思主义的知识分子群体是否出现;三是对马克思主义理解的深度、广度和科学性有差别;四是出发点不同,前者作为一种普通学说介绍,后者当作指导思想。(详见:王树荫、温静:《论马克思主义在中国早期的传入与传播》,《思想政治教育研究》2011年第6期。)
④ 熊月之:《西学东渐与晚清社会》,上海人民出版社1994年版,第395页。

阵地。从1919年下半年到中国共产党成立之前,《新青年》刊登的马克思主义、十月革命和中国工人运动方面的文章有130余篇。1920年上半年,《新青年》编辑部迁回上海,上海再次成为传播马克思主义的前沿阵地。1920年第8卷第1号起,《新青年》成为中国上海共产主义小组的机关刊物,它与当时秘密发行的《共产党》月刊互相配合,为中国共产党的成立做思想上的准备,影响整整一代人。1920年5月,陈独秀在上海组织"马克思主义研究会"。三个月后,陈独秀、李汉俊、陈望道、沈玄庐、施存统、李达、俞秀松在《新青年》杂志社开会,正式成立中共上海发起组,并推举陈独秀为党的总书记,还制定《中国共产党宣言》①,创办对工人进行马克思主义启蒙教育的通俗刊物《劳动界》②。1920年8月,陈望道翻译的《共产党宣言》中文全译本,作为"社会主义研究小丛书"的第一种,以"社会主义研究社"的名义公开出版。1921年1月《东方杂志》第18卷第1期刊登范寿康翻译马克思的《〈政治经济学批判〉序言》的全文③。

二、近代上海文化的开放性

近代上海文化是中国传统文化——尤其是吴越文化——与西方文化结合的产物。来自五湖四海的移民,为上海城市文化带来多样性,同时上海文化中的开放性也进一步加深。大约6 000年前上海西部地区成陆,大约2 000年前东部地区成陆,同时迎来上海地区第一批移民,他们大多从太湖流域顺势东迁而来,是上海地区最早的居民。唐天宝十年(公元751年),上海地区属华亭县(现今的松江区)。两宋交替之际,随着宋王朝迁都杭州,部分来自北宋的移民定居上海。南宋咸淳三年(公元1267年)在上海浦(其位置在今外滩至十六铺附近的黄浦江)西岸设置市镇,定名为上海镇。元至元二十九年(公元1292年),元朝中央政府把上海镇从华亭县划出,批准上海设立上海县,标志着上海建城之始。元末农民起义时,因避战乱,不少人从江南、江北一带逃到上海④。上海开埠之后,尤其是太平天国运动期间,上海迎来第四次,也是最大一次移民潮。1885年,公共租

---

① 徐云根:《略论建党时期李达对马克思主义中国化的贡献》,《上海党史与党建》2011年第1期。
② 沈建中:《中共上海发起组在建党过程中的历史作用》,《上海党史与党建》2010年第6期。
③ 王世谊:《二十世纪初中国国情与中国共产党的产生》,《河海大学学报》(哲学社会科学版)2002年第3期。
④ 熊月之主编:《上海通史》第1卷,上海人民出版社1999年版,第71页。

界中上海籍人口极少,仅为15%,随着新生儿的诞生,其居民人口比例才逐渐增加(见表17-1)。大量高素质的外地移民,为上海带来大量有形和无形的资本,使得上海迅速发展成为全国人口最多、发展最快、影响最大的城市①。

表17-1　上海公共租界上海籍贯人口与非上海籍贯人口(1885—1935年)

年　份	上海籍贯比例(%)	非上海籍贯比例(%)
1885	15	85
1890	17	83
1895	19	81
1900	19	81
1905	17	83
1910	18	82
1915	17	83
1920	17	83
1925	17	83
1930	22	78
1935	21	79

资料来源:见邹依仁:《旧上海人口变迁的研究》,上海:上海人民出版社1980年版,第112页。

人是最重要的文化载体,当各地移民来到上海时,同时也带来移出地的风俗习惯和文化。在上海社会中,个人必须对自己所坚持的生活习俗和思想意识作出妥协,学会适应和尊重其他移民的生活方式,"开放性"也就成为安身立命的首要条件②。另外,近代来上海的移民以年轻人为主,和老年人相比,年轻人更容易接受新思潮和新事物,所以上海文化的开放性也较大。

除了移民性,上海地区发达的商业也使得上海人较其他地区人开放。开埠之前的上海,并不如当前有些人想象的那样,是一个毫不起眼的"小渔村"。在被列入对外通商口岸的那年,上海城区已有23万人口,在全国城市中规模排行第

---

① 葛剑雄主编:《中国移民史》第1卷,福建人民出版社1997年版,第101—102页。
② 虞洪捷:"海派"文化影响下的上海话词汇特色,《文教资料》2008年第18期。

十二①。早在唐代时,青浦的青龙镇就是重要地区性港口②。在海内外贸易的作用下,宣德年间(1426—1435年),上海地区的农业经济发生一次结构性升级。经济作物棉花的种植迅速增长,以乌泥泾为中心,棉花种植逐渐向东北和东南高亢斥卤地带推进,形成"东棉西稻"的新型作物结构格局,其他商品化经济作物的种植也大规模增加③。这为后来上海暑袜业和染踹业的出现及资本主义生产关系萌芽奠定了基础,上海地区,尤其是上海县的风俗,也随之发生变化,《松江府志》记载:

> 诸州外县多朴质,附郭多繁华,吾松则反是,盖东北五乡故为海商驰骛之地,而其南纯事耕织,故所习不同如此。大率府城之俗,谨绳墨,畏清议,而其流也失之隘,上海之俗喜事功,尚意气,而其流也失之夸④。

商业将原本不相干的人们联系在一起,减少不同群体间的偏见,让人相信陌生人,为文化开放性提供保障,排斥歧视现象,使得地区文化的开放进一步增强。

近代上海是中国最早现代化的城市、全国最大的工商业大都市。工业化过程中,传统的社会逐渐转变为现代社会,梅因爵士指出,此过程中,家庭依赖性逐渐解体,个人责任性逐步增加。建立于个人在家庭中所处位置基础上的继承责任,逐渐被契约和有限的责任代替。这种从身份到契约的变化是按照对财产(尤其是土地)的占有方式而同时进行。在乡村,土地为家族所共同拥有;而在城市,土地成为重要的、可以交换的商品,个人可以不再依附于土地或者家庭。滕尼斯认为,在所有文化系统的历史中存在两段显著不同的时期。第一个时期为礼俗社会(gemeinschaft),社会中组织的基本单元是家庭或靠血缘维系的种群,传统的权威界定每个人的作用和责任,社会关系基于本能和惯常,合作为习俗所左右。第二个时期为法理社会(gesellschaft),社会和经济关系建立在个人之间的契约上,个人具有专门的角色,对于个人的回报不再是基于世俗的权利,而是基于竞争性的劳动力价格。劳动力成为市场中重要的生产要素之一。对个人产生

---

① 《上海:一座伟大城市的肖像》,《凤凰周刊》2010年4月25日。
② 孙杰:《古代上海艺术》,上海大学出版社2000年版,第19页。
③ 张忠民:《上海:从开发走向开放1368—1842》,云南人民出版社1990年版,第30—31页。
④ 正德《松江府志》卷四。

影响的不再是亲情关系,而是专业中的同行。家庭关系成为次要因素,社会关系是基于理性和效率,不再基于传统。涂尔干在滕尼斯的理论基础上,认为日益分化的劳动分工是一个不可改变的历史生物过程,其使人类文明从片段走向有组织。片段化的社会建立在血缘关系之上,是由相似的无所不包的家庭演替所构成。现代化的过程将这些小的社会群体融合成大的集合体,最终形成国家。另外则是形成社会职业组织,根据个人在社会中的行为属性对其进行分类。由于社会劳动分工日益深化和城市人口数量增加,交流和接触的机会则大幅度增长①。总而言之,城市是一个不同于农村的社会,传统农村社会依赖同质性运转,文化趋向封闭,而现代城市社会依赖个体差异性存在,文化趋于开放。

1843年11月17日,上海正式开埠。由上海道台与英国领事共同商定,1845年上海道台先以布告形式颁布的第一部《土地章程》出台。同年,英国以此为法理依据设立英租界。1848年美租界建立,1863年英租界和美租界正式合并为公共租界。与此同时,法租界也于1849年宣告建立②。加上华界,上海有三类市政机关、三个司法体系、四种司法机构（领事法庭、领事公堂、会审公廨与中国法庭）、三个警察系统、三个公交系统、三个供水系统、三个供电系统;电压有两种,法租界是115伏,公共租界是220伏;有轨电车的路轨宽度也分两种。③ 由于高度异质性的存在,上海文化的包容性和开放度得以增强,加大人们对异类文化的包容性。

1934年的《新中华》杂志向上海滩"各路英雄"发出幻想"上海的将来"的邀请,众多文人纷纷响应。之后,《新中华》杂志把79篇征文结集成册出版,其中第66篇的作者曾觉之写到上海文化的包容性：

> 上海的特点是混乱,乱七八糟地将国内外的一切集合在一起,而上海的力量便是这种容受力、这种消化力。人们诅咒上海由于此,但我们赞美上海亦由于此。现在的中国正在普遍的上海化中,不单政治经济,而且社会风

---

① ［美］贝利著：《比较城市化:20世纪的不同道路》,顾朝林等译,商务印书馆2010年版,第11—12页。
② 苏智良、江文君：《中共建党与近代上海社会》,《历史研究》2011年第3期。
③ 熊月之：《近代上海城市文化的异质性——熊月之研究员在上海社会科学院的讲演》,《文汇报》2010年1月23日,第6版。

俗，内地有哪几处地方没有上海的气味？这是事实。这是不幸吗？也许是。但我们以为且耐心地等一等；上海正在进行其工作，一切正纷纷地投到上海去，上海正赶铸其货币。有一天，这洪炉内的东西结晶了，光华灿烂，惊心动目，恐怕人们都歌颂不及，谓为真正的国宝呢。

……

人常讥上海是"四不像"，不中不西，亦中亦西，无所可而又无所不可的怪物；这正是将来文明的特征。将来文明要混合一切而成，在其混合的过程中，当然表现无可名言的离奇现象。但一经陶炼，至成熟纯净之候，人们要惊叹其无边彩耀了。我们只要等一等看，便晓得上海的将来为怎样①。

近代上海文化中具有很强的开放性和包容性，重商亲洋的洋场文化和革旧鼎新的革命先锋气质混合在一起。鲁迅说上海"没海者近商"，是"商的帮闲"；周作人说它"以财色为中心"，是"买办流氓与妓女的文化"；沈从文则说染上"玩票"和"白相"的脾气，是"名士才情"与"商业竞卖"的结合②。重视开放、宽容、拥有海纳百川式的宽阔胸襟，热爱真理、崇尚科学、积极进取的上海文化③，为马克思主义的传播和中国共产党的建立打下基础。

三、开放的近代上海文化迎来马克思主义

上海地处太平洋西岸，亚洲大陆东沿，长江的入海口，中国东南沿海的中点，位于北纬 $30°23'\sim31°27'$，东经 $120°52'\sim121°45'$。北濒长江口，南临杭州湾，西部、西北部与江苏的苏州地区相接，西南部与浙江嘉兴地区相接，有着得天独厚的自然条件。④

自然资源的价值，随着科学技术的进步、生产力的发展以及自然资源被开发的程度而发生变化。上海沿海地理的优势，直到航海技术发展到一定程度以后，才逐步显示出来。在中国古人眼里，大海是个神秘、遥远的地方，也是危险丛生、

---

① 新中华杂志社编辑：《上海的将来》，中华书局 1934 年版，第 78—79 页。
② 李洪华：《论上海都市文化语境中的左翼文化思潮及其影响》，《江西社会科学》2010 年第 9 期。
③ 俞吾金：《上海城市精神探讨之我见》，《探索与争鸣》2003 年第 4 期。
④ 熊月之主编：《上海通史》第 1 卷，上海人民出版社 1999 年版，第 1 页。

可怕的地方。在农耕文明格局中,沿海处于边缘地带;在工业文明格局中,沿海处于中心位置①。上海得天独厚的优势,最早是由外国殖民者发现的。1832年2月,英国东印度公司广州分行大班马治平,派遣"阿美士德号"商船,从澳门出发,沿中国海岸线北上考察,寻找新的通商地点。"阿美士德号"船员胡夏米他们的报告,以及此后一些到过上海的商人、传教士的评论中曾经写道:上海这一地区"在对外贸易中所拥有的特殊优越性,过去竟然未曾引起相当注意,是十分令人奇怪的";"上海虽然只是一个三等县城,但却是中国东部海岸最大的商业中心,紧邻着富庶的苏杭地区,由此运入大量丝绸锦缎,同时向这些地区销售各种西方货物"。他们认为,"上海的贸易即使不超过广州,至少也和广州相等"②。

鸦片战争的失败,沉重地打击沉浸在"天朝大国"中的中国人,大清王朝被迫签订丧权辱国的《南京条约》,揭开中国近代史屈辱的一页,上海成为通商口岸,城市的历史也从此改变。《南京条约》对于通商问题只作原则规定,1843年10月8日订立的《中英五口通商附粘善后条款》即《虎门条约》,对此作进一步具体解释,第七款写道:

> 在万年和约内言明,允准英人携眷赴广州、福州、厦门、宁波、上海五港口居住,不相欺侮,不加拘制。但中华地方官必须与英国管事官各就地方民情,议定于何地方,用何房屋或基地,系准英人租赁;其租价必照五港口之现在所值高低为准,务求平允,华民不许勒索,英商不许强租。英国管事官每年以英人或建屋若干间,或租屋若干所,通报地方官,转报立案;惟房屋之增减,视乎商人之多寡,而商人之多寡视乎贸易之衰旺,难以预定额数③。

从此,上海逐渐变得开放起来。上海开放包含两种开放:第一种开放,是上海开辟为通商口岸,是上海由封闭走向开放的关键;第二种开放,是租界向华人开放,由华洋分处变成华洋混处,是上海由普通沿海城市变成特大城市的基础。第一种开放是第二种开放的基础④。开埠之后,上海港进出口贸易不断增长(见

---

① 熊月之主编:《上海通史》第1卷,上海人民出版社1999年版,第5—7页。
② 马学强:《近代上海成长中的"江南因素"》,《史林》2003年第3期。
③ 王铁崖:《中外旧约章汇编》第1卷,生活•读书•新知三联书店1982年版,第35—36页。
④ 熊月之:《开放与调适:上海开埠初期混杂型社会形成》,《学术月刊》2005年第7期。

表 17-2),伴随着商品流进和流出的,是人员的流动,以及中西思想的碰撞,近代中国绝大多数的新思想、新文化都是起源上海,所以美国汉学家罗兹·墨菲将其上海史的专著命名为《上海——现代中国的钥匙》①。

表 17-2　上海对英国进出口贸易总值(1844—1856)

上海对英国进出口贸易总值(1844—1856)			
年　份	万元	年　份	万元
1844	480	1851	1 690
1845	1 110	1852	1 600
1846	1 020	1853	1 720
1847	1 100	1854	1 280
1848	750	1855	2 330
1849	1 090	1856	3 200
1850	1 190		

数据来源:戴鞍钢:《港口、城市、腹地:上海与长江流域经济关系的历史考察:1843—1913》,复旦大学出版社 1998 年版,第 22 页。

随着外国商品的输入,外国文化思想也进入了。近代上海拥有广泛的报刊读者群,而报纸又是宣传马克思主义的前沿阵地②,加上近代上海文化的开放性,马克思主义最早在上海传播。出于同样的原因,上海地理位置优越,有着众多外国侨民,参加中共"一大"的外国代表能较方便地到达,会议也能正常进行,而不易被别人察觉。上海城市文化的开放性大,很多接受或者同情马克思主义的上海人较多,为中共"一大"顺利召开提供帮助。上海,尤其是法租界聚集着大批宣传社会主义的知识分子及其宣传与活动机构。他们的住处集中在四个地方:一是法租界白尔路三益里 17 号,即《星期评论》社;二是望志路 106 号、108 号(今兴业路 76 号、78 号),即李书城、李汉俊兄弟的住宅;三是环龙路渔阳里(今南昌路 100 弄,俗呼老渔阳里)2 号,即陈独秀寓所;四是新渔阳里 6 号(今淮海中路 567 弄 6 号),1919 年李汉俊来沪,租赁此处居住,后迁往三益里与其兄

---

① [美]罗兹·墨菲著,上海社会科学院历史研究所编译:《上海——现代中国的钥匙》,上海人民出版社 1986 年版。
② 周树立:《中共早期党团刊物汇集上海出版的因素述论》,《中国出版》2011 年第 2 期。

同住,此处转给戴季陶居住①。他们都为马克思主义在中国传播以及中国共产党在上海成立做过贡献。

由于上海文化具有很强的开放性,人们渴望从外界获得知识,从而学习外语的积极性很高。上海共产主义小组曾借用"外国语学社"名义,在上海霞飞路新渔阳里6号从事革命活动。外国语学社曾在1920年9月28日的《民国日报》上刊登广告:

外国语学社招生广告

本学社拟分设英法德俄日本语各班,现已成立英俄日本语三班,除星期日外每班每日授课一小时,文法读本由华人教授,读音会话由外国人教授,除英文外各班皆从初步教起。每人选习一班者月纳学费银二元。日内即行开课,名额无多,有志学习外国语者请速向法界霞飞路新渔阳里六号本社报名。此白。

外国语学社是一个特殊的教学机构,社长杨明斋。外国语学社招生广告只是为了遮人耳目,学生都是通过各种途径介绍入学。而介绍者往往是上海共产主义小组的成员,或者是外地进步团体。来此求学的学生大都加入上海社会主义青年团。因此,外国语学社成为上海社会主义青年团活动和培养人才的场所,成为上海共产主义小组的诞生地、上海社会主义青年团的诞生地②。

上海是中国工人阶级的发祥地。开埠伊始,就有外资企业在华设立工厂,外资企业纷纷雇佣中国劳动力。在外国势力掌控下的上海,迅速地由一座江南县城一跃而成为中国的商业大都市。外资进入以后,引进一系列新的现代产业部门。葛元煦在《沪游杂记》中介绍1887年租界的洋行有:德丰银行、天裕洋行、旗昌洋行、怡和洋行、汇丰洋行、福利洋行、公道洋行、泰兴洋行、兆丰洋行等。在外资的带动下,无产阶级随着近代上海工业化的深入而发展,并日趋壮大。依据1920年《新青年》"上海劳动状况"的资料,全国工人队伍发展到194.6万人,其中上海有机械业工人181 485人,手工业工人212 833人,运输业工人116 250人,

---

① 熊月之:《中共"一大"为什么选在上海法租界举行——一个城市社会史的考察》,《学术月刊》2011年第3期。
② 叶永烈:《红色的起点》,上海人民出版社1991年版,第141—142页。

共计 513 768 人,占全国工人总数四分之一①。大量工人阶级的存在为马克思主义在上海传播创造客观条件,而上海工人的开放性文化,是马克思主义在上海发展的主观条件。只有客观条件,没有主观条件,马克思主义也不可能在上海生根发芽。例如,对于中国汉人,辫子是清朝统治者问鼎中原之后对汉人的一种文化压迫,曾经出现过"留头不留发,留发不留头"的政策;但是到民国初年政府取消留辫子的风俗时,却依旧有不少人选择保留辫子。② 如果上海工人阶级不开放,不接受马克思主义思想,即使马克思主义思想涉及他们的切身利益,马克思主义也不可能在中国生根发芽。

四、结论

中国古人认为成事需要天时、地利、人和三大要素,而人和最重要。上海文化中的开放性正是人和的表现。近代上海"海纳百川,有容乃大",是颇具开放性的国际化大都市,上海不仅是早期中国马克思主义的传播中心,更是中国共产党的诞生地。马克思主义在中国传播史上的众多"第一个"和"第一次"都出现在上海。中国新文化产生于东西文化的冲击之下,虽然许多重要的学说与观念来自西方,然而,这些思想和观念,若在中国没有合适的土壤,新文化就不可能为中国人所接受,更不可能在中国生根、发芽③。马克思主义能从近代上海逐步进入中国内地,与近代上海文化中的开放性不无关系。

(作者单位 上海海洋大学)

---

① 苏智良、江文君:《中共建党与近代上海社会》,《历史研究》2011 年第 3 期。
② 施爱东:《从 Pigtail 到"豚尾奴":一个辱华词汇的递进式东渐》,《民族艺术》2010 年第 4 期。
③ 耿云志:《中国新文化的源流及其趋向》,《历史研究》1994 年第 2 期。

创榛辟莽,筚路蓝缕:
中国共产党"开史"的地方
——首届"上海:党的诞生地"学术研讨会综述

张 魁

上海作为中国共产党的诞生地,迄今已有96年的辉煌征程,它见证并镌刻了近代中国历史的更替演进、沧桑巨变。有关中共建党史的讨论,历来为学界所重视,无论是在理论探索还是实证研究方面,都有着令人瞩目的成果问世,为繁荣该领域研究贡献了才智。但是,随着研究的推进与新史料的发现,我们认为学界对于中共建党史的若干问题还有探讨商榷、回顾反思的空间。为进一步推动该领域的相关研究,以期达到"辨章学术,考镜源流"之目的,教育部重点研究基地上海师范大学都市文化研究中心、上海市历史学会于2017年6月25日在上海师范大学联合举办了首届"上海:党的诞生地"学术研讨会。来自复旦大学、华东师范大学、东华大学、上海大学、上海海洋大学、上海社会科学院历史研究所、上海市档案馆、嘉兴学院、中共"一大"会址纪念馆、上海市历史学会、上海市中共党史学会、上海立信会计金融学院、嘉兴市委党校、上海师范大学的近30位学者作了相关报告评议与圆桌讨论,他们就近代上海红色资源特点、上海历史内涵、中共诞生地及城市空间研究、陈独秀与中国共产党的创建、上海渔阳里街区与中共建党活动、乡缘与建党、法租界巡捕突闯中共"一大"上海会场、中共建党时期的美国因素、中共建党时期的经费来源、共产党宣言的汉译传播与中共建党、马克思主义在近代上海生根发芽的文化原因、李达与人民出版社、20世纪的上海大学、中共建党与近代女性觉醒、中国共产党上海建党革命遗址一览等议题进行了深入探讨。同时,会议发起人、上海师范大学都市文化研究中心主任、上海市历史学会副会长苏智良教授于研讨会上发布介绍了《中共建党革命遗址分布图》调查成果。此次会议充分展现了中国共产党在上海建立的最新研究成果,既有宏观论述,又有微观考察,拓宽了该领域研究的广度与深度,对中国共产党诞生地的议题、视角与方法等均有较为明显的开拓与建构。

一、近代上海的红色资源与上海历史内涵的延展

上海自 1843 年开埠以来,渐趋云集各方精英人才,为其进一步发展注入新鲜血液,使得上海逐渐形成大气谦和、兼容并包的品性。作为党的创始之地,上海红色资源众多,特点显著。熊月之(复旦大学、上海市历史学会,《近代上海红色资源特点简析》)首先由红色在中国传统文化中的寓意引入,继而延伸至中国共产党领导下的红色资源,并对红色资源的形成路径进行了分类,分别为根据地式、纪念地式、二者并包式,进而对近代上海的红色资源进行了定位,即二者并包式,同时与其他城市相比较,显示了上海红色资源的性质、规模的不同;其次著者对中国共产党之所以在上海创立与活动进行了六个相关支撑系统的拓展分析,包括先进的思想文化为重要内涵的信息传播系统、工人阶级与知识分子为重要成分的社会基础、联系国际与国内重要城市的水陆交通系统、发达的邮政通信系统、具有现代政党社团活动传统的社会组织系统、维持政党社团正常活动的安全系数。

例如在"先进的思想文化为重要内涵的信息传播系统"方面,他指出中国共产党是在马克思主义指导下建立起来的,此前共产主义思想传播的广度、武装知识分子的程度,是建党的重要思想文化基础。马克思主义在中国的传播,不是全无基础、毫无凭借的横空而来,而是在此前一波又一波西方新学说、新思想传播基础上累积与递进而来的。具体如 1898 年上海广学会出版的《泰西民法志》,就述及马克思、恩格斯的学说。1899 年的《万国公报》所发表《大同学》,述及欧洲社会主义流派与马克思学说。这些都是马克思主义学说在中国最早传播的记录。同时,他述及从晚清到民国,全国新的出版物,上海要占到 75% 以上,其中以新思想、新学说为主要内容的书籍,比例更高。从洋务思想、维新思想到革命思想,上海都是全国传播基地与思想高地。以与中国共产党创立关联度最高的新文化运动而言,上海既是发动地,也是制高点。《新青年》在上海创办,在北京大学高举新文化大旗的蔡元培、陈独秀、胡适、马叙伦等,都是清末上海有名的新派人物。

又如在"工人阶级与知识分子为重要成分的社会基础"方面,他关注到了除工人阶级之外的其他三个因素——城市规模、移民人口、知识分子,这些都是促成中共于上海建党的因素所在——并进行了具体分析。最后,熊月之指出信息系统、社会基础、交通系统、邮政通讯、组织系统、安全系数与上海城市集聚性、特殊性的紧密关系。这两个方面相互作用与影响,构成上海的唯一性。而这种唯一性,使得上海在中国共产党红色资源的版图上,色泽特别,无可比拟,而又极其重要,无可替代。"六个系统"的论述给中共党史的创立与活动提供了新的延展视角。

齐卫平(华东师范大学,《党的诞生地、革命圣地、建党精神:上海历史内涵》)在文中指出探究中国共产党成功的密钥,解析她的组织基因是一个重要路径。1921年中国共产党诞生于上海,赋予马克思主义政党鲜明的红色基因。胜于国内其他地方的独特条件不仅展示了上海诞生中国共产党的哺育作用,而且创造了上海作为中国共产党历史上第一个革命圣地的历史价值,建党精神是上海作为革命圣地的集中体现。著者在文中具体述及了"中国共产党诞生上海的历史逻辑""红色风暴与第一个革命圣地""上海革命圣地凝结的建党精神"部分,如上海具有先进政党孕育诞生的基本要素、中共建党在上海的明确定位等,进一步诠释党的诞生地、革命圣地、建党精神的内在寓意,并在学理上进行了升华。

比如就上海建党精神概念建立的必要性的分析,他指出历史是具有连续性的整体,有头有尾,始和终对应,才能完整地体现历史的全貌。有了上海建党精神,才有后来的井冈山精神、延安精神、西柏坡精神,这些精神构成中国共产党革命历史的连贯性和革命传统的扩展性。上海作为第一个革命圣地凝结着的建党精神,烙下了中国共产党初心和本真的印记,井冈山精神、延安精神、西柏坡精神是中国共产党人不忘初心、继续前进的一次又一次再出发。党的建设起步于党的建立,建党是开始,党建是后续,中国共产党历史实践中丰富发展起来的各种革命精神,以上海建党精神为源头。弘扬上海建党精神,对于维系党的红色基因和保持党的革命血脉具有极其重要的意义。该文将中共建党史延伸至革命圣地进而升华到建党精神,注入了活力,为上海历史内涵的进一步开拓提供了视角。

而对于中共建党上海的议题,苏智良(上海师范大学,《中共建党是上海城市内生性历史事件》)指出中国共产党在上海诞生并非偶然事件,而是上海城市发展、文化多元生长、人才聚合等多种因素合力的结果,也可以说是上海城市演进的内生性事件;并在行文中依据新史料、新视野、新方法对中共建党之所以在上海发生的"上海因素"进行了着重分析与重构,试图分析还原早期中共选择上海建党这一"内生性事件"的必然性因素,既有宏观的上海城市近代化的分析,如外资的涌入、现代企业的发端、工商业的勃兴、工人阶级的发祥地,又有微观层面的具体考察,如对外滩公园歧视性规定的抗争、四明公所、抵制外货、文化精英汇聚、上海大罢工。这些因素都无一例外地显示上海城市具有反帝反封建的历史传统,为中共选择建党于此奠下基调。而对于中共建党上海的具体发轫及过程,著者进行了更为细致的考察,注意到了中外当事人、学者所记录的有关建党事件的众多原始性史料、回忆录,并相互佐证,推动了该领域的研究,并提供了更为微观的视角以供研究。比如他提到俄共代表费奥多尔上海之行的报告:"上海是中国社会主义者的活动中心,那里可以公开从事宣传活动。那里有许多社会主义性质的组织,出版 300 多种出版物(报纸、杂志和书籍),都带有社会主义色彩。"提到陈独秀对建党的重视:"我们不必做中国的马克思和恩格斯,一开始就发表一个《共产党宣言》,我们只是要做边学边干的马克思主义的学生。现在可以先将中国共产党组织起来。"这些都是促成上海建党的重要因素。著者指出中国共产党在上海成立以后,中共中央长期设立于上海,上海成为 1927 年前中国革命的领导中心;同时对此一"内生性事件"作出了评价:在这里奋斗的中国人,为探索中国革命的道路而抛头颅、洒热血,作出了不可磨灭的杰出贡献。文章也对中共建党的源起与演进作了诠释。

上海、嘉兴关涉中共建党史研究议题的讨论历来比较热烈,张玉菡(中共"一大"会址纪念馆,《上海是中国共产党的诞生地》)对上海和嘉兴中共"一大"会议地位的说法进行了论证分析,针对网络调查 70% 的网民认为中共建党是在嘉兴南湖,批驳指正了这一误区,认为这样的认识和宣传是不符合史实的,有必要以上海深厚的历史基础和在中国革命中形成的历史地位等为基础,加强学术论证,使"上海是中国共产党诞生地"这一历史形成的地位具有雄辩的说服力,并加大宣传力度,纠正网民的错误印象,回归历史的本相。著者在行文中深化论证了"上海是中国共产党诞生地"这一历史命题,廓清了史实。她谈到四条理由予以论证:首先,上海作为中国共产党诞生地的地位得到了毛泽东等国家领导人的权威认定;其次,上海是中国共产党的诞生地,是在中国革命运动中历史地形成的;再次,中共"一大"会议取得的主要成果并不都是在南湖会议上完成的;最后,中国共产党在上海诞生,具有深厚的历史基础。著者同时指出了上海是中共"一大"会议旧址所在地,嘉兴也是中共"一大"会议会址所在地,二者同为中共"一大"会议会址。中国共产党的诞生地,应根据中国共产党自身诞生的历史情况,综合考虑她的历史形成和各种因素,方能更具有说服力。显然,上海成为中国共产党的诞生地,是多种历史合力的结果。该文深化了上海作为党的诞生地这一命题。

二、中共建党的微观图景与空间呈现

本次研讨会还有一个亮点,就是从空间视角和微观视角展现中共建党史研究的最新成果。对于中共建党的城市空间研究,蒋杰(上海师范大学,《环境、街区与政治:中共诞生地的城市空间研究》)指出过往学者多从考订史实、分析影响以及提炼意义等方面着手,而对共产党为什么会诞生在上海,又为什么会诞生在法租界的反思不多。事实上,对中共诞生地展开环境和空间考察,并非毫无意义。了解这一街区如何产生,又具有哪些特性,在某些程度上,将有助于对中国近代史、上海城市史和中国共产党的历史形成某些新的认知与理解。著者在具体行文中对上海环境和城市空间进行了图文系列的考察分析,比如新街区、中共"一大"会址树德里,同时提出"权力的缝隙"这一论点,说明上海建党于此的合理性因素。文章分别从街区生成、权力结构和建筑结构三个层面对中共诞生地展开讨论。他就此考察的目的进行了说明:并不在于找寻中共诞生在上海和法租界的"必然性",而是为了从一个更广阔的视角来观察与理解这一重大历史事件,同时也为了考察都市、街区与政治的关系。通过文章的研究,我们可以看到上海城市和法租界的一些特质以及一些特殊条件,的确对中共诞生在这座城市起到了一定的促进作用。该文给了研究中共建党史从城市空间研究上以视角方法上的延伸。

对于上海渔阳里街区的考察,陈安杰(中共上海市松江区委党校,《上海渔阳里街区与中共建党活动》)指出近代上海为中国共产党的创建提供了其他城市所不具备的政治地域环境、多元文化氛围以及精英人才资源,成为中国共产党在此创建的历史发展的必然选择,尤其是居于近代上海法租界独具特色的石库门建筑风格的渔阳里街区，其特殊的区位优势，成为先进知识分子从事建党活动的聚集地，在这里见证了伟大政党的创建过程。文中具体分析了渔阳里街区的四个中心：第一是党团组织的创建中心，成立了上海马克思主义研究会、上海共产党早期组织和社会主义青年团；第二是革命青年的教育中心，通过在此创办外国语学社、成立教育委员会来加强对革命青年的培养；第三是马克思主义的传播中心，通过在此成立出版社，创办革命期刊开展对马克思主义的宣传；第四是工人运动的策划中心，早期党组织在此帮助工人阶级创办通俗刊物，创立工会组织，开展工人运动。文章通过更为细致的分析，得出渔阳里街区成为早期革命知识分子在上海从事建党活动的首选之地的主要原因在于其优越的地理位置和相对宽松的政治氛围的结论。

韩晶（中共"一大"会址纪念馆，《博文女校与近代上海》）关注到了博文女校作为中国共产党第一次全国代表大会的代表宿舍这一命题，并对其进行了来龙去脉的定性分析，如：学校的历史是怎样的？在近代上海扮演了什么样的角色？发挥过什么样的作用？文章试图通过档案资料的梳理，勾勒出一幅博文女校前世今生的图景，从一个侧面追溯中国共产党在上海诞生的历史原因。著者在具体行文中对博文女校的开办与发展、博文女校与近代上海的进步运动等进行了考订分析，提出博文女校参与了中国妇女革命运动的历程，见证着时代的发展进步。博文女校既是中国共产党第一次全国代表大会代表的住宿地，也为他们提供了讨论、思索的场所，可以说是中共"一大"的一个重要组成部分。同时文章散发开来，更进一步将博文女校置于整个近代革命史中考量，点出其意义可更广泛一点，共同推动着中国革命的进步。

王小雅（上海师范大学，《中国共产党上海建党革命遗址一览》）在文中对中国共产党上海建党革命遗址进行了考订，考订范围主要为共产党机构、人物旧居、社团组织、事件发生地，并指出其具体位置，通过细致入微的实地考察，使得上海建党革命遗址历史图景更加清晰。如上海马克思主义研究会旧址、上海共产党早期组织诞生地、中共中央局旧址、中国劳动组合书记部旧址、沪西工人半日学校旧址、人民出版社旧址、陈望道临时寓居处、马林麦根路临时寓居处、1920年毛泽东旧居、李汉俊旧居、邵力子旧居、共产国际东亚书记处遗址、上海女界联合会旧址、五四运动集会场所、上海工人游艺会成立大会会址等，丰富了首届"上海：党的诞生地"学术研讨会关于革命遗址的内容。

三、中共建党史研究的老问题与新思考

学界对于中共建党史的研究,历来比较热衷,既包含整体的视野,也具有贯通的眼光。一来它涉及的面相较多,同一坐标时段中,中外皆有重大历史事件发生;二来研究中共建党的历史可供效法的范例也较多,有利于研究的进一步深化。

陈独秀与中共建党的渊源不可不谓之深厚,学界也曾对"南陈北李,相约建党"说作了相关考订。郭绪印(上海师范大学,《陈独秀与中国共产党的创立》)通过对五四新文化运动和马克思主义传播为中共建党准备了思想基础和干部条件的分析,引入陈独秀是"五四运动时期的总司令"和向工人队伍大力宣传马克思主义的视角,重点探讨了陈独秀在此过程中的重要作用,指出1920年陈独秀领导在上海建立了党的早期组织并联络各地的社会主义者,促进建党活动。陈独秀还积极批判了阻碍建党的资产阶级思想和无政府主义,为党的建立扫清道路,并为中共"一大"起草了纲领草案。著者在文中对陈独秀的这些作用进行了细致入微的探讨,比如批判反对建立共产党的资产阶级言论、批判无政府主义、重建广州共产党、陈独秀未参加中共"一大"但被推举为书记等,论证了陈独秀在创立党的工作上的功勋是非常显著的,推进了陈独秀与中共建党的关系研究。

徐光寿(上海立信会计金融学院,《陈独秀与中国共产党在上海的创建》)根据解密档案资料和现有学术成果,厘清陈独秀1920—1922年居住在上海法租界环龙路老渔阳里2号的历史踪迹,梳理了陈独秀在这个被誉为"中国共产主义运动先驱的落脚地""中国共产党孕育期和哺乳期的所在地"期间的言论和行动,重点探究陈独秀以此为居住和工作地点,大力宣传马克思主义、迅速向马克思主义者转变、推动中国工人运动发展、创建中国共产党并领导中共中央早期工作的若干重要史实,叙述一座普通私宅与一桩建党伟业的传奇佳话。文章试图还原这一历史图景,深化了研究内容,并进一步指出一座本来十分普通的私人住所,在重大历史关头发挥如此重要的历史作用,且被如此明确地载入重要史册并获得如此之高的历史评价,这在中国共产党历史、近代中国历史,乃至在整个世界历史长河上,都是极为罕见的,值得深入研究。

中共"一大"嘉兴南湖会议研究课题组的《法租界巡捕突闯中共"一大"上海

会议会场研究》一文对于法租界巡捕闯入中共"一大"第六次会议会场导致会议中止的"通风报信说""泄露说""马林因素说""偶然发现说"四种说法作了分析研究;并通过新近发现的史料,试图对此进行初步整理,得出"通风报信说""马林因素说""泄露说"不能成立的结论,并进行分析说明;同时对"偶然发现说"背后相关事实及历史逻辑进行了考证阐释,对巡捕突闯中共"一大"会场之后《新章》的随即出台作了假设,文称不一定是针对中共"一大",但显然是针对法租界日益活跃的"激进主义""东方共产主义",背后的逻辑就是抑制其在界内的发展。一个看似偶然的事件,蕴含了中外当局扼制进步力量的必然性。

有关中共建党中的乡缘因素,高红霞(上海师范大学,《乡缘与建党:中共创立期的另一种图景》)提出中国共产党建党时期及以后的发展过程中,乡缘曾发挥过一定的作用。通过乡缘开展组织活动也曾是中国共产党众多发展样态中的一种,显示了传统中国在其发展中的一种过渡。在近代上海的人口中,浙江、江苏移民一直最多,反映在上海的党派社团中,苏浙移民数量多往往也是一种常态,但在整个民国时期,中国共产党组织的一些发展时段,移民人口总数较少的省籍如湖南、四川、安徽等,其参与人员的数量却有超过苏浙或紧随其后的情况。中国共产党在开展工人运动或罢工起义中,利用同乡关系或同乡组织开展活动也很常见。文中在具体展开时就1919—1922年中共建党时期,乡缘因素所呈现的一种状况作了梳理与考察,以期揭示中共创党的另一种图景。文章在具体考察过程中,指出与中共建党相关的社团中有同乡聚集的状况存在,与中共创立直接相关的上海共产党小组中也有浙江、湖南籍成员居多的现象,并对这种原因进行了一定程度上的分析。

邵雍(上海师范大学,《中共建党时期的美国因素初探》)通过系统梳理相关史实,对中共建党时期的美国因素作了初探,以期推动党史研究的进一步深入。文章具体分析了美国国家状况、俄美之间深厚的渊源、上海建党与美国因素关系,层层递进。在具体方面,文章说明了建党人员利用了社会主义在美国的资源,如吴廷康来华时带来了美国书籍、华俄通讯社的美国消息来源、在美国报纸《大陆报》上的发文宣传、《新青年》中的美国译本、《共产党》月刊中美国的译本、人民出版社的美国译本等内容。著者同时指出十月革命以后马克思列宁主义、科学社会主义在中国特别在上海的传播是个双向互动的过程:以吴廷康为代表的共产国际工作人员利用包括美国在内的所有文化资源,全力以赴,广为宣传;

中国本土特别是上海革命群众对共产主义这种新的思想体系与社会制度也充满了期待与憧憬,在这种情况下,外来的先进思想、先进文化很快在中国大地生根开花结果。20世纪20年代的上海是中国的工业中心与工人运动中心,而中国共产党就是马克思列宁主义与中国工人运动相结合的产物,即便从社会文化的角度去考察也是如此。中国共产党在上海的诞生迎合了世界革命的潮流,也适应了中国工人阶级、先进知识分子的需要,在这当中来自美国的先进文化的助推作用是不容否定的。文章深化了研究中共建党时期的美国因素这一领域。

江文君(上海社会科学院,《中共建党经费来源简析》)一文试图对中共在建党过程中接收苏俄金援所起的作用、经费的来源问题及是否如对手所称"中共是卢布党"等命题进行了探究。文章提出建党经费的源头起自苏俄,但从1920年底一直到1921年7月"一大"建党前夕,中共早期组织依靠着上海临时中央的自主创收,自筹经费,勉力建构、维持着全国的共产党网络。最后,则由共产国际直接资助一大召开的差旅费用。延而广之,他指出近代中国的启蒙与革命(救亡)实是一个不可分割的连续统一体;在某种意义上,革命乃启蒙之子。就世界范围的影响而论,因共产党创建所引发的中国革命,实乃18世纪启蒙思想之世俗希望所激起的现代革命历史上最持久的一场革命。驱动这场革命运转的是人们内心最深层的情感渴望,革命代表了最美好的希望和设想。经济方面的诸多愿望、社会方面的诸多渴求,均通过革命斗争获得释放,而近代社会的诸多方面亦已被这一释放的力量所深深改变。阶级关系、社会制度、土地所有制、商业习惯、知识以及心灵生活的精神与形式,所有这一切都已被革命的变革之手所触动,所有这一切——正如所料想的那样——以进步的形式呈现出来。文章不仅在中共建党经费来源方面给予了诠释分析,并且升华了这一命题。

此外,张姚俊(上海市档案馆,《〈共产党宣言〉的汉译传播与中共建党》)就《共产党宣言》的汉译传播与中共建党之间的因果联系进行了重点分析,提出汉译《共产党宣言》在思想和理论方面为建党起到了重要的推动作用。陈晔(上海海洋大学,《马克思主义在近代上海生根发芽的文化原因》)就马克思主义在近代上海生根发芽的文化原因进行了分析论证,并指出上海文化的开放性是马克思主义、中共建党在近代上海生根发芽的主要因素。丰箫、丰雪(上海大学,《20世纪20年代上海大学的大学精神与中国共产党》)提到20世纪20年代的上海大学与中国共产党的深刻渊源与嬗变。白华山(东华大学,《李达与人民出版社》)

通过对李达创办人民出版社过程的考察，试图揭示李达对于党的出版事业以及马克思主义在中国的传播所作出的巨大贡献及其离开人民出版社的原因。

会议尾声，与会学者就如何进一步拓展建党史研究进行了圆桌讨论，分别就本议题发表了仁智之见。引言人张玉菡就史料穷尽之后该如何研究、中共党史研究需与历史学相融合并加入社会学、心理学等学科的交叉等问题提出了自己的疑问，同时她提出研究建党史应在深度和广度上进行一定程度的前推与后移，对于这些方面的考察，都有利于更好地展现历史图景。而在横向维度上，就中共建党与国际因素的相关联系，如与朝鲜共产党、日本共产党的比较研究；在深度上考虑如何认识中共与知识分子的关系，中共与各阶层之间的关系探究等；在细度上考虑南湖会议到底是哪一天召开，中共早期人物的生活、职业、革命之间的协调处理等问题都是如何解决，等等。这些都有待解答。嘉兴代表与张玉菡进行了互动，提到拓展与深入上海建党史研究，需要上海、嘉兴两地研究者进行更进一步的交流，不只是挖掘史料，还应注重史料的细节与各个史料之间的内部联系，同时需要多种资料相互印证，如此所得结论才能更加令人信服，更接近于历史的真相。齐卫平教授也对张玉菡有关党史研究与各学科之间的联系进行了补充，他提到党史研究也应在史料与方法上进行拓展，如政治学的拓展，地理空间、区域政治学的拓展，地缘政治与中共建党的关系等，都可以进行深入挖掘与拓展；同时就某些议题与嘉兴代表展开了探索与讨论。

最后，苏智良教授对本次会议作了总结，提到本次会议围绕空间与城市并兼顾到了其他方面，有一定的深入，但是对于中共建党的很多问题还没有解决，应该进一步推进；同时就2018年召开第二届"上海：党的诞生地"学术研讨会确定了主题：人物、阶级（层）与中共建党；并对南湖会议议期的讨论问题进行了总结，期待各学者在下一年会议时有更进一步的深入。

总体观之，本次研讨会问题意识较强，涉及领域多元广泛，学术氛围热烈，对于建党史研究的领域拓展和研究深度上，都有很大的推进。同时在一些方面出现了贯通研究的趋势，学者就相关论文的评议，也提供了新的想法与思路。

（作者单位　上海师范大学）

图书在版编目(CIP)数据

城市·空间与中共建党 / 苏智良主编. —上海：
上海教育出版社，2018.7（2021.4重印）
("上海：党的诞生地"系列研究丛书)
ISBN 978-7-5444-8413-8

Ⅰ.①城… Ⅱ.①苏… Ⅲ.①中国共产党-地方组织
-党史-上海-文集 Ⅳ.①D235.51-53

中国版本图书馆 CIP 数据核字(2018)第 112310 号

责任编辑　林凡凡
封面设计　郑　艺

城市·空间与中共建党
苏智良　主编
姚霏、张玉菡　副主编

出版发行	上海教育出版社有限公司
官　　网	www.seph.com.cn
地　　址	上海永福路 123 号
邮　　编	200031
印　　刷	上海华顿书刊印刷有限公司
开　　本	700×1000　1/16　印张 15.75
字　　数	256 千字
版　　次	2018 年 7 月第 1 版
印　　次	2021 年 4 月第 3 次印刷
书　　号	ISBN 978-7-5444-8413-8/D·0106
定　　价	58.00 元

如发现质量问题，读者可向本社调换　电话：021-64377165